汽车材料

周　贺　主　编
彭　勇　陈　霞　张莹莹　副主编
张鹤飞　范志丹　信建杰　参　编

中央广播电视大学出版社·北京

图书在版编目（CIP）数据

汽车材料 / 周贺主编. —北京：中央广播电视大学出版社，2017.5

ISBN 978-7-304-08567-4

Ⅰ. ①汽… Ⅱ. ①周… Ⅲ. ①汽车—工程材料 Ⅳ. ①U465

中国版本图书馆 CIP 数据核字（2017）第 089915 号

汽车材料

QICHE CAILIAO

周　贺　主编

出版·发行：中央广播电视大学出版社

电话：营销中心 010-66490011　　总编室 010-68182524

网址：http://www.crtvup.com.cn

地址：北京市海淀区西四环中路 45 号　　邮编：100039

经销：新华书店北京发行所

特约编辑：曾繁荣　　责任校对：李雪冬

责任编辑：程业刚　　责任印制：赵连生

印刷：北京宏伟双华印刷有限公司

版本：2017 年 5 月第 1 版　　2017 年 5 月第 1 次印刷

开本：787×1092　1/16　　印张：10.75　　字数：245 千字

书号：ISBN 978-7-304-08567-4

定价：36.00 元

前　言

随着汽车新技术、新工艺和新材料的不断应用，汽车材料类教材迫切需要改革，以解决过去内容老旧、理论性太强等问题。而且现在汽车市场对维修技术人员和销售人员的文化程度、素质和能力要求很高，所以高等院校必须加强教材建设，编制以真实生产任务为导向的教材，编排的内容应该尽量贴近生产，注重体现具体性和概括性的知识。为此，我们在教材编写过程中，力求按照高等教育的特点来优化整合理论知识，以实用、够用为原则，由浅入深，难度适中，在内容上努力把握教材的准确性和实用性，并及时反映汽车的新材料、新技术和新成果，着重培养学生的基本能力和理论基础。

在编写本书的过程中，改变了以往传统的汽车材料教材多以理论性很强的内容为主的形式；以典型工作为实例，力图将枯燥、抽象的汽车材料内容融入生产实践活动中；使学生需要掌握的专业能力、方法能力、社会能力等方面的内容紧密结合，互相渗透，以实际工作需要为前提，系统地对各方面知识进行阐述；不局限于专业课上，培养学生分析问题、处理问题、解决问题的能力。

本书可供各类高等院校、技工院校等汽车类各专业、机械类专业学员使用，也可作为中高级技术人员的培训教材，还可作为汽车行业专业技术人员的参考工具书。在编写本书过程中，参阅了许多文献资料，在此向所有提供文献资料者表示衷心的感谢。

本书由周贺担任主编，彭勇、陈霞和张莹莹任副主编，参与编写的人员还有张鹤飞、范志丹、信建杰。

由于编者的水平和能力有限，书中难免有疏漏之处，恳请广大读者批评指正。

编　者

目 录

项目一 车用燃料

学习目标

1. 掌握汽车的使用性能指标。
2. 掌握汽油的牌号、规格、使用方法和注意事项。
3. 掌握汽油滤清器的更换步骤。
4. 掌握柴油的性能要求、牌号、规格和注意事项。
5. 掌握新能源汽车的定义和分类。
6. 掌握电动汽车动力电池的分类。
7. 掌握电动汽车充电的方法。
8. 掌握燃料电池电动汽车的类型。
9. 掌握常见的新型燃料汽车的类型和特点。

任务一 车用汽油

一、汽油的使用性能指标

汽油是一种从石油中提炼出来的密度小、易于挥发的液体燃料。其主要成分是烷烃，燃点为415～530 ℃。烷烃按碳原子数命名，含1～10个碳原子的烷烃用甲、乙、丙、丁、戊、己、庚、辛、壬、癸来命名。烷烃按其结构又分为正构烷烃和异构烷烃。汽油中，正构烷烃的体积分数约为29%，异构烷烃的体积分数约为21%。

作为汽油机燃料，汽油是不能够直接燃烧的，它由喷嘴喷入进气道或燃烧室，与空气形成可燃性混合气体，进入气缸后，由电火花点燃推动活塞运动使汽油机产生动力，从而连续完成进气、压缩、膨胀做功和排气的工作循环。因此，汽车使用性能的好坏对发动机工作的可靠性、经济性以及使用寿命有极大影响。图1-1所示是装在无色透明容器中的汽油。

图1-1 装在无色透明容器中的汽油

为了满足汽油机的正常工作，根据汽油机的工作特点和条件，汽油应具有下列使用性能。

（一）适当的蒸发性

蒸发性是指汽油从液态转化为气态的能力。汽油蒸发性是否良好，将直接影响其在汽油机中的燃烧是否正常，进而影响发动机的功率和经济性，因而汽油的蒸发性能十分重要。

由于发动机的一个工作循环是极其短暂的，这就要求燃料供给系统必须在 0.005～0.05 s 内形成均匀的可燃混合气体。若汽油的蒸发性不好，汽油汽化不完全，就难以形成足够浓度的混合气，不但发动机不易启动，而且混合气中若有一些悬浮的油滴进入燃烧室，会使发动机工作不稳定，燃烧不完全，增大燃油消耗。此外，未蒸发的汽油还会冲刷发动机气缸油膜，流入曲轴箱后，稀释发动机润滑油，加剧润滑油氧化变质，影响正常润滑。因此，要求车用汽油应具有良好的蒸发性，以保证在各种条件下发动机能够容易启动、加速和运转正常。汽油的蒸发性越好，就越容易汽化，在冷车和低温情况下也能使发动机顺利动和正常工作。

但汽油的蒸发性也不宜过好，否则会使汽油在保管时由于蒸发太快而损耗增大，而且在夏季使用时会使燃油系统产生“气阻”，即在油管曲折处或较热的部位形成气泡，使供油中断，造成热车启动困难。油箱过满会导致大量的汽油蒸气进入炭罐，造成混合气体浓度过大，突然加速时引发发动机熄火停车，还会使尾气中碳氢化合物（HC）的含量严重超标。

因此，汽油的蒸发性要适宜，不能太好，也不能太差。在汽油规格评定中通常用馏程和饱和蒸气压两个指标来衡量汽油的蒸发性。

（二）良好的抗爆性

汽油的抗爆性是指汽油在一定压缩比的汽油发动机中燃烧时抵抗爆燃的能力。它是车用汽油的一项重要质量指标，用辛烷值评定。车用汽油的牌号就是根据辛烷值的大小来划分的，辛烷值越高，汽油标号越高，抗爆性能越好。

所谓辛烷值是指和汽油抗爆性相同的标准燃料中含有异辛烷的体积分数。测定辛烷值的标准燃料是异辛烷和正庚烷，规定抗爆性极好的异辛烷值为 100，抗爆性极差的正庚烷值为 0。将两种标准燃料按不同体积比混合，就可得到辛烷值从 0～100 的标准燃料，以异辛烷的体积分数表示该标准燃料的辛烷值。其他汽油的辛烷值则在专门的辛烷值测定机上通过与标准燃料进行比较来确定。例如，测得某汽油的辛烷值为 90，即表明它与含有 90%异辛烷和 10%正庚烷的标准燃料的抗爆性相同。

测试辛烷值的方法有研究法和马达法两种，分别得到研究法辛烷值（Research Octane Number，RON）和马达法辛烷值（Motor Octane Number，MON）。研究法辛烷值表示汽油机在中负荷、低速运转条件下汽油的抗爆性，而马达法辛烷值表示汽油机在重负荷、高速运转条件下汽油的抗爆性。同一种汽油用研究法测定的辛烷值比用马达法测定的辛烷值要高 6～10 个单位。这一差值称为汽油的灵敏度，可用来反映汽油抗爆性随运转工况激烈程度的增加而降低的情况，汽油灵敏度越小越好。

爆燃现象是汽油机的一种不正常燃烧。对于辛烷值不能满足发动机压缩比要求的汽油，当混合气体的 2/3～3/4 被火花塞点燃后，由于受到气缸温度、压力上升的影响，未燃部分的混合气中会产生大量不稳定的过氧化物。在正常火焰前锋未到达前，这些过氧化物由于剧烈氧化而自行猛烈分解，引起混合气自燃，产生许多火焰中心，火焰传播极快，形成压力脉冲，使气缸内产生清脆的金属敲击声，排出大量黑色烟雾状废气，并引起发动机振动，严重时会出现气缸零件烧坏、轴承振裂等问题。因此，爆燃现象会使发动机机件过快磨损，热负荷增加，噪声增大，功率下降，油耗上升。

内燃机的热功效率与它的压缩比直接有关，不同压缩比的汽油机，必须使用抗爆性与其相匹配的汽油，才不会出现爆燃现象。辛烷值越高，发动机的压缩比越高，发动机的燃烧经济性越好。因此，要求车用汽油具有良好的抗爆性，以满足不同压缩比发动机的使用要求。

近年来，汽油机的主要发展方向之一是提高压缩比，因而相应对汽油辛烷值的要求也越高，否则会产生爆燃。提高辛烷值的常用方法如下。

（1）改进炼油工艺，多生产出含有高辛烷值的汽油。

（2）添加抗爆剂，目前提高汽油辛烷值的最有效、最经济的方法是在低辛烷值汽油中加入抗爆剂。过去广泛采用的抗爆剂是四乙基铅，加入少量的四乙基铅便能显著提高汽油的辛烷值，但它有剧毒，产生的废气中含有强烈致癌物质，会对环境造成很大的危害。因此，各国先后取消含铅汽油。

（3）在汽油中调入辛烷值高的改善组分。

（三）良好的氧化安定性

汽油的氧化安定性分为化学安定性和热稳定性，其中，化学安定性是指汽油在储存、运输、加注和其他作业时抵抗氧化生胶的能力。化学安定性不好的汽油，容易发生氧化反应，生成胶状物质和酸性物质，使辛烷值降低，酸值增加，颜色变深，产生黏稠沉淀。使用这种汽油，易使油箱、输油管和滤清器中产生胶状物，造成供油不畅，堵塞电喷式发动机的喷嘴，使气门黏结关闭不严，积炭增加，气缸散热不良，火花塞积炭导致点火不良等。

热稳定性是指汽油防止高温生成沉积物的能力。由于从喷油器、进气门到燃烧室，汽油所处的温度越来越高，汽油烃类的氧化深度也随温度升高而增加，导致汽油的氧化安定性变差，生成沉积物堵塞喷油器，造成氧传感器和三元催化转化器堵塞。

评定汽油氧化安定性的主要指标有实际胶质和诱导期。

（四）良好的防腐蚀性

汽油的防腐蚀性是指汽油阻止与其相接触的金属被腐蚀的能力。汽油机的燃料供给系统是由许多金属零件组成的，如果汽油中含有元素硫、活性硫化物、水溶性酸及碱等，会对金属产生腐蚀作用。汽油的防腐蚀性用硫含量、硫醇性硫含量（或博士试验）、铜片腐蚀试验、酸度、水溶性酸等指标来衡量。

（五）良好的清洁性

汽油的清洁性是指汽油中是否含有机械杂质和水分。机械杂质和水分会造成油路堵塞、磨损加剧等严重后果。评定汽油清洁性的指标是机械杂质和水分的含量。

二、车用汽油的牌号和规格

2000 年以前，我国车用汽油标准执行的是 GB/T 484—1993，生产的车用汽油牌号有 90

号、93 号、97 号，这三种牌号的汽油均是含铅汽油。国家质量监督检验检疫总局、国家标准化管理委员会于 2013 年 12 月 18 日发布了第五阶段《车用汽油》（GB 17930—2013）。该标准自发布之日起实施，自 2018 年 1 月 1 日起全国范围内供应第五阶段车用汽油。我国车用汽油的牌号是按汽油的抗爆性评定指标——研究法辛烷值大小划分的，牌号越高，说明其抗爆性越好，如 97 号车用无铅汽油的研究法辛烷值要求不小于 97。

三、汽油的选择和注意事项

（一）汽油牌号的选择

汽油牌号的选择应恰当，选择的汽油牌号过高，会增加费用；选择的汽油牌号过低，则会使汽车发动机产生爆燃，影响动力性和经济性，严重时还会使汽油机损坏。因此，正确选用汽油牌号不仅可延长发动机的使用寿命，而且可达到节油的目的。一般情况下，从汽车发动机抗爆燃（不产生爆燃）、压缩比和经济性等方面来选择汽油牌号。汽油的选择原则如下。

1. 提倡使用加入汽油清净剂的清洁汽油

使用无汽油清净剂的车用无铅汽油，汽车发动机在运行一段时间后，发动机燃油供给系统会有不同程度的油垢、胶状物和积炭生成。这些污垢使发动机润滑油道不畅、供油不均、雾化变差、燃烧不完全、功率下降、油耗增加，发动机启动困难、运转不稳、加速性差、排烟量加大，尾气中的碳氢化合物、一氧化碳、氧氮化合物含量增加，污染环境，影响人体健康。而使用清洁汽油不但可以解决上述问题，还可以提高汽车的动力性和经济性，减少汽车维修费用和节油。

对于电喷车，由于发动机采用了微型数字化电子控制技术，故对燃油供给和点火可进行精确控制。它的喷嘴孔径非常小，要求喷嘴十分清洁，一旦喷嘴发生堵塞，就会影响发动机正常工作。由于清洁汽油能够保持发动机燃油系统清洁，因此非常适合电喷车使用。

2. 根据使用条件选用

高原地区大气压力小，空气稀薄，汽油机工作时爆燃倾向减小，可以适当降低汽油的辛烷值。一般海拔每上升 100 m，汽油辛烷值可降低约 0.1 个单位。经常在大负荷、低转速下工作的汽油机，应选择较高辛烷值的汽油。

3. 根据使用时间调整汽油牌号的选用

发动机使用时间较长后，燃烧室积炭、水套积垢等会使发动机压力增加，此时，再使用原牌号汽油时，发动机会产生爆燃现象。因此，这类汽车在维护后应该燃用高一级的汽油。

（二）汽油使用注意事项

使用汽油时应注意以下几点。

（1）发动机长期使用后，由于燃烧室积炭、水套积垢等，爆燃倾向增加，应及时维护发动机，如压缩比发生改变，原牌号汽油不能满足需要，可考虑更换汽油牌号。

（2）原用汽油由低牌号改用高牌号时，可适当提前点火提前角，以发挥高牌号汽油的优良性能；反之，应将点火提前角适当迟后，以免发生爆燃。

（3）在炎热的夏季和高原地区，由于气温高、气压低，易发生气阻，应加强发动机散热，使油管和汽油泵隔热，或者换用饱和蒸气压较低的汽油。

（4）汽车从平原驶到高原地区后，可换用较低辛烷值汽油，或适当调前点火提前角。

（5）汽油中不能掺入煤油或柴油，后者挥发性和抗爆性差，会引起爆燃，导致发动机损坏。

（6）不要使用长期存放变质的汽油，否则结胶、积炭严重，对电喷发动机工作的影响更大。同时，尽可能加满油箱，以避免汽油蒸发损失。

（7）汽油易燃、易爆、易产生静电，使用中要注意安全。

（8）汽车使用者应重视汽油的质量。加入质量低劣的燃油，不仅影响发动机使用性能，还会使发动机动力性差、排放量高、油耗高，严重的会使发动机机件损坏。

四、更换燃油滤清器

（1）举升汽车至合适的操作高度（图 1-2），做好举升机的安全锁止。

（2）旋松燃油滤清器底部的护板螺钉及锁扣，拆除底护板（图 1-3）。

图 1-2 举升车辆到合适位置

图 1-3 拆除底护板

（3）拆开燃油滤清器箍（图 1-4），将废油收集车推至燃油滤清器下方（图 1-5）。

图 1-4 拆开燃油滤清器箍

图 1-5 收集车到车底

（4）用两把螺钉旋具配合拆除 3 根油管，然后拆下燃油滤清器（图 1-6）。拆装时要防止残存燃油压力导致燃油飞溅而引起火灾。

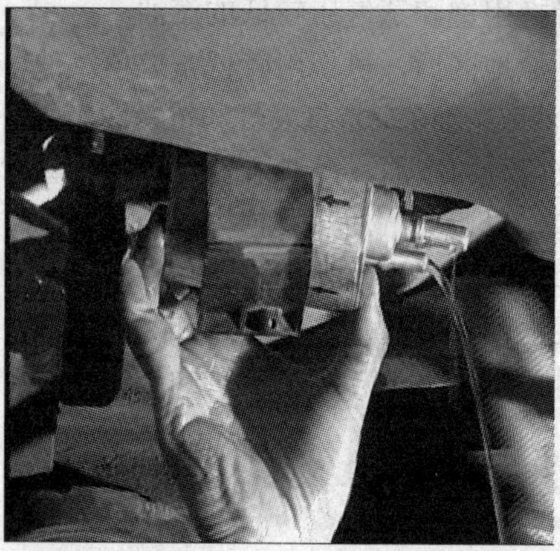

图 1-6　将燃油滤清器和输油管路断开

（5）取出新燃油滤清器芯并连接 3 根油管（图 1-7），扭紧燃油滤清器箍。连接输油管，滤清器上的箭头方向代表燃油流动方向（图 1-8），滤清器箍固定螺栓的拧紧力矩为 20 N·m。安装燃油滤清器底护板（图 1-9）。降下车辆，拆除左右翼子板垫子，扣好发动机舱盖。

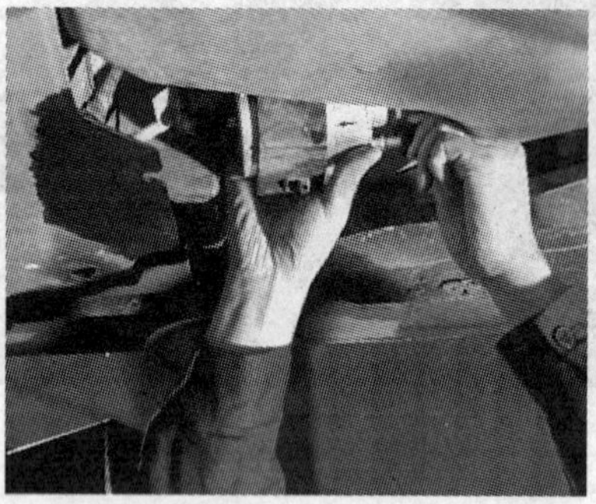

图 1-7　安装新的燃油滤清器

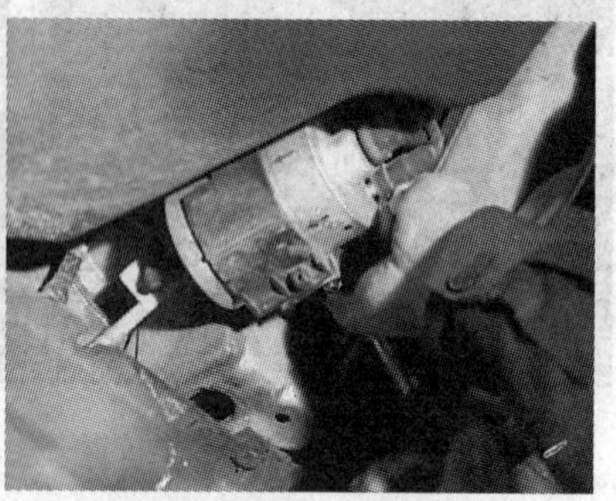

图 1-8　连接输油管

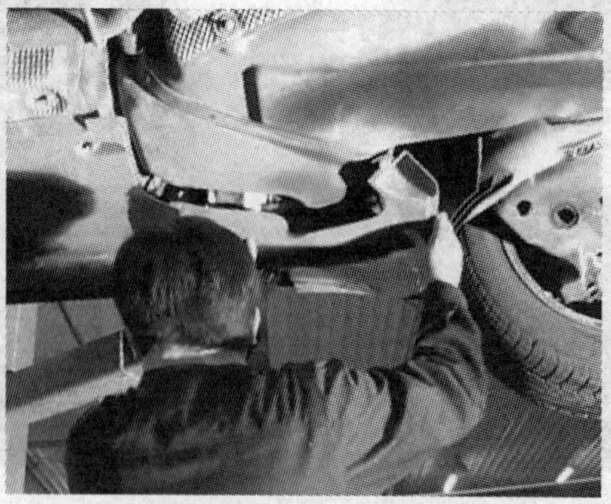

图 1-9　安装底护板

任务二 车用柴油

一、柴油的性能要求

我国生产的柴油分为轻柴油、车用柴油、重柴油、农用柴油和军用柴油几种。车用高速柴油机均使用轻柴油，简称为柴油，它是汽车、拖拉机和柴油机的燃料。由于能源的问题，国外的汽车发动机正向柴油机化方向发展。对于石油产量较少的国家，如欧洲各国和日本在20世纪60年代末期就基本实现了载货汽车柴油机化。近年来，在国外也逐步掀起了小轿车柴油机化的高潮，各大汽车制造厂商如德国大众、美国通用和日本丰田等生产的小轿车也都采用了柴油机，在我国一汽大众汽车有限公司也相继推出了捷达SDI、宝来TDI等一系列柴油发动机小轿车。

（一）柴油的特点

柴油是一种自燃温度高，黏度和密度大，不易挥发的液体燃料。与汽油相比，柴油具有以下特点。

（1）柴油的能量密度比汽油高出10%以上，在燃烧过程中，柴油的热效率高达40%，而等量的汽油热效率只有30%。

（2）柴油燃烧时功率较大，能耗低，比较省油。

（3）柴油闪点比汽油高，使用管理中着火危险性较小，安全性较好。

（二）柴油机对柴油品质的性能要求

柴油机燃料系统供油构造精密，所用燃料要与不同金属接触。为了保证柴油能够满足柴油机的使用性能要求，对柴油品质有如下要求。

1. 良好的燃烧性能

燃烧性是指柴油喷入气缸后立即自行着火燃烧的能力。柴油的燃烧性能主要取决于发火延迟期的长短。所谓发火延迟期是指从燃料开始喷入燃烧室至开始着火的时期，这个阶段是燃料准备阶段。柴油喷入燃烧室后，迅速雾化、蒸发并与高温空气组成混合气，进行燃烧前的氧化反应。如果燃料的着火性能好，则燃料的混合气可以迅速着火，着火延迟期便短；反之，发火延迟期便长。如果发火延迟期长，在此时期内喷入的燃料积累过多，着火时，积累的大量燃料几乎同时着火燃烧，气缸内压力急剧升高，气缸头和活塞发生振动和过热，发动机发出金属的敲击声，即出现柴油机的工作粗暴现象。结果使发动机工作不稳定，排气管冒黑烟，功率下降、油耗增大，磨损加剧，机械寿命缩短。

柴油的燃烧性（发火性）是以十六烷值来评定的。十六烷值越高，着火延迟期越短，越不容易发生爆燃。

（1）十六烷值。柴油的十六烷值与汽油的辛烷值相似，将发火性能好的正构十六烷 $C_{16}H_{34}$ 的十六烷值定为10，将发火性能差的α-甲基萘 $C_{11}H_{10}$ 的十六烷值定为0，按不同比例将它们混合在一起，便获得十六烷值 0～100 标准燃烧。其他柴油的十六烷值则是在可变压缩比单缸十六烷值测定柴油机上试验，与标准燃烧比较而定出来的。

（2）十六烷值选用与发动机工作性能。十六烷值低的柴油，发火性差、着火延迟期长，工作粗暴；十六烷值高的柴油，发火性好，着火延迟期短，燃烧平稳，发动机工作柔和。为柴油机选用柴油时，选择十六烷值高还是低的柴油一般取决于柴油机的转速。柴油机的额定转速越高，要求柴油的发火性越好，一般 1 000 r/min 以下的柴油机应使用十六烷值为 35～40 的柴油；1 000～1 500 r/min 的柴油机应使用十六烷值为 40～45 的柴油；1 500 r/min 以上的柴油机应使用十六烷值为 45～60 的柴油。国家标准《普通柴油》（GB 252—2015）规定，轻柴油十六烷值不小于 45，但十六烷值高于 60 以后，发火性能变化不大，反而由于在燃烧室内裂化过快，形成大量积炭，来不及燃烧，导致排气管冒黑烟，油耗加大。此外，柴油的十六烷值对发动机在不同气温下的启动性也有影响。

2. 良好的低温流动性

柴油的低温流动性是指低温下柴油在发动机燃料系统中能否顺利地泵送和通过油滤，从而保证发动机正常供油的性能。如果燃料的低温性能不好，在低温下使用时失去流动性，或产生蜡结晶，都会妨碍燃料在导管和汽油滤清器中顺利通过，使供油量减少甚至中断。因此，柴油的低温流动性将直接影响柴油能否可靠地供给气缸，发动机能否正常工作。评定柴油低温流动性的指标有凝点、浊点和冷滤点。

（1）凝点。凝点又称为凝固点，是指油料在一定的试验条件下，遇冷开始凝固而失去流动性时的温度。凝点是柴油储存、运输和油库收发作业的低温界限温度，同时与柴油低温使用性能有一定的关系。发动机使用凝点过高的燃料，停车后再启动将会非常困难。凝点越低的柴油，在柴油机燃料系统中供油性能越好。因此，在室外工作的发动机一般应使用凝点低于周围气温 5 ℃以上的燃料，才能保证发动机的正常工作。

柴油的凝点是评定其性能的重要指标之一。我国轻柴油是按凝点来确定牌号的。例如，0 号柴油，它的凝固点是 0 ℃；10 号柴油，它的凝固点是−10 ℃；25 号柴油，它的凝固点是−25 ℃。

（2）浊点。浊点是指柴油在凝固之前随温度下降，先析出石蜡而变浊，在一定试验条件下，当柴油混浊到与标准物的颜色相比没有异样时的温度。柴油达到浊点时虽未失去流动性，但易造成油路堵塞。

（3）冷滤点。冷滤点是指在规定条件下，在 1 960 Pa 真空压力下进行抽吸，使试油通过滤清器（363 目）1 min 不足 20 mL 的最高温度。目前，国内外广泛采用冷滤点代替凝点评价柴油的低温流动性，因为冷滤点与柴油实际使用的温度有良好的对应关系，故可作为根据气温选用柴油牌号的依据。

3. 良好的雾化和蒸发性

柴油的雾化和蒸发性是指其液态转化为气态的性能。蒸发性好，柴油机启动性能就好，燃烧完全，不易稀释润滑油，油耗较低，积炭少，排烟也较少；如果蒸发性过强，则会影响储运及使用安全性，发动机工作容易粗暴。柴油机的雾化和蒸发性是由运动黏度、馏程、闪点和密度四个指标来衡量的。

4. 较小的腐蚀性

柴油的腐蚀性是指硫分、酸分、水溶性酸或碱对金属材料的破坏作用，尤以硫分腐蚀影响最大。柴油中的硫化物，燃烧后生成SO_2和SO_3，它们与水蒸气作用生成亚硫酸和硫酸，并在气缸内壁形成一层含酸80%的薄膜，使气缸活塞组零件产生腐蚀磨损。因此，柴油的腐蚀性越小越好。

5. 良好的清洁性

柴油的清洁性用灰分、机械杂质和水分等指标评定。灰分是指柴油中不能燃烧的矿物质，呈粒状，质硬，是造成气缸壁与活塞环磨损的重要原因之一。机械杂质会造成供油系统的工作偶件卡死，喷油器的喷孔堵塞。水分会降低柴油发热量，冬季结冰堵塞油路，并增加硫化物对零件的腐蚀作用，还能溶解可溶性的盐类，使灰分增大。

二、柴油的牌号和使用

（一）我国柴油的规格和牌号

在柴油的选用方面，要按照柴油的类型进行选用，柴油分为轻柴油与重柴油。轻柴油用于1 000 r/min以上的高速柴油机，重柴油用于1 000 r/min以下的中低速柴油机。一般加油站所销售的柴油均为轻柴油。轻柴油产品目前执行的标准为《普通柴油》（GB 252—2015），该标准中柴油的牌号分为10号、5号、0号、−10号、−20号、−35号、−50号，柴油牌号的划分依据是柴油的凝点，分别表示凝点不高于 10 ℃、5 ℃、0 ℃、−10 ℃、−20 ℃、−35 ℃和−50 ℃。

冷滤点是衡量轻柴油低温性能的重要指标，能够反映柴油低温实际使用性能，最接近柴油的实际最低使用温度。用户在选用柴油牌号时，应同时兼顾当地气温和柴油牌号对应的冷滤点。5号轻柴油的冷滤点为8 ℃，0号轻柴油的冷滤点为4 ℃，−10号轻柴油的冷滤点为−5 ℃，−20号轻柴油的冷滤点为−14 ℃。

选用轻柴油牌号应遵照以下原则。

（1）10号轻柴油适用于有预热设备的柴油机。

（2）5号轻柴油适用于风险率为10%、最低气温在8 ℃以上的地区使用。

（3）0号轻柴油适用于风险率为10%、最低气温在4 ℃以上的地区使用。

（4）−10号轻柴油适用于风险率为10%、最低气温在−5 ℃以上的地区使用。

（5）−20号轻柴油适用于风险率为10%、最低气温在−14 ℃以上的地区使用。

（6）−35号轻柴油适用于风险率为10%、最低气温在−29 ℃以上的地区使用。

（7）−50号轻柴油适用于风险率为10%、最低气温在−44 ℃以上的地区使用。

（二）柴油使用的注意事项

（1）不同牌号的柴油可掺兑使用，以调节凝点较高柴油的凝点。

（2）柴油中不能掺入汽油，因为汽油的发火性能差，掺入汽油会导致启动困难，甚至不能启动。

（3）低温启动可以采取预热措施，也可使用低温启动液。

（4）柴油加入油箱前，要经过沉淀和过滤，沉淀时间不少于 48 h，以去除杂质，确保柴油的清洁。

（5）柴油在运输、保管、使用中，应注意消防安全。

任务三　新能源汽车基础

一、新能源汽车的定义和分类

（一）新能源汽车的定义

新能源汽车英文为“New Energy Vehicles”。我国 2009 年 7 月 1 日正式实施了《新能源汽车生产企业及产品准入管理规则》，其明确指出：新能源汽车是指采用非常规的车用燃料作为动力来源（或使用常规的车用燃料，采用新型车载动力装置），综合车辆的动力控制和驱动方面的先进技术，形成的技术原理先进，具有新技术、新结构的汽车。

（二）新能源汽车的分类

新能源汽车有混合动力汽车（Hybird Electric Vehicle，HEV）、纯电动汽车（Battery Electric Vehicle，BEV，包括太阳能汽车）、燃料电池汽车（Fuel Cell Electric Vehicle，FCEV）、氢发动机汽车、燃气汽车、乙醇醚汽车及其他新能源（如超级电容器、飞轮等高效储能器）汽车等。

1. 混合动力汽车

混合动力汽车是指采用传统燃料，同时配以电动机/发动机来改善低速动力输出和燃油消耗的车型。混合动力汽车的优点有以下几点。

（1）采用混合动力后可按平均需用的功率来确定内燃机的最大功率，以便在油耗低、污染少的最优工况下工作。

（2）有了电池，可以十分方便地回收制动时、下坡时、怠速时的能量。

（3）在繁华市区，可关停内燃机，由电池单独驱动，实现“零”排放。

（4）有了内燃机，可以方便地解决耗能大的空气调节、取暖、除霜等纯电动汽车遇到的难题。

（5）可以利用现有的加油站加油，不必再投资。

（6）可让电池保持在良好的工作状态，不发生过充、过放，延长其使用寿命，降低成本。

混合动力汽车的缺点是长距离高速行驶基本不能省油。

2. 纯电动汽车

电动汽车顾名思义就是主要采用电力驱动的汽车（图 1-10 和图 1-11），大部分车辆直接采用电动机驱动，有一部分车辆把电动机装在发动机舱内，也有一部分直接以车轮作为四台电动机的转子，其难点在于电力储存技术。

纯电动汽车的优点：技术相对简单成熟，只要有电力供应的地方都能够充电。

纯电动汽车的缺点：目前蓄电池单位质量储存的能量太少，电动车的电池较贵，且未形成经济规模，故购买价格较高；使用成本比汽车贵，这主要取决于电池的寿命及当地的油、电价格。

图 1-10 特斯拉

图 1-11 宝马 i3 Coupe 概念车

3. 燃料电池汽车

燃料电池汽车是指以氢气、甲醇等为燃料，通过化学反应产生电流，依靠电动机驱动的汽车。其电池的能量是通过氢气和氧气的化学作用，而不是经过燃烧，直接变成电能。燃料电池的化学反应过程中不会产生有害产物，因此燃料电池车辆是无污染汽车；燃料电池的能量转换效率比内燃机要高 2～3 倍，因此从能源的利用和环境保护方面考虑，燃料电池汽车是一种理想的车辆。

与传统汽车相比，燃料电池汽车具有以下优点。

（1）零排放或近似零排放。

（2）减少了发动机润滑油泄漏带来的水污染。

（3）减少了温室气体的排放。

（4）提高了燃油经济性。

（5）提高了发动机燃烧效率。

（6）运行平稳、无噪声。

4. 氢动力汽车

氢动力汽车是一种真正实现零排放的交通工具，排放的是纯净水。其具有无污染、零排放、储量丰富等优势，因此，氢动力汽车是传统汽车最理想的替代方案。与传统动力汽车相比，氢动力汽车的成本至少高 20%。

氢动力汽车的优点：排放物是纯水，行驶时不产生任何污染物。

氢动力汽车的缺点：氢燃料电池成本过高，而且氢燃料的存储和运输按照目前的技术条件来说非常困难，因为氢分子非常小，极易透过储藏装置的外壳逃逸。另外最致命的问题是，氢气的提取需要通过电解水或者利用天然气，需要消耗大量能源，除非使用核电来提取，否则无法从根本上降低二氧化碳的排放量。

5. 燃气汽车

燃气汽车是指用压缩天然气（Compressed Natural Gas，CNG）、液化石油气（Liquefied Petroleum Gas，LPG）和液化天然气（Liquefied Natural Gas，LNG）作为燃料的汽车。燃气汽车由于排放性能好，可调整汽车燃料结构，运行成本低、技术成熟、安全可靠，被世界各国公认为当前理想的替代燃料汽车。

6. 乙醇汽车

乙醇俗称酒精，通俗地说，乙醇汽车是指使用乙醇为燃料的汽车，也可叫酒精汽车。用乙醇代替石油燃料的历史已经很长，无论是在生产上还是在应用上的技术都已经很成熟。

乙醇汽车的燃料应用方式如下。

（1）掺烧，指乙醇和汽油掺和应用。在混合燃料中，乙醇的容积比例以“E”表示，如乙醇占10%、15%，则用E10、E15来表示，目前，掺烧在乙醇汽车中占主要地位。

（2）纯烧，即单烧乙醇，可用E100表示，目前应用并不多，属于试验阶段。

（3）变性燃料乙醇，指乙醇脱水后，再添加变性剂而生成的乙醇，也处于试验应用阶段。

（4）灵活燃料，指燃料既可用汽油，又可以使用乙醇或甲醇与汽油按比例混合的燃料，还可以用氢气，并随时可以切换。例如，福特、丰田汽车公司均在试验灵活燃料汽车。

7. 其他新能源汽车

（1）空气动力汽车。利用空气作为能量载体，使用空气压缩机将空气压缩到30 MPa以上，然后储存在储气罐中。需要开动汽车时,将压缩空气释放出来驱动启动机工作。其优点是无排放、维护少。

（2）飞轮储能汽车。利用飞轮的惯性储能，储存非满负载时发动机的余能以及车辆在长大下坡路段减速行驶时的能量，反馈到一个发电机上发电，进而驱动或加速飞轮旋转。飞轮使用磁悬浮方式，在70 000 r/min的高速下旋转。飞轮储能在混合动力汽车上作为辅助措施，其优点是可提高能源利用效率，质量轻、储能高，能量进出反应快，维护少、寿命长，缺点是成本高，机动车转向会受飞轮陀螺效应的影响。

（3）超级电容汽车。超级电容器是利用双电层原理的电容器。在超级电容器的两极板上电荷产生的电场作用下，在电解液与电极间的界面上形成相反的电荷，以平衡电解液的内电场，这时正电荷与负电荷在两个不同相之间的接触面上，以正、负电荷之间极短的间隙排列在相反的位置上，这个电荷分布层叫作双电层，因此电容量非常大。其优点是充电时间短，功率密度大，容量大，使用寿命长，免维护，经济环保等；缺点是功率输出随着行驶里程的加长而衰减，受环境温度影响大等。

二、电动汽车动力电池

（一）电动汽车对动力电池的要求

同等功率的电动机往往比发动机便宜，寿命更长，维护保养也更简单。理论上，电动汽车应该远比内燃机汽车更有竞争力，而问题的关键就在电池上。

汽车运动是需要能量的，内燃机汽车的能量来自于汽油或者柴油的燃烧，将热能转化成动能。而电池通过电动机，把电能转化成动能。现在电动汽车遇到的问题就是同样的质量、同样的体积，电池提供的能量远远低于汽油和柴油，也就是能量密度低。

除了能量密度，电池还有一个功率密度的概念，动力电池能够释放的最大电流是有限的，电压是有限的。即使电动机功率很高，电池瞬间放电能力低，也会影响电动汽车的性能。

电动汽车对动力电池的主要要求如下。

（1）比能量高。电动汽车的电池应能提供足够的能量，但电动汽车又不能太重，其安装电池的空间也有限，这就要求电池具有高的比能量。

（2）比功率大。为了能使电动汽车在加速行驶、爬坡能力和负载行驶等方面与燃油汽车竞争，就要求电池具有高的比功率。

（3）充放电效率高。电池中能量的循环必须经过充电—放电—充电的循环，高的充放电效率对保证整车效率具有至关重要的作用。

（4）相对稳定性好。电池应当在快速充放电和充放电过程中变工况的条件下保持性能的相对稳定，以便在动力系统使用条件下能达到足够的充放电循环次数。

（5）使用成本低。除了降低电池的初始购买成本外，还要提高电池的使用寿命。

（6）安全性好。

（二）动力电池的分类及比较

目前，电动汽车用的动力电池种类其实非常多，但是真正实用化的并不多，这是因为很多电池都有这样或者那样的问题。世界上大部分厂商都选择锂电池，具体来说有使用三元锂电池的，有使用磷酸铁锂电池的，有使用锰酸锂电池的，但是它们都可以归结到锂电池的范畴，需要充电放电，有循环次数。

氢燃料电池和锌空气电池都不是充电电池，是靠消耗其他材料（氢气、锌）产生电能，需要添加其他材料才能维持运行，更类似传统燃油车加油的概念。

1. 氢燃料电池

氢燃料电池最显著的优势是能量密度极高，实验室可以做到 3 kW/kg，比其他类型的电池都高很多。将它用于汽车，可以以更小的体积和质量，提供更长时间的续航。

氢燃料电池存在的问题如下：

一方面是价格，氢燃料电池的核心零件是质子交换膜和铂催化剂，都是非常昂贵的材料，用在不计成本的航天工业中可以，但用在汽车上，昂贵的价格会让氢燃料电池难以普及。

另一方面是燃料的来源和储存，氢燃料电池需要氢气，氢气本身并没有产业链支撑，制造、运输、储存、加注都极不方便，成本又很高，危险还很大，相比燃油车和锂电池车，其成熟度太低。

2. 锌空气电池

锌空气电池的能量密度较高，可提供 0.3 kW・h/kg 的能量，是锂电池能量密度的两倍，并且锌材料比锂便宜很多。

但是锌空气电池也有两个问题。

（1）功率密度低。使用锌空气电池的电动汽车虽然续航里程不逊色于锂电池电动汽车，但是其加速、爬坡性能都很差，实用性不佳。

（2）产业链不匹配。锌空气电池和氢燃料电池类似，也需要更换材料，锌空气电池需要把氧化锌更换为金属锌，这就需要从发电厂，到电解锌工厂、锌电池制造厂，再到汽车换电池站等一系列的产业链配套。这些都要从头开始，同样远不如锂电池成熟。

3. 飞轮电池

飞轮电池是最近几十年才发展出来的新型电池，它不是传统的将化学能转化成电能的化学电池，而是内部有一个高速旋转的飞轮，靠飞轮动能储存能量的电池。

飞轮电池没有化学物质，不存在爆炸燃烧之类的安全性问题，也不怕温度变化、环境恶劣，循环寿命非常长。更可贵的是，飞轮电池有极高的功率密度，达到5～10 kW/kg，远高于其他类型的电池。尽管飞轮电池的能量密度和锂电池差不多，但是高功率密度可以带来极好的汽车加速性能，在能量回收的时候，也可以承受更大的功率。

4. 锂电池

汽车用的锂电池，其实也分好几类，特斯拉最新用的松下电池已经是三元锂电池了，三元锂电池的能量密度、功率密度、安全性比较均衡，是中庸之选。

特斯拉的优势是，用软件解决了充放电过程中的安全性问题，使得本来不偏重安全的三元锂电池可以应用于汽车。

但是特斯拉的电源管理技术解决不了穿刺问题，只能靠加强电池包的保护来解决，遇到极端碰撞时，强大的冲击力击破电池包的保护，特斯拉依然会起火爆炸，只是高强度的保护给了车主逃生的时间。

磷酸铁锂电池是应用比较广泛的电池，它的优势是安全性相对比较好，尽管也有事故，但是相对其他锂电池已经是好的了。它的功率密度比较好，可以大倍率放电，有不错的加速性能。在循环寿命方面，磷酸铁锂电池也有优势，长期使用成本相对较低。

磷酸铁锂电池的缺点是能量密度相对较低，同样质量在续航里程上没有优势。此外，其低温性能比较差，冷天电量会损失很多。

综合来看，磷酸铁锂电池是被一致看好的动力电池。

锰酸锂电池，日本企业用得较多，优点是低温性能比较好，低温电量损失没有磷酸铁锂电池那么严重，价格也便宜，安全性不如磷酸铁锂电池；但是材料本身不太稳定，容易产生气体。

从目前的技术看，氢燃料电池、锌空气电池都需要新建一个产业链来支撑，这需要很长的时间和大量的投资，而且两者都有弱点，竞争力很弱，很长一段时间不会有显著的发展。

飞轮电池性能优异，但是价格昂贵，如果能找到大幅度降低成本的办法，飞轮电池是最适合电动汽车的，可惜目前还没有找到。这就决定未来很长一段时间，飞轮电池只能出现在一些豪华车和超级跑车上。

未来几年，随着锂电池价格的进一步下降和容量的进一步提升，电动汽车、充电混合动力汽车会越来越便宜，性能会越来越好，电动车取代燃油车是科技进步的必然结果。

三、电动汽车充电技术

电池是电动汽车的动力源泉，是制约电动汽车发展的关键因素。大规模发展应用电动汽车的主要问题是初始成本高、续航里程不理想。初始成本会随生产技术的提高及政策调整而下降；续航里程的问题则在电池能量有限的情况下，通过开发快速充电系统，实现随时随地、方便快捷地对电动汽车进行充电，以有效延长汽车的续航里程。

充电体系的建立是电动汽车发展的前提和基础，充电装置的技术性能直接影响电动汽车的总体技术性能和使用性能。开发生产出经济适用的充电装置不仅是纯电动汽车的重要基础支撑系统，也是各类混合动力及燃料电池汽车的重要组成部分。

（一）充电装置

电动汽车充电装置是指将公共电网或发电装置的电能转变为电池的电化学能各种模态的变流装置的总称。它包括充电站、车载充电机、地面充电机、电动机驱动系统中的能量回收装置、燃料电池汽车动力系统中双向 DC/DC 变换器的充电部分等。

充电装置根据是否安装在车上，可分为车载充电机和非车载充电机两类。非车载充电机又分为接触式和感应式两种。

车载充电机（图 1-12）安装在车辆内部，可以在住宅、停车场、车库乃至路边等任何有电源供应的地方充电。其功率相对较小，在 3 kW 以下，充电时间较长。

图 1-12　车载充电机

非车载充电机（图 1-13）一般固定在充电站内，以大功率、快速充电为主。

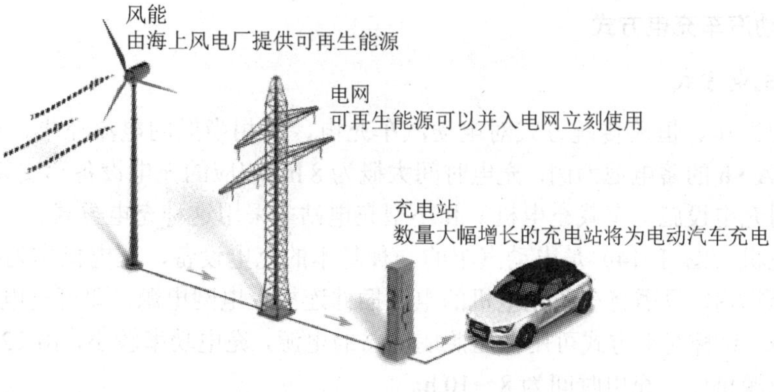

图 1-13　非车载充电机

（1）接触式充电是通过金属连接器将电动汽车与充电机和公共电网连接，以达到传递能量的目的。这种充电机的优点是传递方式的结构简单，能量传递效率高且造价低；缺点是接触式充电采用导线连接方式，由于导线裸露，有接触火花，在一些化工、矿井等易燃易爆领域应用受到限制，安全性不好。轨道交通等运动车辆的供电采用滑动接触方式供电。

（2）感应式充电是将公用电网与电动汽车相隔离的一种充电方法。它采用无线能量传输技术即利用电磁感应原理进行短程传输，此方法可传递大功率等级的能量。感应式充电的优点是由于感应充电机与电动汽车之间无任何金属接触，实现了无接触充电、无接触火花和导线裸露，即使在雨雪等气候条件下，给电动汽车充电也无触电的危险，使用安全可靠。另外，感应式充电通用性好，操作便利。

（二）充电对象和充放电工作效率

（1）电动汽车对能量源的要求：性能好、能量大，充电后行驶距离长。

（2）电动汽车常用的蓄电池有铅酸蓄电池、镍氢电池、镍镉电池和锂离子电池。

（3）动力电池充放电工作效率的影响因素主要是充电场所、环境条件。特别是环境温度的影响，即在常温下，电池充电接受能力较强，随环境温度的降低，电池的充电能力逐渐降低。因此，环境温度降低，充电功率需求就增加。

（三）电池充电方法

1. 恒流恒压充电方式

恒流恒压充电的初始阶段采用恒流控制过程，即第一阶段采用较大的充电电流，使蓄电池的容量得到迅速恢复；第二阶段，将充电电流减小一半，直到电解液密度和蓄电池端电压达到最大值且在 2～3 h 内不再上升，蓄电池内部剧烈冒出气泡。

2. 脉冲充电方式

脉冲充电方式最显著的特点是利用脉冲充电截止时，为电池提供了休息时间，让蓄电池的化学反应能够充分中和，延长了电池的使用寿命。

由于电池有了充分的中和、休息时间，甚至提供反向放电脉冲，充电时可以提供接近电池可接受的最大脉冲峰值电流，从而加快了充电速度，缩短了充电时间。

（四）电动汽车充电方式

1. 常规充电方式

通常采用恒压、恒流传统方式对电动汽车充电，以相当低的电流充电，电流大小约为 16 A。以 120 A • h 的蓄电池为例，充电时间大概为 8 h。相应的充电设备和安装成本比较低。电动汽车家用充电设施（车载充电机）和小型充电站多采用这种充电方式。

车载充电机（图 1-14）是电动汽车的一种基本的充电设备，充电机作为标准配置固定在车内或行李箱内，只需将车载充电机的电源插件连接上电网电源，即可充电，因此充电过程由用户完成。这种充电方式可用低压照明电路的电源，充电功率较小，由 220 V/16 A 规格的标准电网电源供电，充电时间为 8～10 h。

小型充电站（图 1-15）是电动汽车的一种重要的充电方式，充电机设置在任何常规电网领域，只需将车停放在充电站指定的位置即可充电。充电功率一般在 5～10 kW，采用 380 V 或 220 V 的电源供电。

图 1-14　车载充电机

图 1-15　小型充电站

2. 快速充电方式

快速充电方式是以 100～400 A 的大电流在短时间为蓄电池充电，充电时间为 10～30 min；充电功率很大，一般都大于 30 kW；采用的是三相四线制，需建大型充电站，安装成本较高，对电网要求较高。

这种充电方式对电池寿命有一定的影响，普通蓄电池不能进行快速充电，所以只针对车载动力电池组。

3. 更换电池充电方式

更换电池充电方式是在蓄电池电量耗尽时，用充满电的电池组更换已经耗尽的电池组，将换下来的电池组在电池更换站充电（图 1-16）。电池更换站既可正常充电，也可快速充电，也就是说，可以用低谷电给蓄电池充电，同时又能在很短的时间内完成充电过程，与现有的燃油车加油时间大致相同。

图 1-16　大规模的电动汽车电池快速更换充电站

更换电池充电方式存在的问题：这种电池更换系统的初始成本很高，包括昂贵的机械装置和大量的蓄电池；由于要大量存放蓄电池，需修建远大于充电站空间面积的电池更换站；需安装蓄电池自动更换系统，并对蓄电池的物理尺寸和电气参数制定统一标准。

4. 移动式充电方式

对于电动汽车蓄电池而言，最好的情况是在路上巡航时充电，即移动式充电。比较成熟的技术是将移动充电系统安置在一段路面下，作为充电区，不需要额外空间。接触式和感应式的充电系统都可实施移动充电。

采用接触式的充电方式，可在车底部装一个接触拱，通过与地面上的充电元件相接触，获取高脉冲电流；轻轨车充电也是接触式的。

感应式移动充电系统是将车载式接触拱改为感应线圈，埋设在路面下的充电元件由产生强磁场的高电流绕组所代替（图 1-17）。

由于机械磨损和接触拱安装位置等因素的影响，接触式移动充电系统的应用受到限制。而感应式移动充电系统可在电动汽车行驶过程中通过的路面、护栏等处进行空间的电力传输。通过沿公路建设充电线路为过往的电动汽车随时提供电能。

图 1-17　感应式移动充电系统

近年来，电动汽车在新能源汽车中的地位日益稳固，发展态势迅猛，到 2015 年我国纯电动汽车保有量实现了百万辆级。但与此同时，电动汽车大规模推广的问题也随之而来。续航里程短、充电时间长是电动汽车发展面临的重大“瓶颈”问题。为此，各国研究人员正在寻找一种容量更大、质量更轻、体积更小、循环寿命更长的电池，而改良电动汽车充电技术是另一条有效的研究思路。

制约电动汽车发展及普及的关键问题，是储能电池的性能和应用水平。优化电池智能化充电方法的目标是实现无损电池的充电，监控电池的放电状态，避免出现过放电现象，从而达到延长电池的使用寿命和节能的目的。

对于充电站，从电能转换效率和建造成本上考虑，应优先选择具有电能转换效率高、建造成本低等诸多优点的充电装置。为实现子系统小型化和多功能化的要求，以及提高电池的可靠性和稳定性，充电系统将和电动汽车能量管理系统集成为一个整体，集成传输晶体管、电流检测和反向放电保护等功能，无需外部组件即可实现体积更小、集成化程度更高的充电解决方案，从而为电动汽车其余部件节约出布置空间，大大降低系统成本，并可优化充电效果，延长电池使用寿命。

四、燃料电池电动汽车

燃料电池电动汽车实质上是电动汽车的一种。在车身、动力传动系统、控制系统等方面，燃料电池电动汽车与普通电动汽车基本相同，主要区别在于动力电池的工作原理不同。一般来说，燃料电池是通过电化学反应将化学能转化为电能，电化学反应所需的还原剂一般采用氢气，氧化剂则采用氧气，因此最早开发的燃料电池电动汽车多是直接采用氢燃料，氢气的储存可采用液化氢、压缩氢气或金属氢化物等形式。

纯燃料电池电动汽车只有燃料电池一个动力源，汽车的所有功率负荷都由燃料电池承担。燃料电池电动汽车多采用混合动力驱动形式，在燃料电池的基础上，增加了一组电池或超级电容作为另一个动力源。燃料电池电动汽车的主要结构有能量控制单元、空气压缩机、燃料电池堆、高压储氢瓶、动力电池组、电动机等。高压储氢瓶提供燃料，动力电池组提供除此以外的能量，使车加速、爬坡和高速运行。在车辆滑行时，能量控制单元将驱动电机变为发电机，从而将部分汽车动能变为电能，给动力电池充电。也就是说采用混合动力形式后，不仅可以采用功率较小的电池系统，还可以实现制动能回收。燃料电池系统的运行工况相对稳定，有利于提高燃料电池的系统效率和使用寿命。

（一）燃料电池电动汽车的类型

燃料电池电动汽车（Fuel Cell Electric Vehicle，FCEV）按主要燃料种类可分为以纯氢气为燃料的电动汽车和以经过重整后的氢气为燃料的电动汽车两种。

燃料电池电动汽车按“多电源”的配置不同，可分为纯燃料电池驱动（PFC）的FCEV、燃料电池与辅助蓄电池联合驱动（FC+B）的FCEV、燃料电池与超级电容联合驱动（FC+C）的FCEV、燃料电池与辅助蓄电池和超级电容联合驱动（FC+B+C）的FCEV四种。

1. 纯燃料电池驱动的FCEV

纯燃料电池驱动的FCEV的优点是：结构简单，便于实现系统控制和整体布置；系统部件少，有利于整车的轻量化；较少的部件使得整体的能量传递效率高。缺点是：燃料电池功率大、成本高；对燃料电池系统的动态性能和可靠性提出了很高的要求；不能进行制动能量回收。

2. 燃料电池与辅助蓄电池联合驱动的FCEV

燃料电池与辅助蓄电池联合驱动结构是典型的串联式混合动力结构。在该动力系统结构中，燃料电池和蓄电池一起为驱动电机提供能量，驱动电机将电能转化成机械能传给传动系，从而驱动汽车前进；在汽车制动时，驱动电机变成发电机，蓄电池将储存回馈的能量。

燃料电池与辅助蓄电池联合驱动的FCEV的优点有以下几点。

（1）由于增加了比功率价格相对低廉得多的蓄电池组，系统对燃料电池的功率要求较纯燃料电池有很大的降低，从而大大地降低了整车成本。

（2）燃料电池可以在比较好的设定工作条件下工作，工作时燃料电池的效率较高。

（3）系统对燃料电池的动态响应性能要求较低。

（4）汽车的冷启动性能较好。

（5）制动能量回馈装置的采用，可以回收汽车制动时的部分动能，该措施可能会增加整车的能量效率。

3. 燃料电池与超级电容联合驱动的FCEV

燃料电池与超级电容联合驱动，这种结构形式与燃料电池+蓄电池结构相似，只是把蓄电池换成较大电容。相对于蓄电池，超级电容充放电效率高，能量损失小，比蓄电池功率密度大，在回收制动能量方面比蓄电池有优势，循环寿命长，但是超级电容的能量密度较小。

4. 燃料电池与辅助蓄电池和超级电容联合驱动的 FCEV

燃料电池与蓄电池和超级电容联合驱动的电动汽车的动力系统结构也为串联式混合动力结构。燃料电池、蓄电池和超级电容一起为驱动电机提供能量，驱动电机将电能转化成机械能传给传动系，驱动汽车前进；在汽车制动时，驱动电机变成发电机，蓄电池和超级电容将储存回馈的能量，如图 1-18 所示。

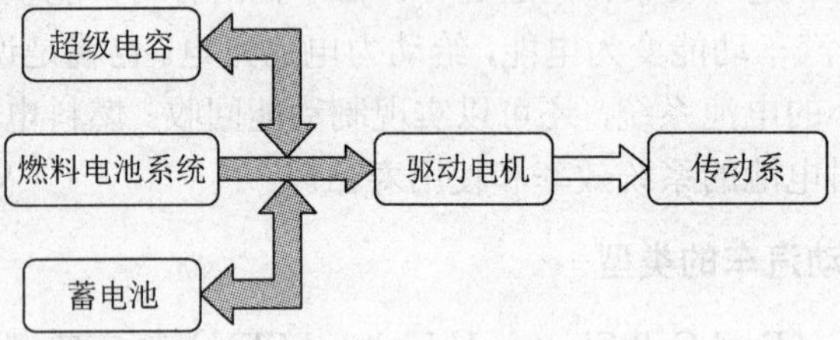

图 1-18　燃料电池与超级电容联合驱动 FCEV 的驱动原理

（二）燃料电池电动汽车的特点

燃料电池电动汽车的主要优点如下。

（1）能量转化效率高。燃料电池的能量转换效率可高达 60%～80%，为内燃机的 2～3 倍。

（2）清洁、无污染。燃料电池的燃料是氢和氧，生成物是清洁的水，它本身工作不产生 CO 和 CO_2，也没有硫和微粒排出，没有高温反应，也不产生 NO_x。如果使用车载的甲醇重整催化器供给氢气，仅会产生微量的 CO 和较少的 CO_2。

（3）使用寿命长。燃料电池本身工作没有噪声，没有运动性，没有振动，其电极仅作为化学反应的场所和导电的通道，本身不参与化学反应，没有损耗，寿命长。

（4）续航里程长。

（5）低噪声。在运行过程中噪声和振动都较小。

（6）设计方便灵活。

燃料电池电动汽车的主要缺点如下。

（1）燃料电池汽车的制造成本和使用成本过高。

（2）辅助设备复杂，且质量和体积较大。

（3）启动时间长，系统抗振能力有待进一步提高。

五、其他清洁能源汽车技术

气体燃料汽车是利用可燃气体做能源驱动的汽车。汽车的气体代用燃料种类很多，常见的有天然气和液化石油气。根据汽车使用可燃气体的形态不同，可燃气体可分为三种：压缩天然气（Compressed Natural Gas，CNG），主要成分为甲烷；液化天然气（Liquefied Natural Gas，LNG），甲烷经深度冷冻液化；液化石油气（Liqyefied Petroleum Gas，LPG），主要成分是丙烷和丁烷的混合物。气体燃料汽车一般有两种，一种为普通汽车改装的双燃料汽车，另一种是专用气体燃料汽车。其中，双燃料汽车保留汽油、柴油的供油系统，外加一套供气系统，技术较为成熟；专用气体燃料汽车可以充分发挥天然气的理化性能特点，价格低，污染少，是最清洁的汽车。

（一）天然气汽车

天然气汽车是指以天然气作为燃料的汽车。按照所使用天然气燃料状态的不同，天然气汽车可以分为压缩天然气汽车和液化天然气汽车。

压缩天然气是指压缩到20.7～24.8 MPa的天然气，储存在车载高压气瓶中。压缩天然气是一种无色透明、无味、高热量，比空气轻的气体，主要成分是甲烷，由于组分简单，易于完全燃烧，加上燃料含碳少，抗爆性好，不稀释润滑油，因此能够延长发动机使用寿命。

液化天然气是指常压下、温度为-162 ℃的液体天然气，储存于车载绝热气瓶中。液化天然气燃点高、安全性能强，适于长途运输和储存。

1. 天然气汽车的结构

天然气汽车采用定型汽车改装，在保留原车供油系统的情况下增加一套车用压缩天然气转换装置，改装部分由以下三个系统组成。

（1）燃料存储系统。大多是使用压缩天然气来供气运行的。天然气被压缩后，系统压力达20.7～24.8 MPa，然后泵入连接至汽车后部、上部或支架的高压筒形气瓶。早期天然气汽车的储罐体积很大，占据了大量的行李箱空间，但是已开发出新一代轻量级气瓶。这些全复合材料的气瓶又称为集成存储系统，外面包裹着玻璃纤维外壳和缓冲泡沫，可防止在事故中因冲击而遭受损坏。此外，这些气瓶的一个特点是直径小，这样就可以将三个气瓶放置在一起，最大限度地节省存储空间。

（2）发动机。天然气汽车的发动原理是，当天然气汽车发动机启动后，天然气从储气瓶通过软管导入燃料，在发动机附近，天然气将进入压力调节器，从而实现降压。然后，天然气进入多点顺序喷射喷轨，该喷轨会将气体引入气缸中。传感器和计算机对燃料和空气的混合气体进行调节，以便火花塞点燃天然气时，燃烧更有效。天然气发动机还包括锻造铝合金、高压缩活塞、镍钨硬化合金排气门座和甲烷催化转化器。

（3）底盘。为了给燃料存储罐腾出更多空间，改装天然气汽车时，需要对汽车的悬架系统进行改进。有时，在汽车的后部，会采用半拖臂悬架系统替换横向稳定杆悬架系统，这就为后部的支架提供了更多的空间，同时还可提供流畅舒适的乘驾感。另外，天然气汽车除去备用轮胎和千斤顶，实现了平底板式设计。为弥补没有备用轮胎和千斤顶的不足，燃气汽车上安装了低压安全胎，为更换轮胎提供基本保障。

2. 天然气汽车的优缺点

天然气汽车的优点如下。

（1）天然气汽车是清洁燃料汽车，其排放的污染物大大低于以汽油为燃料的汽车，尾气中不含硫化物和铅，一氧化碳含量降低80%，碳氢化合物含量降低60%，氮氧化合物含量降低70%。因此，许多国家已经大力发展天然气汽车，并以此作为一种减轻大气污染的重要手段。

（2）天然气汽车有显著的经济效益。天然气的价格比汽油和柴油低得多，燃料费用一般节省 50%左右，使营运成本大幅降低。由于油气差价的存在，改车费用可在一年之内收回。燃气汽车不积炭，能延长发动机使用寿命，不需经常更换机油和火花塞，可节约 50%以上的维修费用。

（3）燃气汽车比汽油汽车更安全。首先与汽油相比，压缩天然气本身就是比较安全的燃料。这表现在：①燃点高。天然气燃点在 650 ℃以上，比汽油燃点（427 ℃）高出 223 ℃，所以与汽油相比不易点燃。②密度低。燃气相对空气的密度为 0.48，泄漏气体很快在空气中散发，很难形成遇火燃烧的浓度。③辛烷值高。可达 130，比目前最好的 96 号汽油辛烷值高得多，抗爆性能好。④爆炸极限窄。仅 5%～15%，在自然环境下，形成这一条件十分困难。⑤释放过程是一个吸热过程。当压缩天然气从容器或管路中泄出时，泄孔周围会迅速形成一个低温区，使天然气燃烧困难。

天然气汽车的缺点如下。

（1）压缩天然气汽车所用的配件比汽油汽车要求更高。

（2）储气瓶出厂前要进行特殊检验。气瓶经常规检验后，还需充气做火烧、爆炸、坠落等试验。经检验合格后，方能出厂使用。

（3）天然气汽车的动力性能略有降低。燃用天然气时，动力性能略下降 5%～15%。

（4）改装一次性投资较大，改装一辆天然气汽车需 4 000～6 000 元，随着科学技术的不断进步，费用会逐渐降低。

（二）液化石油气汽车

以液化石油气为燃料的汽车称为液化石油气汽车。液化石油气汽车和天然气汽车结构类似，只增加一套燃气供给系统。

将汽油汽车改装成液化石油气双燃料动力车的过程要求很高，需要全面掌握汽车系统知识才能完成。

（1）选择气罐。大多数改装是双重燃料改装，也就是说，不是取代原有的燃料系统，只是新加一个系统。因此，液化石油气气罐将占据汽车一定的存储空间，通常是行李箱空间。

（2）安装气罐。鱼雷形气罐通常容量较大，但要占据汽车较多空间。气罐安装之后，需在车身钻出装气点，通常在装油点附近或行李箱后部。连接气罐所需管道最短的地方就是理想位置。

（3）安装电磁阀。电磁阀必须安装在燃料管道上，位于气罐和发动机之间。汽车由汽油提供动力，发动机关闭时，该阀门将截断液化石油气流。

（4）安装调节器。调节器也是装配的主要原件，也叫化油器。它利用汽车冷却液的热量，将丙烷汽化成气体状态。

调节器的其他功能由安装在进气歧管中的混合器来执行。混合器从汽车传感器或电子控制元件（ECU）获得信息，然后控制流入气缸的气量。

（5）安装仪表板上的燃油测量表。该系统必须与汽车电气系统相连，以便进行有效的燃料测量，以及在丙烷和汽油之间进行正确的自动切换（还有装在仪表板上的手动开关）。另外，它也必须与汽车电子控制单元（Electronic Control Unit，ECU 相连，让发动机控制器可以根据不同的燃料设置进行调节。

（三）生物燃料汽车

生物燃料泛指由生物质组成或萃取的固体、液体或气体燃料。它可以替代由石油制取的汽油和柴油，是可再生能源开发利用的重要方向。所谓生物质是指利用大气、水、土地等通过光合作用而产生的各种有机体，即一切有生命的可以生长的有机物质。它包括植物、动物和微生物。不同于石油、煤炭、核能等传统燃料，这种新兴的燃料是可再生燃料。

1. 生物燃料的来源

传统来源是专门培植作为生物质燃料原料的作物，有在美国出产的玉米和黄豆，欧洲的亚麻籽和油菜籽，巴西的甘蔗，东南亚的椰子油。工业、农业、林业和一般家庭制造出的可生物分解的产物都可以作为原料，如稻草、麦梗、稻糠、木材等。这些原料经由无氧消化转换为生化气体，制成燃料的生物质，其原料常常是一些未被充分使用的废弃物，如稻秆与动物废弃物，而木材与草的品质并不直接影响能量产生的多寡。

2. 生物燃料的种类

生物燃料的种类多，其中最主要的有酒精、替代燃料、生物柴油和工业酒精等。

（1）酒精。酒精是有机化合物，由于含有一个羟基而与碳水化合物有明显差异。

乙醇汽车是使用车用乙醇汽油作为主要动力燃料的机动车。乙醇燃料已成为国际上普遍公认的可降低环境污染和取代化石燃料的主要资源。

车用乙醇汽油是在汽油中加入10%的变性乙醇混配而成的一种新型清洁燃料，可使汽油辛烷值提高3%，氧含量增加3.5%，大大改善了汽油的使用性能，使燃烧更彻底，是一种节能环保型燃料。美国、巴西已推广使用20多年，各方面均收到很好的效益。我国为了解决能源、农业、环境问题，正积极准备试行乙醇汽油政策。

车用乙醇汽油的优点主要有：①增加汽油中的氧含量，使燃烧更充分，有效地降低尾气中有害物质的排放；②有效提高汽油的标号，使发动机运行平稳；③有效消除火花塞、气门、活塞顶部及排气管、消声器部位积炭的形成，可以延长主要部件的使用寿命。

（2）替代燃料。替代燃料包括甲醇、变性乙醇及其他酒精，含甲醇、燃料乙醇及其他至少含有85%酒精含量的汽油混合物或酒精与其他燃料的混合物，天然气，液化石油气，氢气，煤提取的液化燃料，从生物材料中提取的非酒精燃料（如生物柴油）。

二甲醚作为环保、清洁、安全的新型替代能源，已经得到国际社会的公认。二甲醚是汽车发动机，特别是柴油发动机的理想燃料。它还是未来制取低碳烯烃的主要原料之一。二甲醚燃料汽车与甲醇燃料汽车相比，不存在汽车冷启动问题。

（3）生物柴油。生物柴油是一种可生物降解的运输燃料，适用于柴油发电机，通过有机提取的油和脂肪之间发生酯交换反应而产生。生物柴油现在是柴油燃料的组成部分，将来也许能够取代柴油。

（4）工业酒精。工业酒精是含有少量有毒物质的乙醇，如甲醇或汽油，有毒物质通常不易通过化学、物理方法除去。

甲醇燃料汽车是指利用甲醇燃料做能源驱动的汽车。甲醇作为燃料在汽车上的应用主要有掺烧和纯甲醇替代两种。

普通汽车要改装成甲醇燃料汽车，需要在汽车喷油器和原车电脑之间加装一个多燃料发动机智能控制系统，把多燃料发动机智能控制系统串联在整个系统中，起到调节喷油量的作用，这样就能改变原车的运行参数，使汽油发动机能够燃烧甲醇燃料。

习　题

1. 汽油的性能指标有哪些？
2. 提高汽油辛烷值的方法有哪些？
3. 我国汽油的牌号和规格有哪几种？如何选择合适的汽油牌号？
4. 汽油的使用注意事项有哪些？
5. 说明汽油滤清器的更换步骤和主要工具。
6. 柴油机对柴油品质的性能要求有哪些？
7. 我国柴油的规格和牌号是如何制定的？
8. 柴油使用的注意事项有哪些？
9. 简述新能源汽车的定义和分类。
10. 简述电动汽车对动力电池的要求。
11. 动力电池的分类有哪些？各自的优缺点是什么？
12. 简述电动汽车充电机的分类。电动汽车充电机的充电方式有哪些？
13. 简述燃料电池电动汽车的类型。
14. 简述燃料电池电动汽车的主要优点。
15. 常见的燃料电池的类型有哪几种？

项目二　发动机润滑油及车用润滑脂

学习目标

1. 掌握润滑油的作用和使用性能指标。
2. 掌握润滑油的分类和牌号。
3. 掌握润滑油的选用原则。
4. 掌握润滑油和润滑油滤清器的更换步骤。
5. 掌握润滑脂的作用、分类和使用性能指标。
6. 掌握润滑脂的使用原则。

任务一　发动机润滑油

一、润滑油的作用及性能指标

（一）润滑油的作用

润滑油的作用主要有润滑作用、冷却作用、清洁作用、密封作用、减振作用和防腐蚀作用等。

1. 润滑作用

发动机在运转时，曲轴、凸轮轴等机件处于高速回转状态，气门、活塞等机件处于高速往复运动状态，如果得不到可靠的润滑，就会造成金属间的干摩擦。干摩擦的摩擦力很大，不仅消耗发动机的有效功率，而且摩擦所产生的热量积聚，还会使摩擦副表面的金属磨损、熔化，甚至使机件卡死，造成严重的机械事故。

因此，对发动机进行有效的润滑是十分重要的。为了保证发动机的可靠润滑，现代发动机都设计有完善的润滑系统，通过油泵、滤清装置、冷却装置及润滑管道，采取强制循环或飞溅等方法，将润滑油送到各个摩擦副之间，确保摩擦副得到可靠的润滑。

润滑油进入摩擦副之间后，就黏附在摩擦表面上形成一层油膜，从而使两个摩擦表面由油膜隔离开，并不直接接触。当两个机件相互摩擦时，每一机件与粘在它表面上的油层一同移动。这样，金属间的干摩擦就转变为润滑油层之间的液体摩擦。由于液体摩擦因数远小于干摩擦因数，因此得到润滑后，机件间的摩擦阻力显著减小。这样，就能使发动机发挥出更大的有效功率，并保证机件长期工作而不致损坏。

2. 冷却作用

发动机工作时，会产生大量的热，为使发动机正常工作，必须对发动机进行有效的冷却，使之达到热平衡。发动机冷却系统对气缸体、气缸盖的冷却作用已广为人知，但润滑油的冷却、散热作用往往被忽视。

发动机在工作时，润滑油不断地从气缸与活塞、曲轴与曲轴轴承等摩擦表面吸收热量，一部分热量被传导给温度较低的零件，而另一部分热量随着润滑油的循环而散失在曲轴箱中。虽然润滑油的热传导性能较差，但润滑油直接作用于摩擦表面，可以对摩擦副进行直接冷却；同时，润滑油在单位时间内的流量很大，使其冷却能力得以显著提高。

因此，对发动机的冷却作用，是由行车迎面风、冷却系统和润滑系统共同完成的。润滑油的冷却作用不容忽视。

3. 清洁作用

发动机在工作时吸入新鲜空气，虽然经过空气滤清器，但仍会有少量的砂土、灰尘进入气缸内。另外，燃料燃烧后形成的炭质物、润滑油氧化后生成的胶状物和机件因磨损所产生的金属磨屑等杂质、脏物会沉积在发动机机件的摩擦表面上，如果不把它们清洗除去，就会使机件的磨损加剧。胶状物还会使活塞环黏结、卡死，丧失弹性，引发黏着磨损，甚至使发动机不能正常运转。

4. 密封作用

发动机的各机件之间，如活塞与气缸间、活塞环与活塞环槽间都有一定的间隙。如果没有间隙，活塞环在活塞环槽中就不能自由伸缩，装进气缸后，也无法向外伸张顶住缸壁，起不到密封与刮油的作用。有间隙，就带来密封问题，如果气缸与活塞间的密封性差，燃烧室就会漏气，其结果是使气缸有效压力降低，从而降低了发动机的有效输出功率。废气还会通过间隙向下窜进曲轴箱，造成曲轴箱内的润滑油受到稀释和污染。

填充于活塞与缸壁间的润滑油能形成“油封”，从而起到密封作用，保证发动机正常输出功率，也防止废气窜进曲轴箱。显然，润滑油的黏度越高，其密封作用越好。

5. 减振作用

摩擦副之间的润滑油还承受和传递运动机件（如活塞与活塞销、活塞销与连杆及连杆曲轴、曲轴与曲轴轴承等）之间的冲击载荷，起到减振作用。

6. 防腐蚀作用

润滑油吸附在零件表面上形成的油膜，在起到润滑作用的同时，也是一层保护膜，可防止水、空气、酸性物质及有害气体与零件接触，防止机件生锈、腐蚀。

（二）发动机润滑油的使用性能指标

为保证发动机润滑油发挥正常的功效，对发动机润滑油的使用性能提出以下要求。

在各种工况下，发动机润滑油必须能及时、可靠地输送到各摩擦副之间，并形成足够牢固的油膜或其他形式的抗磨保护膜，从而减少摩擦和磨损，以实现其润滑、减振作用。

发动机润滑油应能及时导出各摩擦副摩擦生成的热，维持运动机件的正常温度，以实现其冷却作用。

发动机润滑油应能可靠地密封各摩擦副之间的间隙，及时带走磨屑和其他外来的机械杂质，以实现其密封、清洁作用。

发动机润滑油应理化性质稳定，自身不具有腐蚀性，并能保护发动机机件不受外界腐蚀性介质的侵蚀，以实现其防腐蚀作用。

发动机润滑油能否实现上述功能，主要取决于润滑油自身的润滑性、黏温性、低温流动性、抗氧化性、防腐蚀性、清净分散性、抗泡沫性等使用性能。

1. 润滑性及评定指标（黏度）

发动机润滑油的润滑性是指在各种条件下，发动机润滑油降低摩擦、减缓磨损和防止金属烧结的能力，要求发动机润滑油具有良好的润滑性。

发动机润滑油的黏度和化学性质严重影响着发动机零件在不同润滑条件下的润滑情况。润滑油具有一定的黏度，是形成液体润滑的基本条件之一。黏度是液体流动时对内摩擦力的量度，在液体润滑区域，摩擦系数随润滑油黏度降低而减小。根据发动机润滑油的黏度不同，形成的油膜厚度不同，将发动机摩擦副的润滑分为三种状态，即液体润滑、混合润滑和边界润滑，这三种状态同时存在。

为了保证可靠的润滑，发动机润滑油需添加油性添加剂和抗极压添加剂。发动机润滑油润滑性的评定指标是黏度，但是对于边界润滑，主要是油性和极压性起作用，因此，发动机润滑油的润滑性还需通过相应的发动机试验来评定。

黏度也是润滑油分类选用的依据。随着环境温度、工作温度、机械负荷和转速的变化，对发动机润滑油的黏度也有着不同的要求：黏度过大，容易造成启动困难，启动时易出现干摩擦或半干摩擦，导致发动机功率降低，能耗增加，气缸磨损加剧，同时润滑油的冷却和清洁作用也会降低；黏度过小，不能形成足够厚的油膜，机件得不到正常润滑，同样造成能耗增加、磨损加剧，同时润滑油的密封性能降低。因此，要求润滑油的黏度必须适中。如使用的是单级黏度润滑油，在保证发动机正常润滑的前提下，应尽量选择黏度低一些的润滑油，以保证热机后的润滑效果。

2. 低温流动性及评定指标

发动机润滑油的低温流动性是指保证发动机在低温条件下容易启动和向油泵可靠供油的性能。

随着气温的降低，发动机润滑油的黏度增加。发动机低温启动时转动曲轴的阻力矩增加，曲轴转速下降，造成发动机低温启动困难。发动机冷启动时的磨损量比正常运行时大很多，为了减小磨损，应保证发动机良好的低温启动性。通常，活塞式发动机启动时的润滑油最大黏度约为 7 600 mm^2/s。再者，随着发动机润滑油黏度的增加，流动性越来越差，使得润滑系统供油不足，加剧了发动机机件的磨损。因此，要求发动机润滑油应具有良好的低温流动性。

低温流动性评价指标如下。

（1）低温动力黏度。按照流体的黏度特性，流体分为牛顿流体和非牛顿流体两类。发动机润滑油在低温状态下具有非牛顿流体特性。非牛顿流体是指剪切应力与剪切速率不成正比的流体。

低温动力黏度是对非牛顿流体流动时其内部阻力特性的量度，也称为表观黏度，其值为在规定的剪切速率下，剪切应力与剪切速率之比。

（2）边界泵送温度。边界泵送温度是指能将发动机润滑油连续、充分地供给发动机油泵入口的最低温度。边界泵送温度是衡量发动机在起动阶段润滑油是否易于流到油泵入口并提供足够压力的性能，它也是划分冬季发动机润滑油黏度级别的依据之一。

（3）倾点。倾点是指发动机润滑油试样在规定的条件下冷却时能够流动的最低温度。倾点越低，表明润滑油的低温流动性越好，冷车启动较容易。

3. 黏温性及评定指标

黏温性是发动机润滑油的一项重要指标。发动机润滑油的黏温性是指黏度随发动机工作温度的变化而改变的性能。温度对油品黏度有很大的影响。发动机润滑油的黏度随着工作温度的升高而降低，随着工作温度的降低而升高。

温度太高，润滑油黏度太小，形成的润滑油膜容易破坏，使得密封和润滑性都变差，导致磨损加剧；温度太低，润滑油黏度太大，流动性变差，同样不易形成油膜，造成磨损加剧。事实上，发动机润滑油所接触到的各润滑部位的工作温度相差较大，因此就要求发动机润滑油在高、低温工作时都能保持良好的黏度，形成一定厚度的油膜，以减少发动机机件的磨损。

良好的黏温性是指润滑油黏度随温度的变化程度较小。发动机润滑油应具有良好的黏温性。

提高润滑油的黏温性，可以通过在基础油中加入黏度指数改进剂得以实现。能同时满足高、低温使用要求的发动机润滑油称为多级黏度发动机润滑油，俗称稠化机油。

发动机润滑油黏温性的评定指标是黏度指数。黏度指数是将润滑油黏度随温度变化程度与标准油黏度随温度变化程度相比较所得的相对值，缩写为 VI。黏度指数越高，润滑油随温度变化的程度越小，其黏温性越好。因此，黏度指数高的润滑油符合发动机特性需要。

4. 清净分散性及评定指标

发动机润滑油的清净分散性是指发动机润滑油能抑制积炭、漆膜和油泥生成或将这些沉积物清除的性能。发动机润滑油应具有良好的清净分散性。

活塞环和气缸壁的密封性不好，会使汽油和润滑油成分中的重质成分过多。发动机的工作温度过高或者过低及车速过低等，都会导致积炭和油泥的产生，从生成原理看，积炭和漆膜属于高温沉积物，油泥属于低温沉积物。

发动机润滑油基础油本身不具备清净分散性，而是通过添加清净剂和分散剂获得的。清净分散添加剂通过磁力排斥作用把积炭、漆膜和油泥变成微小的颗粒，使其漂浮起来，在润滑油循环中被润滑油滤清器过滤掉或通过排放润滑油将其排放掉。

随着发动机性能的提高，发动机机件的工作条件也更加苛刻。我国新的内燃机润滑油分类中已废除了使用性能较低的发动机润滑油，从一定意义上说，发动机润滑油使用性能的高低，表现在清净剂和分散剂的性能和添加量上。

发动机润滑油清净分散性的评定指标是残炭和硫酸盐灰分。发动机润滑油的清净分散性主要通过相应的发动机试验来评定。

（1）残炭。残炭是指将油品放入残炭测定器中，在不通入空气的条件下，加热使其蒸发和分解，排出燃烧的气体后所剩余的焦黑色残余物。

（2）硫酸盐灰分。硫酸盐灰分是指试油在燃烧后灰化之前加入少量的浓硫酸，使添加剂的金属元素最后为硫酸盐的灰分。

5. 抗氧化性

发动机润滑油的抗氧化性是指在一定的条件下抵制大气（氧气）的作用，保护其性质不发生永久性变化的能力。发动机润滑油应具有良好的抗氧化性。

发动机润滑油在使用和储存过程中，如果与空气接触，在适当的条件下会发生化学反应，产生诸如酸类、胶质等氧化物质。这些氧化物质聚集在发动机润滑油中会使润滑油颜色变深、黏度增加、酸性增大，并析出沉积物。抗氧化性也是发动机润滑油的重要性质。它决定了发动机润滑油在使用过程中是否容易变质，以及生成沉积物和对零件腐蚀的倾向，是影响发动机润滑油使用期限的重要因素。

影响发动机润滑油氧化的因素有发动机润滑油的化学组成、温度、发动机润滑油与空气的接触表面和金属。

从油品方面来讲，减缓发动机润滑油氧化变质的主要途径有选择合适的馏分，合理精制，添加抗氧化剂或抗氧抗腐剂。发动机润滑油的抗氧化性通过相应的发动机试验来评定。

6. 防腐蚀性及评定指标

发动机润滑油的防腐蚀性是指防止腐蚀性物质腐蚀金属的能力。发动机润滑油应具有良好的防腐蚀性。

发动机润滑油在使用过程中不可避免地被氧化而生成各种有机酸，对金属产生腐蚀作用。柴油机的轴瓦是采用铅青铜或铅合金等高性能材料制作的，这些材料的抗腐蚀性能较差，即使发动机润滑油中只有微量的酸性物质，也会引起严重的腐蚀，使轴瓦出现斑点、麻坑，甚至使整块金属剥落，并且润滑油也会很快变脏，并导致烧瓦抱轴事故发生。因此，对柴油机润滑油的防腐蚀性要求更高。

为了提高润滑油的防腐蚀性，目前主要是添加防腐蚀剂，同时加大发动机润滑油的精制程度，减小酸值。发动机润滑油防腐蚀性的评定指标是酸值，同时通过相应的发动机试验来评定。酸值是指中和 1 g 试油中的酸性组分所需氢氧化钾的毫克数，用 mgKOH/g 表示。

酸值可以用于控制润滑油的质量，有时也可以用于测定润滑油在使用过程中的降解情况，但酸值作为润滑油报废指标，必须通过经验来确定。由于各种各样的氧化物都会影响酸值，同时有机物在腐蚀条件下变化也很大，因此，酸值与油品对金属的腐蚀程度之间没有必然的联系。

7. 抗泡沫性及评定指标

发动机润滑油的抗泡沫性是指发动机润滑油消除泡沫的性质。

当发动机润滑油受到激烈搅动，将空气混入油中时，就会产生泡沫。在高速齿轮、大容积泵送和飞溅润滑系统中，润滑油生成泡沫的倾向是一个严重的问题，由此引起的不良润滑气穴现象和润滑剂的溢流损失都会导致机械故障。因此，要求发动机润滑油具有良好的抗泡沫性。

发动机润滑油抗泡沫性的评定指标是泡沫性。泡沫性是指油品生成泡沫的倾向和生成泡沫的稳定性能。

二、润滑油的分类及选用

（一）按制造工艺分类

发动机润滑油是在基础油中加入金属清净剂、灰分分散剂、抗氧抗腐剂、黏度指数改进剂、降凝剂、抗泡剂、防锈剂等各类添加剂精制而成的，其品种、规格是按照基础油的性能和各种添加剂的含量来划分的。

按照基础油的类别不同，可将发动机润滑油分为以矿物油为基础油的发动机润滑油（简称矿物油机油）和以合成油为基础油的发动机润滑油（简称合成油机油）两大类。合成油机油又分为全合成机油和半合成机油两类。

1. 矿物油机油

矿物油机油是从原油（石油）中通过物理方法得到的，炼制工艺比较简单，能满足大多数汽车发动机的使用性能需求，但其总体性能水平已经远远不及全合成机油。

2. 全合成机油

全合成机油是以全合成油作为基础油调配而成的发动机润滑油。全合成机油如图 2-1 所示。

图 2-1 全合成机油

全合成机油能确保润滑油在相当长的使用时间内，润滑性能稳定如一，发动机不易产生油泥。全合成机油是通过化学合成或精炼加工的方法获得的，其工艺复杂，炼制成本高昂，拥有矿物油机油不可比拟的优势。

全合成机油的黏度指数比矿物油机油高，所以黏温特性更好，高温时润滑更可靠，低温条件下流动性好（室温条件下外观感觉比同级别矿物油略稀）。同时，全合成机油的抗氧化性更强，可大大延长换油周期（全合成机油换油周期可长达 1 万～2 万 km，远远大于传统的矿物油机油），虽然在润滑油的使用成本上增加了投入，但减少了更换润滑油和滤清器的次数，总体经济效益非常可观。

全合成机油的蒸发损失小，润滑油消耗低，减少了频繁补充、添加润滑油的麻烦，并且能更好地保护三元催化转换器等昂贵的废气控制系统部件。

此外，全合成机油能适应更高负荷的发动机的润滑要求，还拥有更强的抗高温抗剪切能力，在发动机高速运转下，润滑油也不会丧失稳定的黏度，对发动机的保护更为全面。

鉴于全合成机油优异的综合性能，其应用日益广泛，并有逐步取代矿物油机油的趋势。

3. 半合成机油

半合成机油是在矿物油机油的基础上经过加氢裂变技术提纯后的产物，它是由矿物油机油、全合成机油以 4∶6 的比例混合而成。半合成机油的纯度非常接近全合成机油，但其成本较矿物油机油略高；半合成机油是矿物油机油向全合成机油的过渡产品。

（二）按润滑油黏度分类

SAE 黏度分类法是目前应用最广泛的分类方法。SAE 是美国汽车工程师学会（Society of Automotive Engineers）的缩写。规定用在-18 ℃所测定的黏度对冬季用的机油进行分类。用 100 ℃所测定的黏度对春秋及夏季用的机油进行分类，有 20、30、40、50 共 4 个等级。对-18 ℃和 100 ℃所测的黏度值，只能满足其中之一的机油称为单级机油；能同时满足两方面黏度要求的机油称为多级机油。

发动机润滑油名称编码中的数字表示其黏度等级。性能指标分为 0W、5W、10W、20W 及 25W 共 6 级（W 表示冬用），夏季润滑油分为 20、30、40 和 50 共 4 级。冬夏季通用的润滑油为多级润滑油，常用的多级润滑油为 5W-20、5W-30、5W-40、5W-50、10W-20、10W-30、10W-40、10W-50、15W-20、15W-30、15W-40、15W-50、20W-20、20W-30、20W-40、20W-50 共 16 种。

在多级发动机润滑油牌号标记中，W 前面的数字越小，表示润滑油的低温流动性越好，可适用的外界环境温度越低，在冷启动时对发动机的保护能力越好；W 后面的数字则是润滑油的耐高温性能指标，数值越大，表示润滑油在高温下对发动机的保护性能越好。常用黏度级别与气温间的大致对应关系见表 2-1。

表 2-1　常用黏度级别与气温间的大致对应关系

黏度分级	5W	10W	15W	20W	20	30	40	50	5W-40
适用气温范围/℃	-40～-18	-20～0	-20～5	-15～10	-5～20	0～30	5～40	10～50	-35～35
黏度分级	5W-30	5W-20	10W-40	10W-30	10W-20	15W-40	20W-40	20W-40	
适用气温范围/℃	-35～28	-35～18	-20～35	-20～28	-20～20	-15～35	-15～20	-15～35	

（三）按润滑油质量分类

API 是美国石油协会（American Petroleum Insitute）的缩写。API 的发动机润滑油使用性能分类法是根据发动机润滑油在油品（试油）使用性能评定试验中所表现出来的抗磨性、清净分散性和抗氧化腐蚀性等使用性能确定其质量（品质）等级的，这种分类法也称性能分类法或使用分类法。

API 分类将汽油发动机润滑油分为 S 系列，也称供应站分类；将柴油发动机润滑油分为 C 系列，也称工商业分类。两种系列按使用条件或油品质量水平分成许多级别，这已成为国外最常用的发动机润滑油等级分类的依据。API 汽油发动机润滑油分类见表 2-2。

表 2-2　API 汽油发动机润滑油分类

API 分类		质量水平
汽油发动机润滑油	SA	供非常缓和条件下发动机使用，为直馏矿物油，无添加剂
	SB	供中等程度条件下运转的发动机使用，加有少量的添加剂，具有抗擦伤、抗氧化及防止轴瓦腐蚀的性能
	SC	适用无 PCV 阀的 1964—1967 年生产的轿车、货车汽油发动机，具有较好的油泥控制、防锈和防腐蚀性能
	SD	适用有 PCV 阀 1968—1971 年生产的轿车、货车汽油发动机，具有较好的油泥控制、抗磨和防腐蚀等性能
	SE	适用有 EGR 装置、1972—1980 年生产的轿车、货车汽油发动机，其油泥控制性能比 SD 级好
	SF	具有催化转化器，适用 1980—1987 年生产的汽油发动机，其油泥控制性、抗氧化性、防腐蚀性比 SE 级好，且对催化剂无毒害作用
	SG	适用于 1988 年以后生产的汽油发动机，其油泥控制性、抗氧化性、防腐蚀性比 SF 级好

S 系列中有 SA、SB、SC、SD、SE、SF、SG 共 7 个级别，这是按发动机热负荷、机械负荷的大小、操作条件的缓和程度来区分的。其中，SD 级用于 1968 年以后生产的汽油发动机，这种发动机装有曲轴箱正压通风装置（Positive Crankcase Ventilation，又称 PCV 阀）；SE 级用于 1971 年以后生产的汽油发动机，这种发动机装有废气再循环装置（Exhaust Gas Recirculation，EGR）；SF 级用于 1981 年以后生产的汽油发动机，这种发动机装有催化转化装置；SG 级用于 1988 年以后生产的汽油发动机。目前国外常用的汽油发动机润滑油为 SE 和 SF 级。

C 系列中有 CA、CB、CC、CD、CE 共 5 个级别。它是按发动机工作负荷、工作条件的苛刻程度、燃料的含硫量及操作条件的缓和程度来区别的。CC 级用于 1961 年以后生产的柴油发动机，这种柴油发动机设有增压器；CD 级用于 1975 年以后生产的具有中增压且工作条件较苛刻的柴油发动机；CE 级用于 1983 年以后生产的具有高增压大功率输出的柴油发动机。表 2-3 是 API 柴油发动机润滑油分类。

表 2-3　API 柴油发动机润滑油分类

API 分类		质量水平
柴油发动机润滑油	CA	适用低硫燃料，轻、中负荷下运转的柴油机，具有防止高温沉积物产生及防止轴承腐蚀的性能
	CB	适用高含硫量的燃料，轻、中负荷下运转的柴油机，具有防止高温油泥产生及防止轴瓦腐蚀的性能，缓和条件下的汽油发动机也可用
	CC	适用有增压器的高负荷柴油发动机，在苛刻条件下运转的汽油发动机也可用，具有防止高温沉积、防锈、防腐及防止汽油发动机低温油泥产生的性能
	CD	适用有增压器的高速大功率、在非常苛刻条件下运转的柴油发动机，要求在上述条件下，能防止高温沉积，防锈、防腐性能高于 CB、CC 级油
	CE	适用重负荷柴油发动机，防高温沉积、防锈、防腐性能优于 CD 级油

三、发动机润滑油的选用

（一）黏度等级选用的一般原则

根据发动机的性能选择润滑油，一般大负荷、低转速的发动机选用黏度大的润滑油；小负荷、高转速的发动机选用黏度小的润滑油。

根据发动机的磨损情况选择润滑油，旧发动机磨损大，选用黏度大的润滑油；新发动机磨损小，选用黏度小的润滑油。

根据工作地区的气温选择润滑油，夏季南方使用的发动机，选用黏度大的润滑油，而冬季北方使用的电动机，选用黏度小的润滑油。应在保证发动机润滑与密封的条件下，尽量选用低黏度润滑油，以便节约燃料。

（二）质量等级选用的一般原则

根据压缩比、排量选择润滑油使用性能级别。

根据曲轴箱强制通风、废气再循环等排气净化装置对发动机润滑油的影响进行选择。

根据城市汽车运行工况对生成沉积物和发动机润滑油氧化的影响进行选择。

柴油发动机润滑油使用性能级别主要根据发动机的平均有效压力、活塞平均速度、润滑油负荷、使用条件和柴油的硫含量进行选择。

（三）润滑油使用中常见问题

在润滑油的使用过程中，会发生如下情况。

1. 润滑油沉积

润滑油沉积会将润滑油滤网、润滑油泵和润滑油管路部分或全部堵塞，由此产生润滑不足。产生黑泥的可能原因有润滑油品质欠佳，未定期保养，换油间隔较长，燃油和润滑油在燃烧室中共燃。

2. 润滑油变稀

汽油发动机在冷启动时，部分燃油凝固在很冷的气缸壁上。这一部分尚未燃烧的汽油使发动机润滑油变得极稀，由此降低了发动机润滑油的黏度和润滑能力。如果发动机润滑油达到工作温度，部分汽油又蒸发出来，部分高沸点的汽油仍留在润滑油中。

3. 润滑油变稠

在柴油发动机中，由于炭烟混入发动机润滑油中而造成润滑油变稠。燃烧时生成的部分炭烟作为漏气（通过活塞、活塞环与气缸工作表面之间的间隙）而进入油底壳中。在寒冷季节，润滑油变稠会造成冷启动困难。

长时间使用的润滑油会掺杂机械部件磨损下来的铁屑，如不及时更换，将会降低润滑油本身的润滑效果；由于温度的影响，润滑油的黏度也会下降，导致密封和润滑的质量下降，影响发动机的工作性能，因此要定期检查更换。

根据回收利用和废弃物处理法规，废弃润滑油会对水源构成较大危害，所以润滑油不得排入地表水域、下水道或者地下。润滑油属于易燃物品，因此要远离明火。

废润滑油、润滑油滤清器和油封属于需要特别处理的废弃物，且必须将它们分别收集起来。把已知来源的废润滑油暂时存储在企业的废弃润滑油收集装置中，并经常进行检查。必须保证废弃润滑油的油品纯正，即不得混入异物如制动液、冷却液等。来源不明的废润滑油必须是在新鲜润滑油销售的范围内从用户处收集到的废润滑油，由于它们可能混入其他物质，所以要将其暂时单独存放。

废弃润滑油的交付者在移交时要向收购者讲明废弃润滑油中含有的其他物质，收购者在接受废润滑油时，必须取样检查。

四、检查并更换汽车润滑油及润滑油滤清器

（1）打开驾驶员侧车门将发动机舱盖开启，并安装好翼子板保护罩（图 2-2）。

（2）旋开润滑油加注孔盖，使润滑油排放顺畅（图 2-3）。将举升机支臂放置于车辆的支点处，正确举升车辆到适合操作的位置（图 2-4）。

（3）拆卸底护板侧面的固定螺栓，拆下底护板（图 2-5），将旧油收集车推至发动机润滑油泄放螺栓下部（图 2-6），采用套筒扳手旋松放油螺栓，然后拧松螺栓并将其拆下。用手旋松螺栓的同时注意向螺栓施加一定的推力，使螺栓靠紧螺纹，防止润滑油提前流出，迅速移开旋松螺栓的手臂，防止被具有一定温度的润滑油烫伤（图 2-7）。

图 2-2　安装翼子板保护罩

图 2-3　旋开润滑油加注孔盖

图 2-4　检查举升机支臂

图 2-5　拆底护板

图 2-6　放好收集车

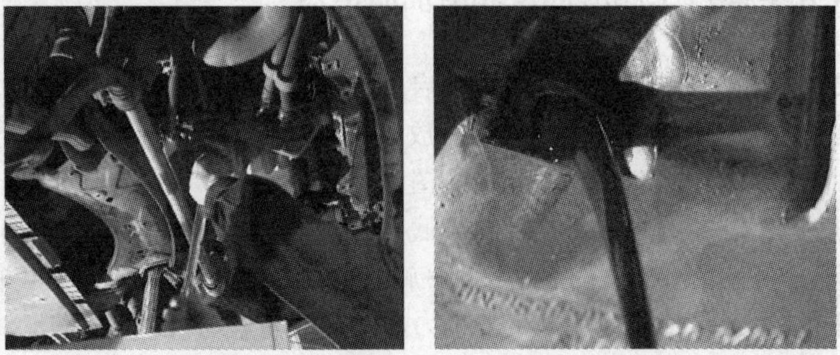

图 2-7　旋松放油螺栓释放润滑油

(4)完全泄放润滑油后拧紧放油螺栓(图 2-8),并对放油口周围做清洁处理(图 2-9)。放油螺栓紧固力矩为 30 N·m。

图 2-8　拧紧放油螺栓

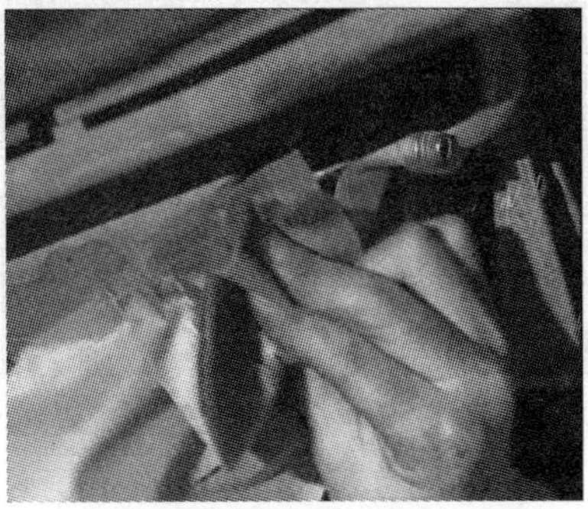

图 2-9　清洁放油口

(5)拆卸润滑油滤清器,并在新的滤清器口上涂抹干净的润滑油进行润滑后安装(图 2-10)。

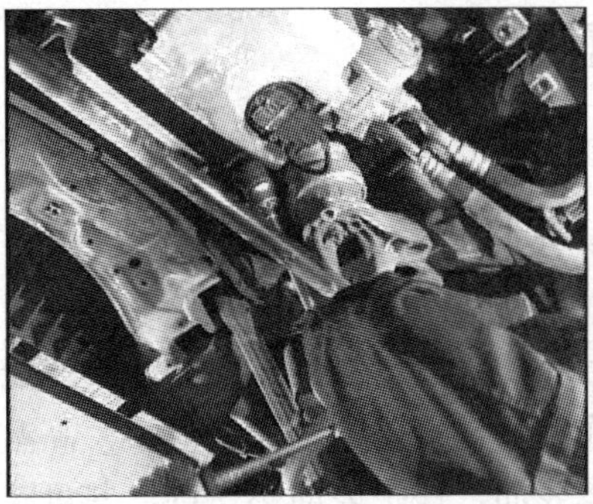

图 2-10　安装新的滤清器

(6)加注润滑油到发动机内部(图 2-11)。加注完成后清洁加注口周围区域(图 2-12),拧紧加注口密封盖。启动发动机运转 1～2 min 后关闭,检查润滑油液面高度是否符合标准(图 2-13)。检查车辆换油以后有无泄漏情况发生(图 2-14)。安装护板,之后降下车辆。

图 2-11　加注润滑油

图 2-12　清洁加注口

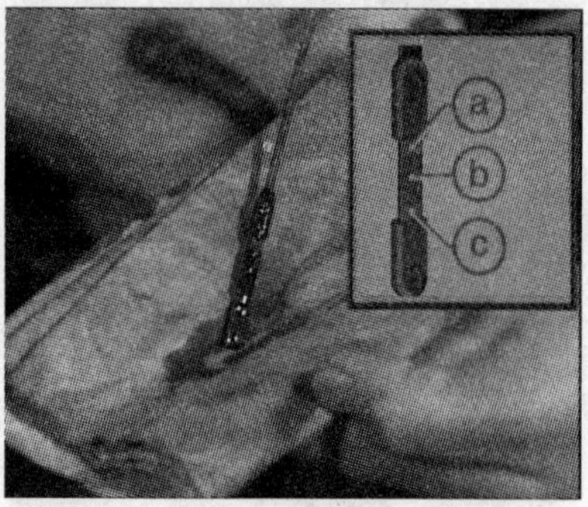

图 2-13　检查润滑油加注量

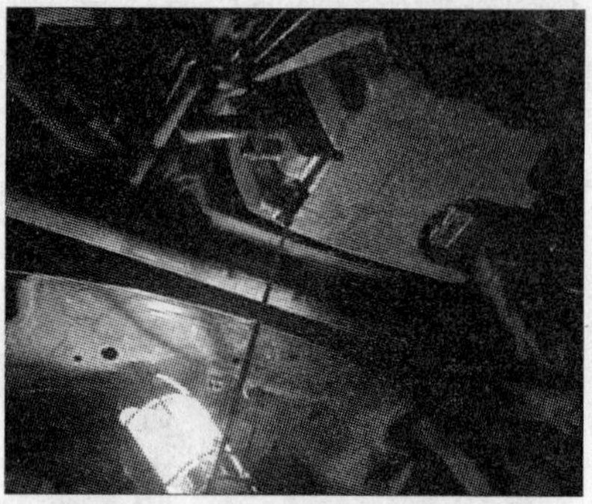

图 2-14　检查换油后有无泄漏

任务二　车用润滑脂

一、润滑脂的作用和使用指标

（一）润滑脂的作用

润滑脂是石油产品中的一大类，它是一种稠化了的润滑油。与润滑油相比，润滑脂具有如下特点。

（1）与相似黏度的润滑油相比，润滑脂有较高的随负荷能力和较好的阻尼性。

（2）由于稠化剂的吸附作用，润滑脂的蒸发损失小，高温、高速下润滑性好。

（3）润滑脂易附着在金属表面，保护表面不锈蚀，并可防止滴油、溅油污染产品。

（4）由于稠化剂的毛细作用，润滑脂可在较宽温度范围和较长时间内逐步放出液体润滑油，起到润滑作用。

（5）在轴承润滑中，润滑脂还可起到密封作用。使用润滑脂的缺点是冷却散热作用差，起动摩擦力矩大，更换润滑脂比较复杂等。由于润滑脂的特点，它广泛地用于汽车变速器轴承、离合器、制动器踏板轴衬套和转向器等部位的润滑。

（二）润滑脂的基本性能指标

润滑脂的基本性能指标有稠度、高低温性、抗水性、缓蚀性、氧化安定性和防腐性。

（1）稠度。稠度是指润滑脂的浓稠程度，适当的稠度可使润滑脂容易加注并保持在摩擦面上，以保持持久的润滑作用。

（2）高温性能。高温性能是指润滑脂的耐热性能。当温度上升时，润滑脂会变软，融化时会从摩擦表面流失而失去润滑作用。耐热性好，就可使其在较高工作温度下不失去润滑作用。

（3）低温性能。润滑脂的低温性能取决于它的相似黏度及黏温性，表示其低温下的工作能力。

（4）抗水性。抗水性差的润滑脂遇水后稠度会下降，甚至乳化而流失。测定抗水性用抗水淋性能测定法。

（5）缓蚀性。缓蚀性是指润滑脂抵抗与其相接触的金属生锈的能力。

（6）氧化安定性。胶体安定性是指润滑脂在储存和使用中避免胶体分解，防止液体润滑油被析出的能力。为防止润滑脂在空气中氧化，在脂中常加入抗氧剂，以提高其氧化安定性。

（7）防腐性。润滑脂中含有过量游离酸、碱或活性硫化物，因此氧化后产生的有机酸都可能腐蚀金属，常在润滑脂的规格中标出这些物质的含量以表明其腐蚀性。

二、润滑脂的分类

1989 年美国材料与试验学会（American Society for Testing and Materials，ASTM）、美国汽车工程师学会（Society of Automotive Engineers，SAE）和美国国家润滑脂研究所（National Lubricatiing Grease Institute，NLGI）共同提出了《汽车用润滑脂的标准分类和规范》（ASTM D4950），该标准规定了润滑脂的适用范围，进行了汽车润滑脂的分类，并详细叙述了汽车润滑脂的性能。润滑脂使用分类见表 2-4。

表 2-4　润滑脂使用分类

种类	标号	性能	使用温度范围	稠度（针入度）	可能行驶距离/km
底盘车润滑油	LA	轻中负荷，抗氧化、防锈、抗磨、机械安定性好	—	主要 2 号	轿车 3 200 以下
	LB	苛刻负荷，振动、水接触、长期运转	−40～+120	主要 2 号	轿车 3 200 以下
轮毂轴承润滑油	GA	较轻负荷	−20～+70	—	—
	GB	较轻到中负荷，抗氧、抗腐	−40～+120（有时到 160）	主要 2 号（1、3 号也用）	高速公路
	GC	中到苛刻负荷，抗氧、抗腐、抗磨	−40～+120（有时到 200）	主要 2 号（1、3 号也用）	开、停频繁用

（一）钙基润滑脂

钙基润滑脂是以水作为胶溶剂，由动植物脂肪酸与石灰制成的钙皂稠化矿物润滑油。它是 20 世纪 30 年代的老产品，有 1、2、3、4 四个稠度牌号，使用温度范围为−10～60 ℃；抗水性好，容易黏附于金属表面，胶体安定性好，但使用寿命短。钙基润滑脂常用于汽车转向系的横、直拉杆，齿轮齿条转向器的外漏部分以及行驶系上下控制臂的球接头等部位。

（二）钠基润滑脂

钠基润滑脂是由动植物脂肪酸与氢氧化钠制成的钠皂稠化矿物润滑油，耐高温但不耐水，有两个稠度牌号。它可在 120 ℃下长时间工作，有较好的承压抗磨性能，但不能用于潮湿环境或与水接触的部件。

（三）汽车通用锂基润滑脂

汽车通用锂基润滑脂是由动植物脂肪酸与氢氧化锂制成的锂皂低凝固点润滑油，并加抗氧、缓蚀剂制成。它具有良好的机械安定性、胶体安定性、缓蚀性、氧化安定性和抗水性，适用于 30～120 ℃下汽车轮毂轴承、底盘、水泵和发电机等各摩擦部位润滑，为普遍推荐使用的汽车通用润滑脂。

（四）极压复合锂基润滑脂

极压复合锂基润滑脂与汽车通用锂基润滑脂的区别是具有更高的极压抗磨性，可适用于 -20～160 ℃的高负荷机械设备的齿轮和轴承润滑，有 1、2、3 三个稠度牌号，部分高性能进口汽车推荐使用极压复合理基润滑脂。

（五）石墨钙基润滑脂

石墨钙基润滑脂是由动植物脂肪酸与石灰，并加 10%的鳞状石墨制成的钙皂稠化机械油。它具有良好的抗水性和抗碾压性能，适合于重负荷、低转速和粗糙机械的润滑，在汽车钢板弹簧、起重机齿轮转盘及半拖挂货车的转盘等承压部位使用。

三、润滑脂的选择与使用

正确选择和使用润滑脂，可确保车辆及机械设备润滑良好，有效减少润滑脂消耗量，延长润滑脂使用寿命，降低检修费用和停工损失，提高车辆及机械设备的运行经济性。润滑脂的选择应综合考虑润滑脂的性能特点、工作温度、换脂周期等因素，根据车辆和机械设备使用说明书的规定，选用与用脂部位工作条件相适应的润滑脂品种和稠度等级（牌号）。

（一）润滑脂的选择

1. 按性能特点选择

选用润滑脂时，首先要考虑被润滑部位的工作、结构特点及其对润滑脂的性能要求。润滑脂的性能特点要与被润滑部位的工作、结构特点相适应，做到“人尽其才，物尽其用”。

例如，石墨钙基润滑脂因其中有鳞片状石墨（固体），故不能用于高速轴承上，否则会导致轴承早期损坏。而汽车钢板弹簧等负荷大、滑动速度低的部位，则必须使用石墨钙基润滑脂，因为石墨作为固体润滑剂不易从摩擦面流失，可起到持久的润滑作用。

2. 按工作温度选择

润滑脂的最低操作温度和最高操作温度应位于被润滑部位的最低温度和最高温度之间。

3. 按抗水性和防锈性选择

选用润滑脂时，还要考虑被润滑部位的抗水性和防锈性要求。对于经常在水洗环境下工作的汽车及工程机械等，其使用的润滑脂有淡水防锈性要求。

4. 按工作负荷选择

根据摩擦副的工作负荷不同，选用与之匹配的润滑脂。

5. 按稠度等级选择

所选润滑脂的稠度等级（牌号）与环境温度、转速、负荷等因素有关。对于高速、低负荷的摩擦副，应选用稠度等级低的润滑脂。若环境温度较高，稠度等级可提高一级。

6. 按换脂周期选择

除有特殊规定之外，应优先选用换脂周期长的润滑脂。例如，使用汽车通用锂基润滑脂与使用钙基润滑脂相比，换脂周期至少可延长 3～5 倍，经济效益显著提高。

（二）润滑脂的使用

1. 适量注脂

为方便注脂，在汽车及工程机械采用润滑脂润滑的部位，都装有润滑脂注脂嘴（学名为压注油杯，俗称黄油嘴）。

注脂时，先将注脂枪（俗称黄油枪，图 2-15）的枪尖对准润滑点的注脂嘴，将注脂嘴内的钢球压下（打开注脂通道），然后压动压把，即可将润滑脂注入注脂嘴。待润滑点的开放部位旧脂完全被挤出，并有新的润滑脂溢出时，该润滑点的注脂工作即告完成。

需要注意的是，润滑脂的一次加入量不宜过多，否则会使机件运转阻力增加，工作温度升高，并造成润滑脂的浪费。

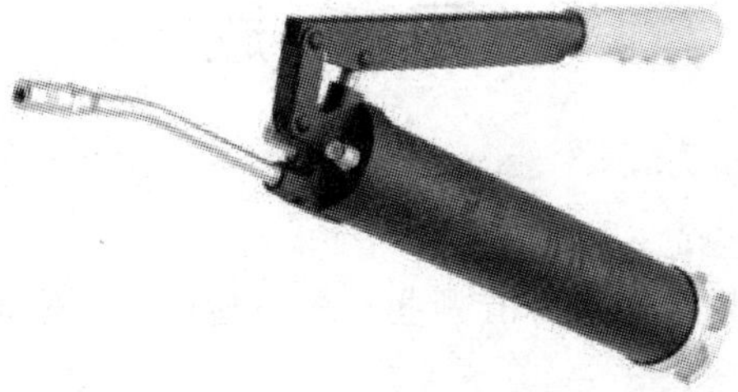

图 2-15　注脂枪

2. 适时换脂

严格按照汽车及工程机械使用说明书的规定适时换脂。国产汽车通用锂基润滑脂的换脂周期一般为 90 天或 20 000 km，以先到者为准。换脂时，注脂量以新脂将旧脂完全顶出为度。若注脂过少，会使润滑点内新脂和旧脂并存，新脂会很快被污染，失去换脂的意义和作用。

3. 倡导“空毂润滑”

轮毂轴承是汽车及工程机械的“用脂大户”，以前曾盛行“满毂润滑”的做法。所谓“满毂润滑”，是指将轮毂轴承填满润滑脂之后，将轮毂内腔也填满润滑脂。

采取“满毂润滑”，即将轮毂空腔填满润滑脂的做法，多余的润滑脂不会参与轴承的润滑工作，相反会导致轴承运转阻力增大，散热不良。温度升高后会进一步加速润滑脂变质，受热膨胀后还会挤压油封，导致油封漏油，流淌至制动摩擦片（刹车片）上，会造成制动失灵，甚至制动摩擦片着火燃烧。

“空毂润滑”是指将轮毂轴承填满润滑脂之后，仅在轮毂内腔涂一层薄薄的润滑脂进行防锈即可，而不将轮毂内腔填满润滑脂。对于大型商用车而言，采用“空毂润滑”时，平均每个轮毂的用脂量只有 150～250 g，而采用“满毂润滑”时，平均每个轮毂的用脂量可达 1 000 g 左右。

“空毂润滑”既能确保轮毂轴承的可靠润滑，又能克服“满毂润滑”的弊端。同时，还能大量节约润滑脂，降低车辆维护费用，提高车辆的运行经济性。为此，应大力倡导“空毂润滑”，摒弃“满毂润滑”。

4. 不同种类的润滑脂不得混用

由各种不同稠化剂制得的润滑脂不能互相混用，否则可能破坏其胶体结构而使其失去原有的性能。换用新润滑脂时，必须将旧的润滑脂擦干净，否则会加速新润滑脂的氧化变质。另外，润滑脂一般也不能与润滑油混用。

5. 妥善储存润滑脂

润滑脂一旦混入杂质便很难除去，因此，在保存、分装和使用润滑脂的过程中，要严格防止灰、砂和水分等外界杂质污染，容器和注脂工具必须干燥清洁，尽可能减少润滑脂与空气接触；作业场所要清洁，无风沙；轴承及注脂口在加脂前必须洗干净；作业完毕，盛脂容器和加注器管口应立即加盖或封帽。

习 题

1. 润滑油的作用有哪些？
2. 发动机润滑油的使用性能指标有哪些？各个指标的具体含义是什么？
3. 润滑油的分类有哪些？
4. 简述润滑油和润滑油滤清器的更换步骤。
5. 润滑脂的作用和使用指标有哪些？
6. 简述常见润滑脂的分类。
7. 简述润滑脂的使用原则。

项目三　汽车工作油液

学习目标

1. 能够说明常见的汽车工作油液的特点、性能要求和规格。
2. 掌握各种工作油液的使用注意事项。
3. 掌握常见油液更换和使用的工作流程。

任务一　汽车齿轮油

通常把用于汽车手动变速器、后桥齿轮传动机构及转向机构的润滑油称为汽车齿轮油，把用于自动变速器的润滑油称为汽车自动传动液、自动变速器油或液力传动油。和其他润滑油一样，汽车齿轮油在齿轮传动中的主要作用是减少摩擦、降低磨损、冷却零部件，同时还可缓和振动、减少冲击、防止锈蚀以及清洗摩擦面脏物。

一、汽车齿轮油的工作条件及其要求

汽车齿轮油与发动机润滑油相比，其工作条件有两大特点。

（一）承受压力大

齿轮在啮合过程中，齿与齿间的接触为线接触，因而啮合部位的接触压力很高，一般汽车齿轮的接触压力达 2 000～3 000 MPa，而双曲面齿轮因相对滑动速度大，齿面接触压力就更高，可达 3 000～4 000 MPa。因此，齿轮啮合部位的油膜极易破裂，导致摩擦和磨损，甚至引起擦伤和胶合。

（二）工作温度不高

齿轮油基本不受发动机热源影响，油温的升高主要是由传动机构摩擦产生的热量引起的，并且随周围环境气温和行驶中外部空气冷却强度的变化而变化。一般齿轮油工作温度在 120～130 ℃，双曲面齿轮由于滑动速度大，工作油温相对高些，车速较高时可达 160～180 ℃。

根据上述工作特点，为保证齿轮传动的良好润滑和正常运转，对齿轮油的性能要求是具有适宜的黏度、良好的抗磨性、黏温性、热氧化安定性、低温流动性，以及防腐、防锈性能和抗泡沫性等。

二、汽车齿轮油的性能要求

（一）极压抗磨性

为满足现代汽车功率和车速不断提高的要求，一些高级小轿车和越野汽车多采用准双曲面齿轮，目的是降低车身的高度以适应高速行驶。准双曲面齿轮在传动时，齿面压力可高达3 000～4 000 MPa，啮合齿面间的相对滑动速度也可高达 450 m/min。在这样的高压和高速下，准双曲面齿轮处于边界润滑状态。另外，当汽车在重负荷起动、爬坡或遇到冲击载荷时，齿面接触区中有相当部分处于边界润滑状态。这就要求齿轮油在较高的负荷下仍能保持足够厚的油膜。齿轮油黏度的增加有利于承载能力的提高，但黏度过大，会增加摩擦损失，所以在汽车齿轮油中一般都加有极压抗磨添加剂。

（二）热氧化安定性

齿轮油抗高温条件氧化作用的能力称为热氧化安定性。氧化使润滑油的黏度增大，生成油泥，影响车辆齿轮油的流动。氧化产生的腐蚀性物质会加速车辆齿轮油对金属的腐蚀和锈蚀。氧化生成的极性沉淀物会吸附极性添加剂，使橡胶老化变硬，沉淀覆盖于金属零件表面时，加入抗氧剂，又会影响其散热。因此，汽车齿轮油还应具有良好的热氧化安定性。

（三）适当的黏度

黏度是齿轮油的重要指标。黏度大可以保证齿轮在弹性流体动压润滑状态下形成足够厚的油膜，使齿轮具有足够的承载能力，降低齿面的磨损。但黏度过大，也会给循环润滑带来困难，增加齿轮运动的搅拌阻力，以致发热而造成动力损失。同时，黏度大的润滑油流动性能较差，对被挤压的油膜不能给予及时的自动补偿和修复，从而增加磨损。这就要求齿轮油有合适的黏度。

（四）防腐性能

汽车齿轮油中所含的极性添加剂会与零件表面金属反应生成有机膜，以防止在重负荷时油膜破裂引起擦伤，增加极压性能。但极性添加剂又会造成铜或铜合金的腐蚀。为此，汽车齿轮油还须加入防腐剂，以保证汽车齿轮油兼有极压性和防腐蚀性。

此外，汽车齿轮油还应具有良好的黏温性及良好的抗泡沫性。

三、汽车齿轮油的分类及使用

（一）汽车齿轮油的黏度分类

我国汽车齿轮油的黏度采用美国 SAE 黏度分类法，按齿轮油黏度为 100 ℃的运动黏度，将齿轮油分为 70W、75W、80W、85W、90、140 和 250 七个黏度牌号。凡带 W 级号的为冬季用油，数字后不带 W 的表示常温和高温下使用的齿轮油。另外，为了节能，方便四季及寒暖区通用，SAE 还设计了三个多级油的牌号，即 80W/90、85W/90、85W/140，如 80W/90的含义是低温黏度符合 SAE80W 要求，高温黏度符合 SAE90 要求。

（二）汽车齿轮油的质量分类

汽车齿轮油的质量分类，目前国际上广泛采用API分类法，它按齿轮形式、承载能力和使用条件的不同，分为GL-1、GL-2、GL-3、GL-4、GL-5和GL-6六个级别。随着汽车工业、石油工业及科学技术的发展，API汽车齿轮油的分级经过多次修改。

（三）我国齿轮油的规格

1. 普通汽车齿轮油

普通汽车齿轮油具有较好的抗氧防锈性和一定的极压抗磨性，与API GL-3的质量水平相当，其黏度分为80W/90、85 W/90和90三个牌号，适用于一般车辆的弧齿锥齿轮、手动变速器，但不能用于准双曲面齿轮装置的润滑。

2. 中负荷汽车齿轮油

中负荷汽车齿轮油具有较好的极压抗磨性、氧化安定性和防锈性等，与API GL-4的质量水平相当，其黏度分为75W、80W/90、85W/90、85W/140、90和140六个牌号，适用于手动变速器、弧齿锥齿轮和使用条件不太苛刻的准双曲面齿轮减速器，以及要求使用 GL-4齿轮油的进口车辆。

3. 重负荷汽车齿轮油

重负荷汽车齿轮油具有良好的极压抗磨性、氧化安定性和防锈性等，与API GL-5的质量水平相当，其黏度分为75W、80W/90、85W/90、85W/140、90和140六个牌号，适用于条件苛刻的准双曲面齿轮减速器、手动变速器以及要求使用GL-5齿轮油的进口车辆。

（四）汽车齿轮油的选择

汽车齿轮油的选择包括质量级别的选择和黏度牌号的选择。质量级别应根据齿轮类型和工作条件来选择，黏度牌号应根据其工作的最低环境温度和传动装置的运行最高温度来选择。

（1）根据齿轮的工作环境选择质量等级。通常进口轿车、中外合资生产的轿车及大负荷货车的驱动桥准双曲面齿轮，其接触压力在3 000 MPa以上，滑动速度超过10 m/s，油温达120～130 ℃，工作条件十分苛刻，必须使用重负荷车辆齿轮油（GL-5）；而接触压力在3 000 MPa以下、滑动速度为1.5～8 m/s的驱动桥准双曲面齿轮，因工作条件不太苛刻，应选用中负荷车辆齿轮油（GL-4）；弧齿锥齿轮因齿轮接触压力和滑动速度较低，可选用普通车辆齿轮油；负荷较大的车辆可选用中负荷车辆齿轮油。

手动变速器、分动器和转向器等，其工作负荷较小，如无特殊要求，为简化用油品种，可与驱动桥使用同一种齿轮油。对有含铜机件的变速机构，因齿轮油中的硫对其有腐蚀作用，可采用柴油润滑油。

（2）根据季节、气温选择黏度牌号。齿轮油的低温黏度决定了传动机构在低温下的操作性能。其使用的最低温度，应对照当地气温来选用。通常长江流域及其他冬季气温不低于−10 ℃的地区，全年可使用90号油；长江以北冬季气温低于−26 ℃的寒区，全年可用80W/90号油；黑龙江、内蒙古、新疆等冬季最低气温在−26 ℃以下的严寒区，冬季应使用75W号油，夏季应换用 90 号油；其他地区全年可用 85W/90 号油。

（五）使用注意事项

（1）质量等级高的齿轮油可以用于要求较低的车辆上，但绝不能将质量等级低的齿轮油用于要求高的车辆上，否则会使齿轮产生严重的磨损和损坏。

（2）在保证润滑的前提下，应选用黏度等级较低的齿轮油，尽可能选用多级油，以避免季节换油造成的浪费。

（3）严防水分混入，以免极压抗磨添加剂失效。

（4）不同品牌的齿轮油不要混存混用。因为即使是同一类，同一牌号的齿轮油中某些性能指标也不完全相同。

（5）齿轮油的换油期一般为 4 万～5 万 km 一次，换油时应将废油放尽。

任务二　液力传动油

一、液力传动油的特性与性能指标

（一）液力传动油的作用

近年来，越来越多的轿车、城市客车和工程机械车辆采用自动变速器。对于自动变速装置来说，其变速器结构比较复杂，要想长期行驶自如，保持良好状态，定期换油和保养是必不可少的。为了实现其多种功能和多种用途，必须使用液力传动油[自动变速器油，Automatic Transmission Fluid（ATF）]。液力传动油是市场上较复杂的多功能液体之一，性能要求非常全面，在传动过程中起到下列作用。

1. 分散热量

由于自动变速器结构紧凑、尺寸小，不易散热，使用液力传动油带走热量是很重要的。

2. 磨损保护

液力传动油中加有抗磨剂，对整个变速器系统起到很好的减磨保护作用。

3. 高低温下的保护作用

液力传动油适用的温度为-40～170 ℃，其倾点低，适合全国大部分地区使用。使用时高温黏度高，可以保持油膜厚度，具有很好的润滑性；同时，作为能量传递介质，油品必须黏度低。因此，通常要求其 100 ℃时的运动黏度为 7.0～8.5 mm^2/s。

除以上性能外，液力传动油还必须与所有的传动部件有很好的相溶性，可以在高、低温极限条件下正常操作，要长期保持正常的使用性能。同时应具有优良的抗氧化性能、稳定的耐磨性能，良好的防锈性和抗泡沫性能，对铜部件无腐蚀，而且与橡胶部件有一定的适应性能。

（二）液力传动油的特点

液力传动油主要用做液力变矩器和液力偶合器的工作介质。随着汽车自动变速器制造业的发展，液力传动油也在不断地发展。由于现代汽车自动变速器（Automatic Transmission，AT）中装有液力变矩器、离合器、制动器、齿轮机构、调速器和液压装置等，因此要求液力传动油具有多方面的性能。

除作为液力变矩器的工作介质以外，液力传动油还须满足齿轮机构的抗烧结性能及抗磨性能；作为液压介质，则要求油品具有良好的低温流动性；作为离合器传递动力的工作介质，则要求油品能适合离合器材质的摩擦特性，功率损失适当、温升不过高，具有较好的清净分散性。

除此之外，为延长油品使用寿命，还要求油品具有良好的氧化安定性、抗泡沫性、防锈性以及与橡胶密封件的适应性等。

（三）液力传动油在自动变速器中须满足的要求

根据液力传动油的作用和所处工作环境的特点，要求其在自动变速器工作时必须满足如下要求。

（1）适度的黏度、起泡程度。由于传递效率与油的黏度、起泡程度有关，所以要求油的黏度、起泡程度要合适。

（2）抗氧化性能要求高。液力传动油在自动变速器中工作时，系统内部工作温度可达70～170 ℃，油的流速可达20 m/s，并且不断与有色金属、空气相接触，所以油的抗氧化性能要求高。

（3）具有一定的润滑性能。液力传动油在系统工作时，系统内的轴承、齿轮等摩擦也需用液力传动油进行润滑，因此要求液力传动油具有一定的润滑性能。

（4）密度大。随着现代自动变速器技术的进步，其整体尺寸不断缩小，但同时又必须保证其转速和传递功率保持不变，因此，液力传动油的密度越大越好。

（四）液力传动油的性能指标

液力传动油的优劣对液力传动装置的工作和性能有着至关重要的影响，评价其性能的主要指标有以下几个。

1. 黏度

液力传动油的使用温度为-40～170 ℃，范围很宽。又因自动变速器对其工作油的黏度极其敏感，所以黏度是液力传动油重要的特性之一。不同种类变速器所需要的液力传动油黏度也不相同，因此不能随意地更换用于汽车自动变速器中的液力传动油，以避免液力传动油黏度与自动变速器要求不适应，导致出现不良反应。当使用的液力传动油黏度偏大时，不仅影响液力变矩器的效率，而且可能造成汽车低温启动困难；当使用的液力传动油黏度偏小时，会导致液压系统的泄漏增加。特别是变速器在高速工作时，铝制壳体膨胀量大，此时液力传动油黏度小，则可能引起换挡不正常。

2. 热氧化安定性

液力传动油的热氧化安定性在使用中非常重要。和润滑油一样，热氧化安定性直接决定着液力传动油的使用寿命。因为液力传动油的工作温度很高，如果热氧化安定性不好，就会形成油泥、清漆、积炭及沉淀物等，从而造成离合器和制动器打滑、控制系统失灵等故障。

3. 抗泡沫性

自动变速器中的液力传动油产生泡沫对传动系统危害很大。目前，普遍采用的液力变矩器和变速器是同一油路系统供油的。因此，液力传动油既是变矩器传递功率的介质，又是变速器自动控制的介质和润滑冷却的介质。泡沫导致变矩器传递功率下降，泡沫的可压缩性导致液压系统压力波动和油压下降，严重时可使供油中断。油中混入大量空气，实际是减少了润滑油量。这些气泡在压缩过程中温度升高，又加速了油品老化，影响了油品的使用寿命，且导致机件早期磨损。

4. 抗磨性能

使用抗磨性能好的液力传动油，可保证行星齿轮中各齿轮传动良好、离合器和制动器工作正常，延长自动变速器使用寿命。

5. 与橡胶密封材料的匹配性

目前自动变速器中多使用丁腈橡胶、丙烯橡胶及硅橡胶等，要求液力传动油不能使其有太明显的膨胀，也不能使之硬化变质。

6. 摩擦特性

摩擦特性即换挡性能，是保证传动齿轮各部件工作平顺的关键，并能降低噪声，延长寿命。

7. 防腐性能

在传动装置和冷却器中安装有铜插头、黄铜轴瓦、黄铜滤清器及止推垫圈等部件。这些部件中均含有大量的有色金属，因此液力传动油必须保证不会引起铜腐蚀和其他金属生锈。

8. 储存安定性

液力传动油在一定温度范围内和一定时间内应该保证均相、没有分解，而且液力传动油各成分不应该出现分层或析出等现象。

二、液力传动油的分类和使用

（一）液力传动油的分类

把液力传动系统工作介质分为HA油（适用于自动传动装置）和HN油（适用于功率转换器）两类。美国材料与试验学会（ASTM）和石油学会（API）的分类方案是将液力传动油分为PTF-1、PTF-2和PTF-3共三类，见表3-1。

表 3-1 API 液力传动油分类

分类	符合的规格	应 用
PTF-1	通用汽车公司 GM Dexron 系列 福特汽车公司 Ford M_2C_{33}-F 系列 克莱斯勒汽车公司 Chrysler MS-4228 系列	轿车、轻型载货汽车自动变速器
PTF-2	通用汽车公司 TRUCK、COACH 系列 阿里森 Allision C-2 系列	履带车、农业用车、越野车的自动变速器
PTF-3	约翰·狄尔公司 John Deere J-20A 系列 福特汽车公司 Ford M_2C_{41} A 玛赛·福格森 Massey Ferguson M-1135	农业与建筑野外机器用自动变速器

PTF-1 类油主要用于轿车和轻型载货汽车的液力传动系统。其特点是低温启动性好，对油的低温黏度及黏温性有很高的要求。典型的品种是美国通用汽车公司 GM Dexron 或 GM DexronⅡ（其前身叫 A 型油），后者低温黏度要求更严，氧化安定性及耐久试验条件也较前者苛刻。福特汽车公司的 F 型油静摩擦因数较大，不加油性剂。进口轿车推荐用 A 型油或 F 型油的，要区别选用。

PTF-2 类油主要用于重负荷的液力传动系统，如重型载货汽车、大型客车、越野车和工程机械的自动变速器。其特点是适于在重负荷下工作，对极压抗磨性的要求很高。现在典型的品种是通用汽车公司的阿里森 C-2（GM Allison-2）。

PTF-3 类油是随着全液压拖拉机的发展而生产的，主要功能是用于传动、差速器和最后驱动齿轮的润滑，以及液压转向、制动、分动箱和悬架装置的工作介质。典型的品种有约翰·狄尔公司（John-Deere）J-20A、福特汽车公司 M_2C_{41}A、玛赛·福格森（Massey-Ferguson）M-1135。这类油的特点是适于在中低速下运转的拖拉机及野外作业的工程机械液力传动系统和齿轮箱中使用，其极压抗磨性和负荷承载能力比 PTF-2 类油的要求更严格。

（二）液力传动油的使用

1. 推荐用油

液力传动油有很多型号，每个型号都有其特定的应用范围。液力传动油的不同分类起因于新的或不同添加剂的内含物，而这些内含物可提高不同变速器结构的运转性能。当选定特定的液力传动油时，变速器结构和希望的换挡特性已考虑在其中。

为减少变速器中的磨损和摩擦，将应用最广的变速器油与摩擦调节剂混合。油型号 A、CJ、H、DEXRON 和 MEROCN 都在液力传动油中添加了摩擦调节剂。含有这些添加剂的变速器油允许采用较低的离合器和制动带的应用压力，而换挡感觉很平滑。没有摩擦调节剂的变速器油（如型号 F 和 G），为了使换挡较稳定可靠，需要较高的离合器和制动带应用压力，避免换挡时打滑。

如果没有摩擦调节剂的液力传动油用在一个要用摩擦调节油的变速器中，变速器的使用寿命通常不受影响。然而，换挡较生硬，驾驶员舒适度会有所降低。在要求不用摩擦调节油的变速器中，使用摩擦调节油会影响变速器的使用寿命。用油不正确将引起打滑，主要是在汽车负载行驶的时候。任何打滑都能引起离合器和制动带早期磨损。还有，因为打滑产生高热，油可能因过热而丧失一些润滑能力和冷却性能，这可能使整个变速器出现故障。

液力传动油的配方与油的黏度有关。尽管不是根据油的黏度选择油，但在变速器的工作过程中，油的适当的流动特性是很重要的。若黏度太低，内漏和外漏的概率就增加，由于缺乏足够的润滑，零件会过早磨损，系统压力会减少，液压机构的整个控制会失效。若黏度太高，则内摩擦加大，产生油泥的概率就多，液压系统的工作变得不灵敏，变速器的运转将需要较大的发动机动力。如图 3-1 所示为各种液力传动油。

图 3-1　液力传动油（ATF）

近年来，各厂家推荐在它们的自动变速器中采用 Dexron-Ⅱ液力传动油。通过几年时间研制了这种液力传动油来满足较新变速器的需要。这种油的系列附以字母后缀表示。Dexron-ⅡE 当前是液压自动变速器和变速驱动桥以及其他变速器用得较多的油。它取代 Dexron-Ⅱ，凡事先规定用 Dexron-Ⅱ的地方都可用 Dexron-ⅡE。它可用于 1949 年以来生产的所有通用汽车公司的自动变速器中。在已经加了 Dexron-Ⅱ的变速器中，不必放掉或冲洗，可用 Dexron-ⅡE 以任何比例与之混合。需要时，这两种油完全可互换。Dexron-ⅡE 与 Dexron-Ⅱ相比，其优点是防泡沫性、低温流动性、高温氧化稳定性好。

有些厂家推荐使用其他型号的油，而通常将 Dexron-Ⅱ列为第二选择。福特汽车公司的推荐用油近些年来改变了若干次。根据汽车装的特定变速器和该变速器的生产年份，这些推荐会变化。1976 年及较早一些时候，福特自动变速器推荐典型的 F 型液力传动油。1983—1987 年生产的福特产品，Mercon 是用得最多的油。对于所有 1988 年及以后的福特自动变速器，采用 Mercon 是三包必要条件。克莱斯勒公司汽车（如鹰和吉普）也将 Mercon 作为推荐的液力传动油。大多数其他克莱斯勒汽车应采用 Dexron-Ⅱ。克莱斯勒在其一些装有锁止变矩器的自动变速器中，推荐采用其自己调配的油（Mopar ATF Plus 7176）。

2. 油的维护

液力传动油除具有传递转矩和液压以控制自动变速器的离合器和制动器工作的性能外，还具有润滑、清洁和冷却的作用。由于自动变速器的工作环境比较恶劣，因而对液力传动油的选用、加油方法、用油量、检查方法和换油间隔行程等均应严格按规定进行。否则，不仅容易发生故障，而且会影响自动变速器的使用寿命。

在一定里程和时间间隔后，应检查液力传动油的液面高度。

（1）油尺检查法。油尺（图 3-2）位于变速器壳体上。检查时应确保汽车处于水平状态。

对于大多数汽车，应在自动变速器处于正常工作温度时，检查液力传动油的液面高度。油尺上的网线表示当油处于冷、温或热态时的上、下限油位。有的油尺双面有网线，另一些单面有网线。有的自动变速器冷油位可能高于热油位。检查油位时，启动发动机并运转到工作温度。将油尺拔出并用无棉绒布或纸巾擦净。重新插入油尺，再拔出并观察油位。若油位低，偏离油尺的网线部分表示系统内缺少液力传动油。液力传动油缺失会引起各种故障。

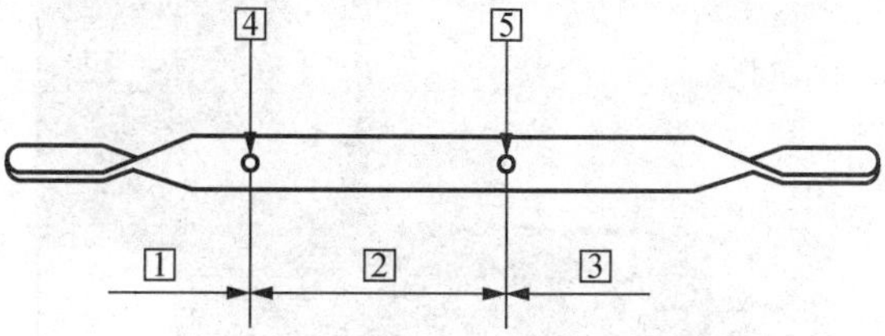

图 3-2　液力传动油（ATF）油尺

1—油面较低区域；2—油面正常区域；3—油面过高区域；4—油面下限标点；5—油面上限标点

（2）溢流管检查法。溢流管检查法，即溢流管安装在自动变速器的油底壳内部，检查时要保证发动机及自动变速器无故障运转且发动机及变速器均达到正常工作温度，打开溢流管密封螺栓后根据液力传动油从溢流管的流出情况来判断液力传动油的量。溢流管通常为硬塑材质，具有一定的几何尺寸，其在自动变速器的油底壳内部的高度正好是液力传动油正确的液面高度。

油质方面，正常的自动变速器油清澈略带红色，且无异味。如果使用不当，容易出现油液变质，因此，必须加强对油液品质的检查。可用检测仪器进行油液品质的检查。如无检测设备，可从外观上判断，如用手指捻一捻油液，感觉一下黏度，用鼻子闻一闻有无特殊的气味。若发现油液变质，应及时换用新油。

三、检查并更换液力传动油

（1）安全举升车辆（图 3-3）。利用钳子和螺钉旋具拆卸后消音板（图 3-4），将废油收集器推至变速器下方（图 3-5）。

图 3-3　举升车辆

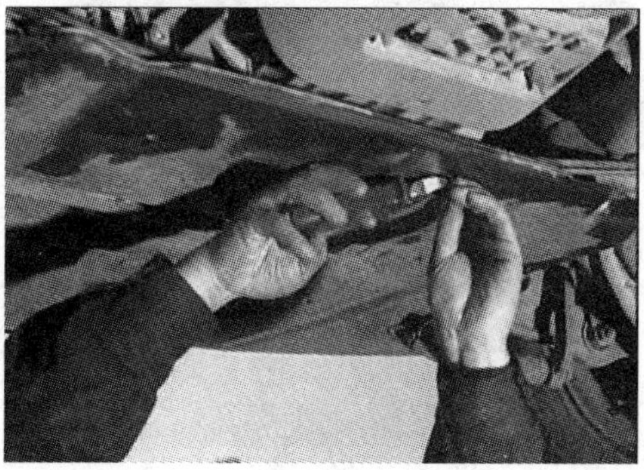

图 3-4　拆卸后消音板

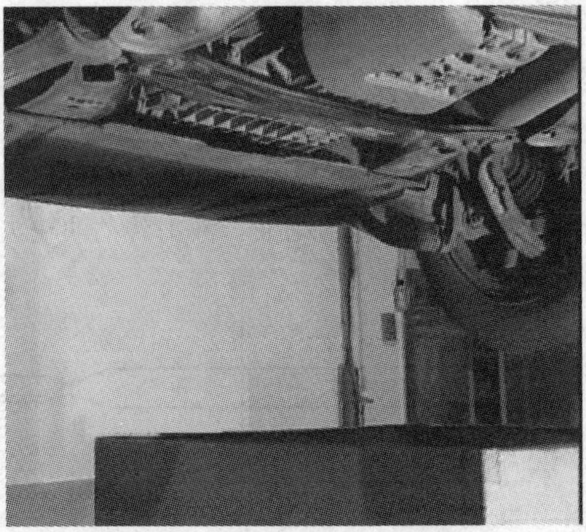

图 3-5　将收集器放置在变速器下方

（2）用工具松开放油螺栓，用内六角扳手拧下加油螺栓（图 3-6 和图 3-7），有少量液力传动油溢出（图 3-8），防止飞溅。然后将放油螺栓拆下（图 3-9），进行放油（图 3-10）。当液力传动油不再流出时，拧紧放油螺栓（图 3-11）。放油螺栓的紧固力矩为 30 N·m。

图 3-6　旋松加油螺栓（1）

图 3-7　旋松加油螺栓（2）

图 3-8　少量液力传动油流出

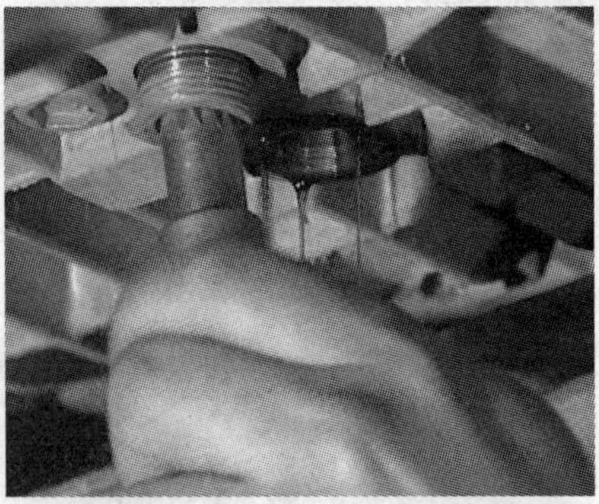

图 3-9　旋松放油螺栓

图 3-10　释放液力传动油

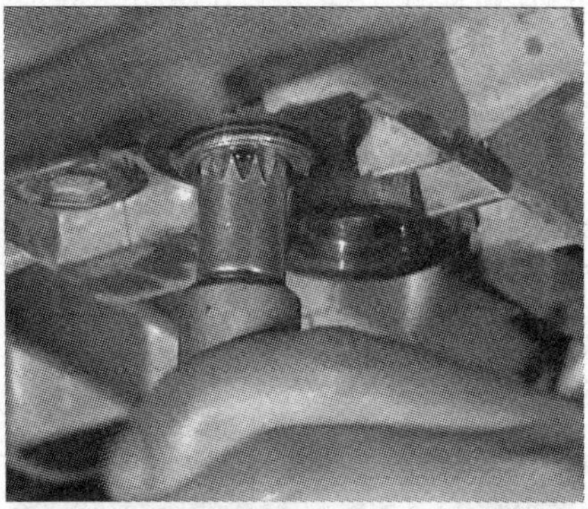

图 3-11　拧紧放油螺栓

（3）将液力传动油灌入专用加注桶内（图 3-12），并将加油阀连接至自动变速器底部加油孔处（图 3-13），打开加注阀（图 3-14）。降低车辆后将液力传动油更换专用加注桶，挂至发动机罩上（图 3-15）。液力传动油加注量视车型而定。

图 3-12　将液力传动油灌入加注桶

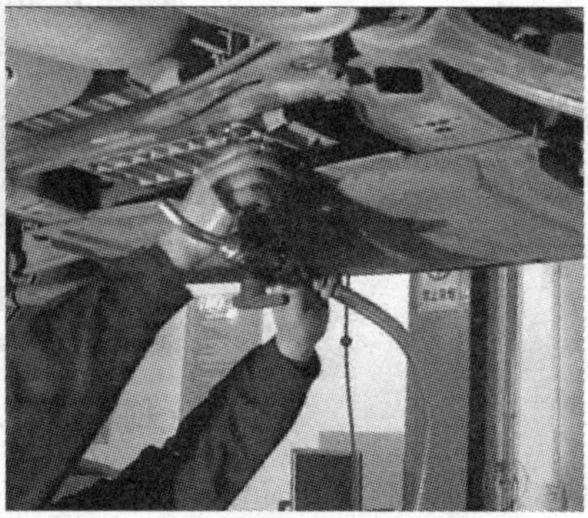

图 3-13　连接加油阀和变速器底部

图 3-14　打开加注阀

图 3-15　将加注桶挂在发动机罩上

（4）当专用加注桶内的液力传动油液面低于输出口液面（图 3-16）时，打开点火开关，启动发动机，踩下制动踏板（图 3-17 和图 3-18），将换挡手柄在各个挡位切换并做适当停留，最后将换挡手柄置于 P 位置，并保持发动机的怠速运转。

图 3-16　加注桶内液面低于输出口液面

图 3-17　到驾驶室内打开点火开关

图 3-18　踩制动踏板并切换各挡位

（5）将车辆向上升起 ，将加注阀口开关旋转至排出方向（图 3-19），会有少量的液力传动油从排出口流出，则说明液力传动油液面正常，关闭加注阀开关并将其拆下，迅速拧紧加油螺栓（图 3-20）。

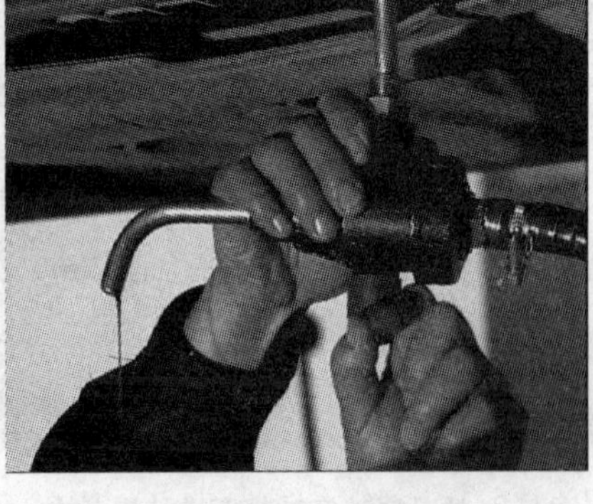

图 3-19　将加注阀口开关旋转至排出方向

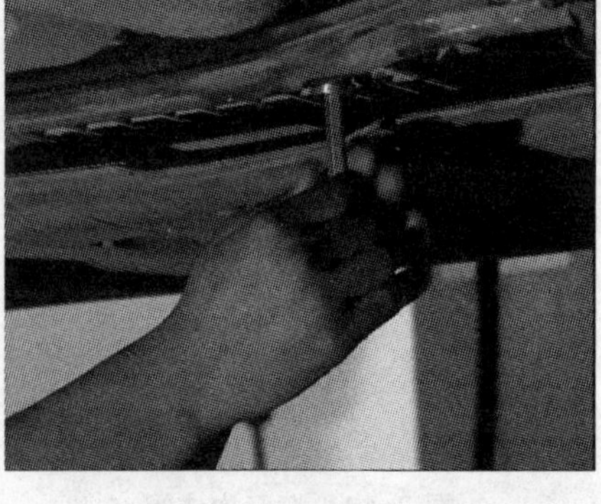

图 3-20　拧紧加油螺栓

（6）对变速器加注及泄放区域进行清洁（图 3-21），安装后消音板，降下车辆并拆下液力传动油专用加注桶（图 3-22），关闭点火开关。

图 3-21　清洁变速器底部

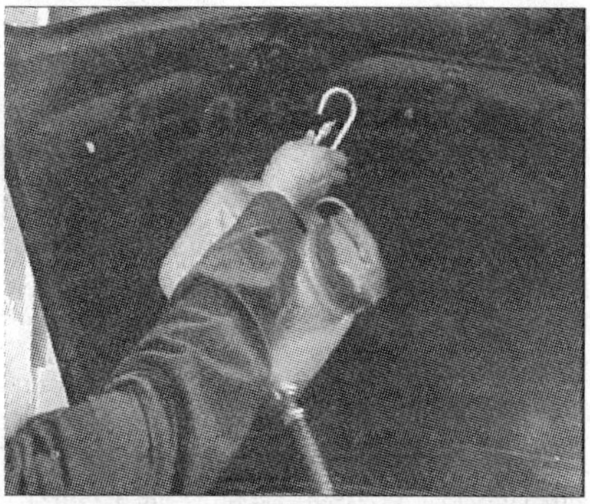

图 3-22　摘下液力传动油专用加注桶

任务三　汽车制动液

一、制动液的作用和性能

（一）制动液的作用

汽车制动液又名机动车辆制动液、机动车制动液、刹车油或刹车液，是用于汽车液压制动系统中传递制动压力，使车轮制动器实现制动作用的一种功能性液体。汽车制动液的作用主要有传递制动压力、散热和降温、防腐防锈和润滑减摩。

1. 传递制动压力

在液压行车制动系统中，制动压力靠制动液进行传递，以驱动制动装置（制动轮缸或制动卡钳）工作。一般乘用车的制动压力为 2 MPa 左右，大型重负荷、高速商用车的制动压力可达 4～5 MPa，甚至更高。

2. 散热和降温

协助散热制动装置工作时，摩擦部件（制动鼓与制动蹄，或制动盘与制动衬块）之间会产生大量的热，导致制动盘达到高热状态，导致摩擦部件及其周围相关机件的温度迅速上升。例如，当车辆以 95 km/h 的初速度紧急制动时，摩擦部件的温度会快速升高到 230 ℃。车辆初速度越高、车辆载荷越大、制动强度越大，则摩擦部件的温度就越高，甚至能达到红热状态。

尽管大部分摩擦热是由铸铁制动鼓或制动盘吸收并通过行车迎面风散失的，但此时制动液在一定程度上也能起到散热、降温的作用。

3. 防腐防锈

在液压行车制动系统中，制动液具有防锈、防腐作用，可提高制动系统金属零部件的使用寿命。

4. 润滑减摩

在液压行车制动系统工作时，制动主缸（也称制动总泵）、制动轮缸（也称制动分泵）中的活塞（含活塞皮碗）与缸体内壁之间，主要依靠制动液实现润滑作用，以减少摩擦阻力，延缓磨损。

（二）制动液的使用性能

1. 运动黏度

制动液的工作温度范围很宽，最高可达 150 ℃以上。气温低时，制动液黏度会增大，使其流动性变差，影响准确地传递制动压力。为了保证系统内压力能随制动踏板的动作迅速上升和下降，橡胶皮碗能在制动缸中顺利地滑动，要求制动液应在很宽的温度范围内保持适当的黏度。高低温操作性的评定指标有-40 ℃最大运动黏度和 100 ℃最小运动黏度。

2. 高温抗气阻性

汽车行驶的路况越复杂，由于制动频繁，制动液温度越高，夏天时很容易产生气阻。如果制动液的沸点过低，高温时就会蒸发成气体，使液压制动系统管路中产生气阻，导致制动失灵。因此，为了保证行车安全，要求制动液必须具有良好的高温抗气阻性。

汽车制动液高温抗气阻性的评定指标有平衡回流沸点和湿平衡回流沸点。

平衡回流沸点又称干沸点，是指在规定的试验条件下制动液试样开始沸腾的温度。平衡回流沸点越高，制动液的高温性能才有可能越好。但并不是所有平衡回流沸点高的制动液都具有良好的高温性能，制动液只有在平衡回流沸点和湿平衡回流沸点两者都高的情况下才具有良好的高温性能。

湿平衡回流沸点又称为湿沸点，是指在制动液的试样中，按照规定的试验方法增湿后测得的平衡回流沸点。湿平衡回流沸点用于评价制动液吸湿后平衡回流沸点的下降趋势，间接判断制动液的高温抗气阻性能。湿平衡回流沸点越高，制动液的耐高温性能越好。由于合成制动液在使用或储存过程中难免会接触空气中的水分，因此湿平衡回流沸点更能反映制动液在实际使用过程中的耐高温性能。

3. 蒸发性

蒸发性是制动液的一项重要指标。测定蒸发性时，将制动液在规定的试验温度下恒温至规定的时间后，计算蒸发损失的质量分数，同时检查试验后的残液有无砂粒或磨蚀物。该指标对于制动液的润滑性能、使用寿命和保证高温下制动液的正常可靠工作有重要的意义，是制动液一项重要的高温性能指标。

4. 液体稳定性

液体稳定性是指制动液在规定的试验条件下，加热后以及与相溶液体混合后平衡回流沸点的变化程度。制动液的稳定性包括高温稳定性和化学稳定性，主要反映了制动液在一定试验条件下的物理和化学稳定性能。

5. 防腐蚀性

制动液的腐蚀性是指制动液对金属和橡胶的腐蚀能力。汽车液压制动系统的缸体、活塞、弹簧、导管和阀等主要使用金属材料制成，而且当制动液和橡胶分子相互作用后，制动液会对金属产生腐蚀作用，因此要求制动液要具有良好的防腐蚀性能。在制动液中添加抗氧化剂或防锈剂，能够抑制制动液对金属的腐蚀作用。

6. 耐寒性

制动液的耐寒性是指制动液在低温下的流动性和外观变化，用于评定制动液的低温稳定性。

7. 溶水性

制动液中有水分，会使沸点降低且使制动液压油的流动性变差，一部分水受热后变成气体，造成制动失灵，同时水分还会造成制动系统内部锈蚀。因此，要尽量减小水对制动液性能的影响。

8. 抗氧化性

腐蚀通常是由氧化引起的。常温条件下，制动液一般比较稳定，但在高温条件下，受高温和金属催化等因素的影响，制动液容易发生氧化变质。制动液的抗氧化性是影响其储存期和使用寿命的重要因素。因此，为了防止腐蚀，要求制动液在高温下应具有良好的抗氧化性。

9. 橡胶相容性

汽车液压制动系统中有橡胶皮碗、软管等橡胶件。如果橡胶件老化、膨胀等，将会影响液压制动系统的正常工作。因此，要求制动液具有良好的橡胶相容性。为了防止橡胶件的老化、硬化，通常在制动液中加入适量的膨胀剂。

10. 润滑性和材料适应性

制动液应能保证橡胶皮碗顺利地在制动缸中滑动，并且适应液压制动系统中的零部件。因此，要求制动液应具有良好的润滑性和材料适应性。

二、制动液的分类和使用

（一）制动液的分类

1972 年美国交通部（Department of Transportation，DOT）修改了《美国联邦机动车辆安全标准》（Federal Motor Vehicle Safety Standards，FMVSS），并制定了 DOT3、DOT4、DOT5 标准。国际标准化组织（ISO）也于 20 世纪 70 年代参照 DOT3 规格制定了 ISO 4925 标准。我国制动液也是参照这一标准进行分级的，在 1989 年根据国情制定了合成制动液分级标准，把合成制动液分为六级：JG0、JG1、JG2、JG3、JG4 和 JG5。其中，JG0 级制动液具有优异的低温流动性，但抗高温性能差，能满足严寒地区冬季要求；JG1 低温黏度高，使用地区有局限性；JG2 可在除寒区以外的所有地区使用；JG3、JG4 分别对应 DOT3、DOT4，在各品牌汽车上广泛使用；JG5 级为高低温性能优异的硅油型制动液，对应 DOT5，可在炎热及严寒地区使用。

按制动液原料的不同，汽车制动液分为醇型制动液、矿物油型制动液、合成型制动液三类。其中，醇型制动液是由质量分数为45%～55%的蓖麻油和55%～45%的低碳醇调配而成，但因其沸点低，低温时性质不稳定，极易产生气阻而不允许使用。

矿物油型制动液是以精制柴油分馏经深度脱蜡后的成分作为基础油，加入增黏剂、抗氧化剂、防锈剂、染色剂等调和而成。这类制动液的温度适应范围宽、低温性能好，可在-50～150 ℃的温度范围内使用，对金属无腐蚀作用。但它不能与水及合成制动液混溶，混入少量水后在高温下水汽化而产生气阻，影响制动效果，对天然橡胶有溶胀作用，必须使用耐油橡胶密封件，故较少采用。

合成型制动液因其具备很多优点而被广泛使用：具有较高的沸点，不易蒸发而产生气阻；良好的低温流动性，不因低温而黏度增大、流动性变差，使制动困难；吸水性小，不影响沸点和低温流动性：良好的化学稳定性，对金属有防腐、防锈作用，不易分解变质而产生沉淀物；对橡胶件的腐蚀和溶胀性小，以保证密封件不会严重变形等。我国从1999年起要求强制生产和使用合成型制动液。

合成型制动液（图3-23）按照DOT规定分为两类。

（1）基于聚乙二醇醚的制动液：DOT3、DOT4和DOT5.1。

（2）基于硅油的制动液：DOT5。制动液由聚乙二醇醚及特殊添加剂制成。此外，还使用硅油和以矿物油为基础的特种油作为制动液。

其中，基于聚乙二醇醚的制动液应用最广泛，这种制动液吸湿性很强，会通过制动液储液罐的透气孔和制动软管壁吸收空气中的水分。水分达到2%时，会导致沸点降低60%～80%。

制动系统承受较高的负荷时，如在下坡路段长时间制动时，较高的含水量可能导致系统内产生气泡。水蒸气作为气体是可压缩的。因此，在未对车辆制动的情况下，制动踏板会自行落至地板处，这种情况称为制动衰减。含水量过高时，也会导致液压部件腐蚀。因此，必须按保养规定1～2年后更换新制动液。因为制动液中不仅含水量会逐渐增加，细磨屑和污物颗粒也会沉积下来，所以更换制动液时必须彻底冲洗制动系统。

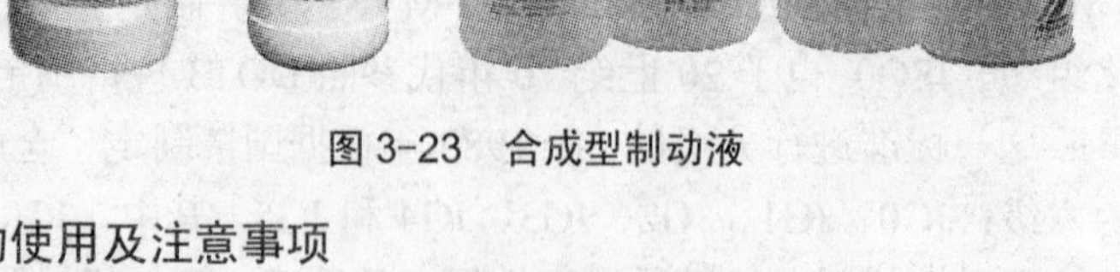

图3-23　合成型制动液

（二）制动液的使用及注意事项

1. 制动液使用的注意事项

（1）不同种类的制动液不能混用，以防制动液分层、失效。

（2）严防水分或其他矿物油混入，以免降低沸点，造成气阻。

（3）灌装制动液的工具、容器必须专用，不得与其他油品混用。

2. 更换制动液的操作安全事项

无论哪个类型的制动液均具有较强的腐蚀性，在操作中凡是制动液接触的工具和检测设备必须干净，表面无制动液残留。即使少量的制动液，也会造成所有橡胶部件损坏，从而导致制动系统功能减弱。在这种情况下，必须更换所有橡胶部件。

一种类型的制动液不得与其他任何型号的制动液混合使用，混合使用制动液会导致严重后果。制动液还会侵蚀油漆，因此溅到油漆表面的制动液必须立即用水冲洗干净。

在对制动液进行相关操作时应注意以下几项。

（1）避免制动液接触皮肤。

（2）必要时穿戴个人防护装备。

（3）清洁并养护皮肤。

（4）误吸入制动液后，让相关人员到有新鲜空气处。

（5）制动液接触皮肤后，用水和肥皂清洗皮肤接触部位并彻底冲洗。

（6）制动液溅到眼睛中后，翻开眼皮并用清水冲洗眼睛几分钟，感觉不舒服时到医院治疗。

（7）误食制动液后，喝下大量清水并立即到医院就诊。

根据废弃物处理法规，制动液属于需特别监控的废弃物并对水有轻微污染，因此制动液不得排入水系或下水道内，必须用液态吸附材料清除溅出的制动液。按分类规定，在车辆维修站内将制动液收集到专用容器内，为防止污物尤其是水分进入制动液内，需要一个特殊的收集和放液装置，如利用一个软管将车辆的制动液排放到收集瓶内。可使用一个阀门系统，以避免制动液装入收集容器内时不会吸入环境空气中的水分且不会有污物进入制动液内。收集后的制动液由回收公司的相关废弃物处理人员处理。

三、检查并更换制动液

（1）打开车辆发动机舱盖，安装好翼子板护具，打开制动液储液罐，将专用工具的接头连接至储液罐口，并将加注油管连接到接头上，如图 3-24 所示。

图 3-24　连接专用工具接头

（2）打开指定配件的制动液，加注至制动液更换专用工具的储液罐内（图 3-25），加注量一般为 2 L。制动液有一定的毒性、腐蚀性和较强的吸湿性，在操作时发生倾泻后，要采用大量清水进行清洗，做好密封并干燥储存。

图 3-25　将新的制动液加注到专用工具的储液罐中

（3）调整举升机支臂到车身底部支点处，正确举升车辆，并做好锁止。

（4）将压缩空气源接至专用工具的空气接口处（图 3-26），打开加注阀（图 3-27）。

图 3-26　连接压缩空气

图 3-27　打开加注阀

（5）将制动液收集瓶悬挂至右后轮处（图 3-28），撬开制动轮缸排气螺栓的防尘帽，如图 3-29 所示。先用 11 mm 扳手旋松排气螺栓（图 3-30），连接好制动液收集瓶排气软管，继续旋松并打开排气螺栓，观察制动液收集瓶排气软管中的油流情况（图 3-31），直到排出的制动液中无气泡，关闭排气螺栓，拆下排气软管。放出约 200 mL 制动液后，拧紧排气螺栓（图 3-32），检查排气螺栓的紧固情况后，安装好排气螺栓的防尘帽。其他车轮重复此操作。排气顺序是由远及近，要从距离制动主缸较远的制动轮缸开始。

图 3-28　将制动液收集瓶挂好

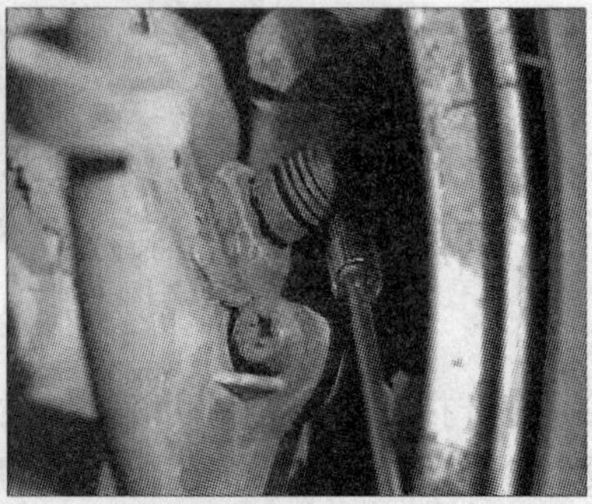

图 3-29　撬开防尘帽

图 3-30　松开排气螺栓

图 3-31　观察排放情况

图 3-32　拧紧排气螺栓

（6）操作完毕拔下压缩空气气源（图 3-33）。安全降下车辆，采用干净的毛巾对专用工具的加油软管进行包裹，然后拆卸，清洁制动液储液罐周围（图 3-34），旋紧储液罐密封盖。

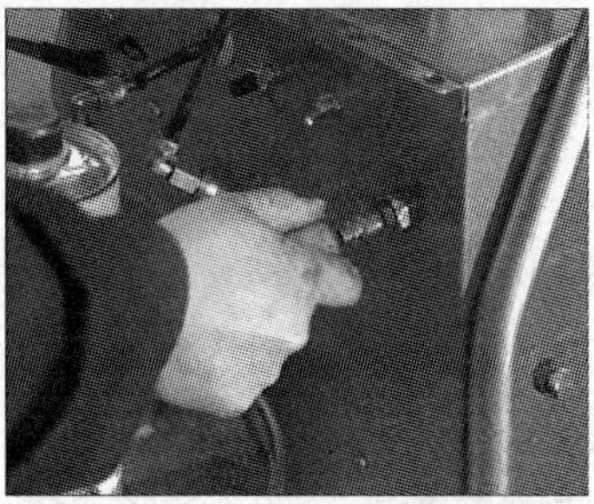

图 3-33　拔下压缩空气气源

图 3-34　清洁汽车制动液储液罐

任务四　汽车冷却液

一、汽车冷却液的作用及性能

（一）冷却液的作用

1. 冷却作用

冷却是冷却液的基本作用，也是其核心作用。发动机工作时，由于燃料的燃烧以及各运动部件之间的摩擦产生大量的热量，使零件受热。发动机工作过程中的热效率只有 30%～40%，其余能量通过废气或发动机以热能的形式散失掉。发动机散热时有 40%左右的热量由润滑油带走，其余 60%的热量由冷却系统带走。

发动机正常工作时，其冷却液应保持适宜的工作温度。冷却液温度过高（过热）或过低（过冷），都不利于发动机的正常工作。

发动机过热会导致充气效率降低、充气量减少，并引发爆燃，造成发动机转矩和功率的损失，而且会由于零部件受热膨胀，破坏零件间的正常配合间隙，引起轴承和其他运动部件的损坏。

此外，发动机过热还会使润滑油黏度下降，润滑油变稀，润滑效果难以保证，严重时甚至会使润滑油氧化变质或烧焦，阻塞润滑油道，造成活塞烧顶（活塞顶部因温度过高而烧穿）、活塞拉缸（活塞与气缸内壁因高温、润滑不良而粘连在一起，无法运动。但在曲轴回转惯性力作用下仍强制运动，造成缸筒内壁和活塞裙部严重拉伤）。

发动机过冷会导致吸入气缸的空气温度较低，使燃油难以蒸发，可燃混合气浓度不均匀，混合气品质下降，从而造成发动机启动困难、工作粗暴、功率下降、燃油消耗增加等。

此外，发动机过冷还会导致润滑油的黏度增大、润滑油流动阻力增大，造成发动机润滑不良，加剧运动件的磨损，增大润滑油泵及其他运动件的功率消耗。

2. 防腐作用

为提高散热效率，除连接软管采用橡胶管之外，汽车发动机冷却系统的散热器（水箱）、冷却液泵（水泵）、缸体及缸盖、分水管等部件多采用黄铜、铝、铸铁、钢等金属制成，如果冷却液对金属有腐蚀作用，容易使发动机冷却系统的金属部件产生腐蚀、锈蚀，耐压能力下降，甚至造成冷却液渗漏。同时，如果腐蚀产物堆积堵塞管道，造成冷却液循环不畅，会引起发动机过热（俗称发动机开锅），甚至毁坏。若腐蚀穿孔，易使冷却液泄漏渗入燃烧室或曲轴箱，引起活塞烧顶、曲轴抱瓦等恶性事故。

因此，在发动机冷却液中都加入了适量的防腐蚀添加剂（如硼酸盐、硅酸盐等），以防止冷却系统被腐蚀。

3. 防冻作用

不含或含较少可溶性钙、镁化合物的软水具有良好的导热性能和吸热性能，是发动机冷却液的理想组分。但软水的缺点也是显而易见的，在 0 ℃以下就开始结冰并且伴随着体积膨胀。如果环境温度过低，会使散热器、缸体、缸盖冻结、开裂，造成冷却系统失效，甚至冷却液混入发动机润滑油，破坏润滑功能。因此，要求冷却液应具有一定的防冻性能，且其防冻性能应与汽车的工作环境温度相适应。一般发动机冷却液中均加入了一些能够降低冰点的物质（如乙二醇和丙二醇）作为防冻剂，以保持冷却系统在低温时不冻结。具有防冻功能的发动机冷却液又称为发动机防冻液或不冻液。

4. 防垢作用

水中的钙、镁离子在高温下与硅酸根离子、碳酸根离子、硫酸根离子、磷酸根离子等反应生成无机盐，形成水垢。在长期使用中，冷却系统的散热器内壁、缸体或缸盖水套内壁、冷却液泵内壁等处也容易形成水垢。

硬水是形成水垢的元凶，平时家里的毛巾老化、变硬以及热水器内壁结垢都是硬水惹的祸。水垢的传热能力很差，附着在结垢容器表面上，犹如一层棉被，能显著降低其热交换能力，容易导致发动机过热。同时，脱落的水垢还会引发冷却液泵的异常磨损、节温器的卡滞、散热器管道的堵塞等问题。

因此，要求冷却液具有防垢作用。车用发动机冷却液中都是经过软化处理的去离子水或蒸馏水，即软水。

此外，为了提高冷却液对不同水质环境的适应能力，方便就地取材、及时补充冷却液，有些厂家还在冷却液中特意加入了对硬水中的无机盐离子具有配合作用的有机聚合物，以期抑制水垢的生成。

（二）冷却液的使用性能

为保证汽车发动机正常工作并尽可能地延长发动机的使用寿命，要求发动机冷却液具备以下性能。

1. 冰点低

冰点也称凝固点，是指液态水转变成固态冰时的温度，即水和冰可平衡共存的温度。冰点与压强有关，压强增大，冰点相应降低。

如果汽车在低温环境停放时间过长，而发动机冷却液的冰点又较高，则发动机冷却液就会结冰，体积膨胀变大，冷却系统中的散热器、缸体、缸盖等就会被冻裂，造成损失。

为此，要求发动机冷却液的冰点要尽可能低。在低温、极寒地区，一般要求发动机冷却液的冰点为-45 ℃，甚至更低。

2. 沸点高

沸点是在发动机冷却系统的压力与外界大气压力相平衡的条件下，冷却液开始沸腾时的温度。冷却液的沸点随冷却系统压力的增大而提高。

冷却液的沸点高，可使冷却液在较高温度下仍不沸腾，散热能力强。借此，可保证汽车在重载、大负荷、高速时或在山区、热带、夏季正常行车。同时，沸点高的冷却液，其蒸发损失也较少。

因此，要求发动机冷却液应具有较高的沸点。一般高品质的发动机冷却液，要求其沸点为 120 ℃，甚至更高。

3. 防腐蚀性好

为防止对冷却系统中的金属构件造成腐蚀，要求发动机冷却液具有良好的防腐性能，并保持冷却液呈碱性状态（pH 以 7.5～11.0 为宜）。

4. 抗垢性好

为防止在发动机冷却系统中形成水垢，要求冷却液应具有良好的抑制水垢生成的能力。

5. 抗泡性好

作为流体，冷却液在冷却系统中高速流动、强制循环，很容易产生气泡。冷却液气泡过多，不仅会降低传热效率，同时还增加冷却液的溢流损失。因此，要求冷却液的抗泡性要好。

6. 流动性好

汽车发动机冷却液的低温黏度越小，越有利于冷却液在冷却系统中流动。同时，还可以降低冷却液泵的功率消耗。因此，要求冷却液的低温黏度小，流动性好。

此外，汽车冷却液还应有传热效率高、蒸发损失少，不易损坏橡胶制品，热化学安定性好、热容量大等性能。

（三）冷却液的组成

1. 软水

软水的比热容较大，且具有良好的导热性能、吸热性能和低温流动性能，是发动机冷却液的主要组分。

江河、湖泊、地下水、山泉水属于硬水，含有大量的溶解性物质，如钙离子、镁离子、钠离子、铁离子、钾离子等金属阳离子以及硅酸根离子、碳酸根离子、硫酸根离子、磷酸根离子和氯离子等阴离子，会造成冷却系统腐蚀、积垢。

因此，作为发动机冷却液主要组分的水都是软水，即蒸馏水或去离子水。硬水只能作为应急使用，不宜长期作为冷却液使用。

2. 防冻剂

为进一步降低冷却液的冰点，以适应低温严寒季节的需要，在发动机冷却液中都加入一定量的防冻剂。

目前，比较适宜的防冻剂主要有乙二醇和丙二醇两种。

乙二醇的沸点、黏度比较适中且价格低廉，一直是冷却液最主要的防冻剂，但乙二醇有毒性。近年来，安全无毒的丙二醇防冻剂应用日趋广泛，但丙二醇防冻剂价格略高。

3. 添加剂

在发动机冷却液中，除了软水和防冻剂之外，还有很多具有特定功能的添加剂。

（1）缓蚀剂。缓蚀剂（也称防锈剂）是冷却液中最主要的添加剂，其主要作用是减缓或防止冷却系统中金属零部件因腐蚀而穿孔，以免造成冷却液渗漏和流失。发动机冷却系统使用铜、铝、铸铁、钢、焊锡等金属。不同的缓蚀剂对不同的金属有不同的保护效果，因此，对于发动机冷却系统，应根据其金属种类来选择合适的缓蚀剂。

目前，汽车发动机冷却液中常用的缓蚀剂分为以下四类。

① 无机化合物缓蚀剂。无机化合物缓蚀剂包括偏硅酸盐、磷酸盐、钨酸盐、硼酸盐、亚硝酸盐、钼酸盐和苯甲酸盐等。这些无机化合物缓蚀剂可使金属表面形成一层致密的钝化膜，起到良好的缓蚀作用。

② 有机化合物缓蚀剂。常用的有机化合物缓蚀剂有三乙醇胺、苯并三氮唑、巯基苯并噻唑、有机磷酸盐等。例如，在冷却液中添加 0.1%～0.5%的苯并三氮唑，可防止铜制构件被腐蚀。

③ 复合配方缓蚀剂。不同成分的金属构件需用不同的缓蚀剂，如亚硝酸钠对钢、铸铁的缓蚀效果好，但会腐蚀焊料；三乙醇胺、磷酸盐、有机磷酸盐虽对黑色金属缓蚀效果好，

但会腐蚀黄铜、纯铜等；硅酸盐是铝金属的优良缓蚀剂，但极易水解，形成大量絮状沉淀。

这些单品种缓蚀剂虽成本较低，但难以满足冷却液诸多方面的性能要求。因此，一般采用具有协同作用的多种缓蚀物质的复合配方，缓蚀剂总加入量为冷却液原液的0.5%～5%。

④ 环保型配方缓蚀剂。环保型配方缓蚀剂完全采用有机型配方，成分中不含无机盐，能在金属表面形成一层致密而稳定的保护膜。

采用环保型配方缓蚀剂制成的冷却液易于生物降解，低毒，对环境无害，不会对水体及土壤生态造成破坏。同时，它还具有通用性好、能适合不同金属材质的发动机、储存时间长等特点。

（2）缓冲剂。冷却系统中的金属零部件在弱碱条件下容易得到保护，但是冷却液在工作过程中会逐渐酸化，pH会下降，使缓蚀剂效果降低。因此，冷却液中需要添加缓冲剂。

（3）防垢剂。为了防止冷却系统内水垢的产生，冷却液中常加入一定量的防垢剂。通常使用的防垢剂有配合型和分散型两种。

（4）消泡剂。为了降低冷却液泡沫产生的危害，冷却液中一般都含有一定量的消泡剂。消泡剂通常使用硅酮、醇类和失水甘油醚等。比较好的消泡剂为烷基非离子型表面活性剂。

（5）防霉剂。冷却液在工作状态下温度较高，微生物难以生存和繁殖，但在储存过程中可能引起微生物滋长，使冷却液发霉、变质。因此，需要加入微量的杀菌防霉剂，以保证冷却液在2～3年储存期内不霉变。常用的防霉剂有氯化锌、糖酸、苯甲酸钠等，其中苯甲酸钠的防霉效果比较理想。

（6）着色剂。冷却液在使用过程中，一般都要求加入一定的着色剂，使它具有醒目的颜色，以便与其他液体相区别。这样，在冷却系统发生泄漏时，通过观察冷却系统外部管路，就能够很容易判断出其泄漏的位置。

冷却液着色剂一般有染色剂和pH指示剂两种。染色剂是通过染料或颜料的作用使冷却液具有一定的颜色。pH指示剂常用溴甲蓝、酚红、甲基红等原料使冷却液呈现一定的指示色，如果颜色超过指示范围，则表明冷却液呈酸性而失去防锈作用。而pH指示剂除了具有显色作用外，同时它的颜色还会随着冷却液pH的变化而变化，这样用户可以根据其颜色来大致确定冷却液是否需要更换。着色剂的浓度（质量分数）一般为0.01%～0.05%。

二、汽车冷却液的选择与使用

冷却液又称为防冻液，通过在发动机冷却系统中循环带走发动机产生的多余热量，同时能够防止由于外界环境温度过低而造成发动机冷却系统冻裂，以及防止系统内部腐蚀和结垢等情况的发生。

目前各国车厂大多采用以乙醇、乙二醇或丙三醇为母液的汽车冷却液，其中绝大多数都采用由乙二醇型冷却液和一部分添加剂构成的冷却液。

乙醇型冷却液采用乙醇与软水按不同比例混合，可配制成不同冰点的冷却液。乙醇是无色透明、具有特殊醇香的液体，它比水轻，易挥发，能与水以任意比例互溶。纯乙醇的冰点为-117.3 ℃，故冷却液中乙醇含量越高，冰点就越低，其抗冻能力也就越强。乙醇型冷却液的优点是价格低廉、液体流动性好、配制较为简单。其缺点是沸点低（仅78.5 ℃）、蒸发快、损耗大，易燃烧。

乙二醇型冷却液采用乙二醇与软水和添加剂按不同比例混合而成。纯净的乙二醇是无色、黏稠而有甜味的液体，乙二醇比水重，易溶于水和乙醇。乙二醇的凝点为-12.5 ℃，沸点则高达 197 ℃，当乙二醇的质量分数为 68%时，凝点可降低至-68 ℃，超过这个极限时，凝固点反而上升。另外，当乙二醇的质量分数过低时，其对机件的腐蚀性就会增加。因此，一般乙二醇型冷却液中都会添加一定比例的防锈剂，以达到防锈除垢的目的。

加注冷却液时不能让防冻剂溅在车漆上，因为它会损伤漆膜。还要注意不能让冷却液溢流到高温状态下的发动机零件上，以免引起燃烧。

虽然乙二醇本身并无太大毒性，但由于防锈剂等物质的存在，冷却液带有一定的毒性。在废气处理时，通常冷却液的使用年限为 2 年，在车辆使用年限达到 2 年时应该对冷却液进行更换和对系统进行冲洗。用过的冷却液不能再使用，因为其防腐添加剂已经损坏，必须做废气处理，将收集起来的废弃冷却液交由废弃物处理公司进行处理。

这里值得一提的是，为何在发动机的冷却系统中不采用普通的水作为冷却介质，这是因为水的凝点及沸点使其工作范围没有冷却液的工作范围宽，水更容易结冰和沸腾，容易造成发动机高温及冻裂情况的发生。另外，普通水中含有多种矿物质，如碳酸钙、氮化钠等，钙、镁在冷却系统中容易沉积形成水垢，氯化物和硫酸盐等容易对金属产生腐蚀。因此，无论处于哪个季节，均建议发动机冷却系统采用专用冷却液作为冷却介质。

三、检查并更换冷却液

（1）打开冷却液补偿罐密封盖（图 3-35），举升汽车（图 3-36）。

图 3-35　打开冷却液补偿罐

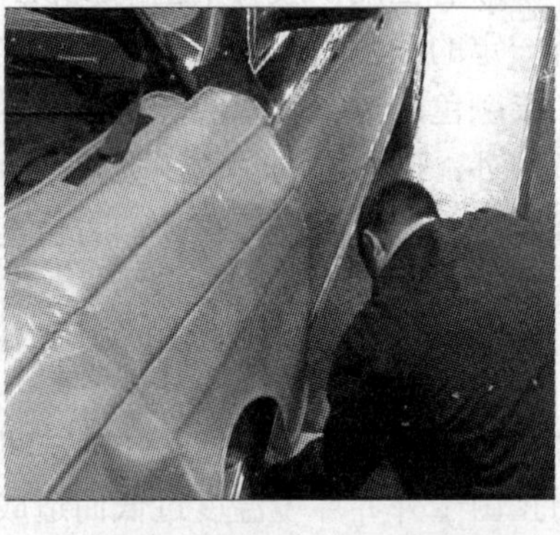

图 3-36　举升汽车

（2）拆下前护板（图 3-37），将旧油收集车推至发动机底部防冻液排放口下部，打开排放螺栓进行冷却液的排放（图 3-38），等待防冻液停止流动时重新旋紧排放螺栓。如车辆没有专用的冷却液排放孔，则将散热器的下水管连接处断开，进行冷却液的释放。

（3）降下车辆至地面，用冷却液冰点检测仪检查防冻液（图 3-39），之后进行加注（图 3-40）。当冷却液补偿罐里的冷却液加满时，用套筒扳手打开冷却水管上的排气螺栓。

图 3-37　拆前护板

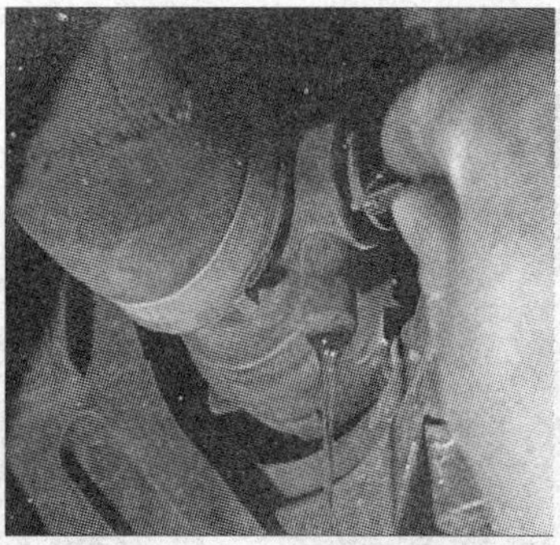

图 3-38　放松排放螺栓

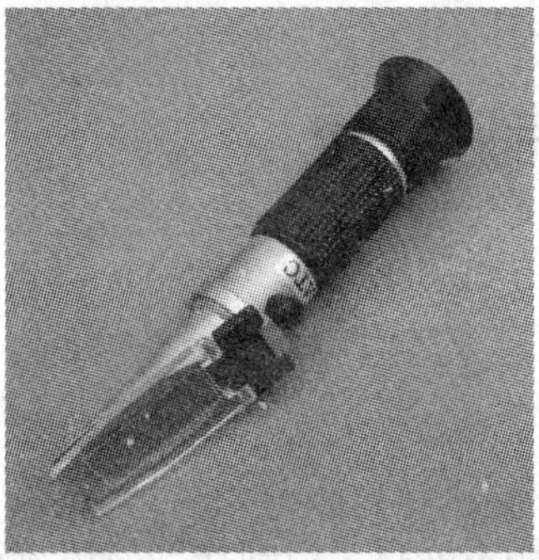

图 3-39　冷却液冰点检测仪（折射计）

图 3-40　加注新的冷却液

（4）将专用工具接头连接至冷却液补偿罐的进口处，上下抽动手柄（图 3-41），当冷却水管上的排气孔有冷却液呈柱状向外流淌时，拧紧排气螺栓。拆下冷却液补偿罐上的专用工具，拧紧冷却液补偿罐密封盖，观察冷却液液面高度，应在上下限之间的正确位置（图 3-42）。

图 3-41　冷却液打压排气

图 3-42　冷却液正常液面

（5）启动发动机，若冷却液温度和风扇运转正常（图 3-43），则关闭发动机，将车辆举升至适合操作的高度，检查冷却液是否有泄漏（图 3-44）。安装护板，降下车辆，拆除翼子板保护罩，关闭发动机舱盖。

图 3-43　启动汽车

图 3-44　检查冷却液是否有泄漏

任务五　汽车空调制冷剂

一、汽车空调制冷剂的分类和性能

（一）制冷剂的分类

车用空调是利用蒸气压缩制冷系统，借助制冷剂的物态变化，由制冷剂循环流动实现制冷的。

汽车空调主要由压缩机、电控离合器、冷凝器、蒸发器、膨胀阀、储液干燥器、管道、冷凝风扇和控制系统等组成（图 3-45）。汽车空调分高压管路和低压管路。高压侧包括压缩机输出侧、高压管路、冷凝器、储液干燥器和液体管路。低压侧包括蒸发器、积累器、回气管路、压缩机输入侧和压缩机润滑油池。

蒸气压缩制冷系统使用的制冷剂（也称制冷工质、冷媒、雪种）绝大部分都是氟利昂，国际上用英文字母 R（取英文制冷剂 Refrigerant 的第一个字母）来表示。

氟利昂是饱和碳氢化合物的卤族元素的衍生物，即用卤族元素的氟、氯，有时加入溴原子取代饱和碳氢化合物（如甲烷、乙烷、丙烷、丁烷）的氢原子所得的化合物，因而氟利昂品种繁多。

在车用空调系统中，常用的制冷剂有两种，分别是 R12 和 R134a，通过观察贴于车用空调系统上的警告标识来进行区别。配置 R134a 的空调系统，其警告标识通常为“R134a USE ONLY”。长期以来，车用空调系统大多采用 R12 作为制冷剂。由于 R12 会破坏臭氧层，危害人类的健康和生存环境，因此，根据《关于消耗臭氧层物质的蒙特利尔议定书》的规定，从 1996 年起，车用空调制冷剂开始使用 R134a，到 2000 年已经全部使用 R134a。同年（2000 年），R12 已经被禁止使用。现阶段车用制冷剂都为 R134a。

R134a 无色无味，无毒；不易燃易爆，但在高温下或遇明火和红热表面时将分解放出有毒的刺激性气体；对某些橡胶有腐蚀，会腐蚀有色金属，如铜和铅，具有一定的破坏性。

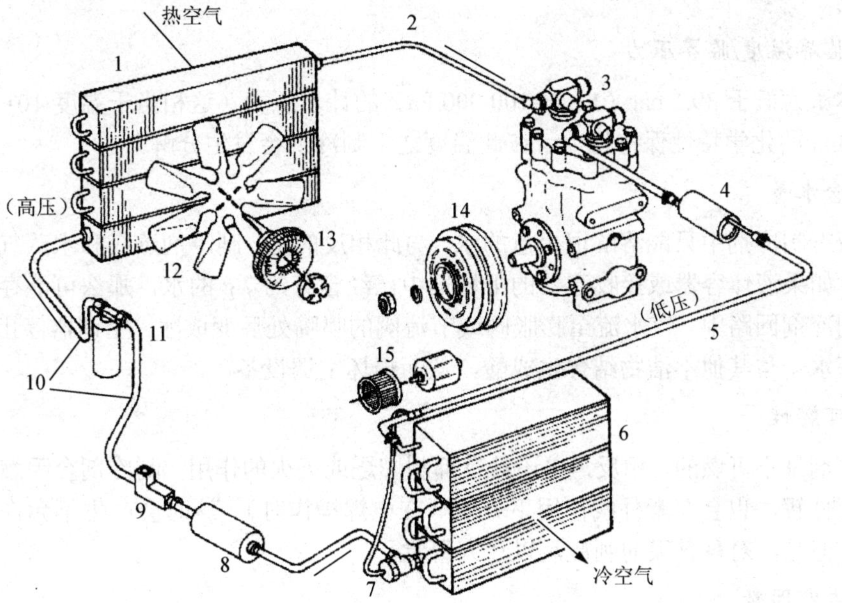

图 3-45 汽车空调系统基本组成

1—冷凝器；2—排气（压力）管道；3—压缩机；4—消声器；5—进气管道；6—蒸发器；
7—膨胀阀；8—管线中的干燥器；9—观察玻璃窗；10—液体管路；11—储蓄/干燥器；
12—风扇；13—风扇离合器；14—压缩机离合器；15—鼓风机电动机

（二）制冷剂的物理参数

1. 颜色

制冷剂在蒸气和液体状态下同水一样是无色的，气态时是不可见的，只有气体和液体之间的交界层是看得见的（观察加注缸立管内的液位或玻璃内的气泡）。在观察玻璃中，制冷剂 R134a 液体可能是有色的（乳白色）。出现这种混浊现象的原因是一部分冷冻机油溶解在其中，并不表明有问题。

2. 蒸气压力

在一个封闭但未完全充满制冷剂的容器内，表面的气态制冷剂会逃逸，一定量的气态分子结合又重新成为液体。这种平衡状态在一定压力下存在，这一压力常被称为蒸气压力。蒸气压力与温度有关。

R134a 和其他制冷剂的气压曲线有一部分很相似，因此仅通过压力无法明显地区分开。使用制冷剂 R134a 的压缩机进行润滑时需要专门的合成冷冻机油，如聚醚类合成润滑油（PAG）。

3. 对金属的表现特性

在纯净状态下，制冷剂 R134a 的化学特性是稳定的，不会侵蚀铁和铝。如果制冷剂不纯净，如含有氯，就会导致某些金属和塑料被侵蚀。这会导致堵塞、泄漏，或者压缩机柱塞上有沉积物。

4. 临界温度/临界压力

气体压力低于 39.5 bar（1 bar=100 000 Pa）的计示压力（这相当于温度 101 ℃）时，制冷剂 R134a 的化学特性保持稳定，在此温度之上制冷剂会发生分解。

5. 含水量

在液态制冷剂中只能溶解很少量的水。与此相反的是，制冷剂蒸气和水蒸气可以任意比例混合。如果液体容器或接收容器的干燥剂中已经含有约 7 g 的水，那么可能存在的水会一起进入制冷剂回路中。该水流至膨胀阀或节流阀的喷嘴处后变成冰，空调器停止制冷。在高温高压下水会与其他不洁物结合生成酸，从而损坏空调设备。

6. 可燃性

制冷剂是不可燃的，相反，它还具有抑制燃烧或灭火的作用。制冷剂会因燃烧和发热面的影响而分解，也会在紫外线作用下分解（在电焊操作时）。这时会产生不允许吸入的有毒分解物。但是，对鼻黏膜的刺激足以让人警觉。

7. 占空因数

在一个容器中相对液体空间必须有一个蒸气空间存在。随着温度升高，液体会膨胀，充满蒸气的空间变小，到一定的时间点在容器内只存在液体。然后温度仅略微升高，在容器中就产生很高的压力，因为液体要继续膨胀，而容器内没有空间了。这时产生的力足以使容器爆炸。为了不使容器加注过量，在压力容器规定中指明容器内部每一升的容积允许加注多少千克制冷剂。占空因数乘以容器内容积得到允许的加注量，在汽车中这一数值为每升加注制冷剂 1.15 kg。泄漏探测制冷剂回路会因外部损坏而不密封，由于逸出制冷剂的量较少，少量泄漏可以通过电子泄漏探测仪或加入制冷剂回路中的泄漏探测添加剂发现。用电子泄漏探测仪可以识别制冷剂损失小于每年 5 g 的泄漏。

特别提示：对于不同的制冷剂要使用不同的泄漏探测仪，它们是根据制冷剂的成分而设计的。因此，用于制冷剂 R12 的泄漏探测仪不适合于 R134a。因为制冷剂 R134a 内无氯原子，所以用于制冷剂 R12 的泄漏探测仪对此不会有反应。

冷冻机油最重要的特性是在制冷剂中有较高的溶解能力、良好的润滑性能，不含酸，含水量很少。适用于制冷剂 R134a 的油品 PAG 具有很强的吸湿性，不能与其他油品混合。因此，为防止湿气进入，应将破裂的容器立即重新封闭。冷冻机油会因湿气和酸而老化、变暗、变得黏滞，并对金属有腐蚀性，冷冻机油因其化学特性不允许与发动机润滑油或变速器用油一起进行废弃处理。

二、汽车空调制冷剂的使用

（一）空调制冷剂的加注

充注前，应先弄清注入制冷剂的类型和数量，充注量过多或过少，都会影响空调制冷效果。压缩机的铭牌上一般都标有所用制冷剂的种类及其充注量。

充注制冷剂的方法有两种。一种是从压缩机排气阀（高压阀）的旁通孔（多用通道）充注，称为高压端充注，充入的是制冷剂液体。其特点是安全、快速，适用于制冷系统的第一次充注，即经检漏、抽真空后的系统充注。但使用该方法时必须注意，充注时不可启动发动机（压缩机停转），且制冷剂罐要求倒立。另一种是从压缩机吸气阀（低压阀）的旁通孔充注，称为低压端充注，充入的是制冷剂气体。其特点是充注速度慢，可在系统补充制冷剂的情况下使用。

1. 高压端充注制冷剂（静态充注）

（1）当制冷系统抽真空后，关闭歧管压力表上的高、低压手动阀，保持歧管压力表与制冷系统连接。

（2）将中间软管的一端与制冷剂罐注入阀的接头连接起来，如图 3-46 所示，打开制冷剂罐开关，再拧开歧管压力表软管一端的螺母，让气体溢出几分钟，把空气排除，然后拧紧螺母。

（3）将高压手动阀打到全开，将制冷剂罐倒立，以便从高压侧充注液态制冷剂。

（4）从高压侧注入规定量的液态制冷剂（压力值 700 kPa）。充装结束后，关闭制冷剂罐注入阀及歧管压力表上的手动高压阀，然后拆卸仪表。

（5）将制冷系统高低压维修口的保护帽装回。

注意事项：选择这种加注方法，发动机不能启动，压缩机停转，更不能打开歧管压力表的低压手动阀，以防止液体冲入压缩机，发生液击。

2. 低压端充注制冷剂（动态充注）

（1）如图 3-47 所示，关闭高、低压手动阀，将歧管压力表与制冷系统和制冷剂罐连接好。

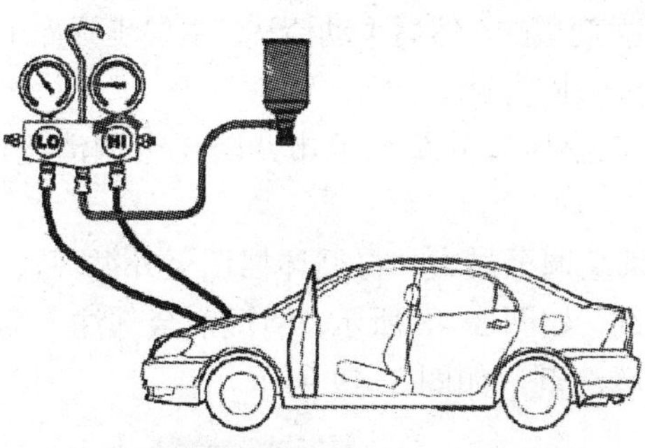

图 3-46　高压端充注

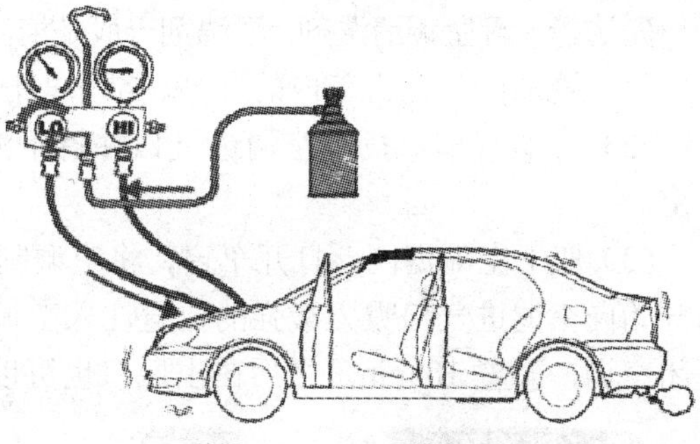

图 3-47　低压端充注

（2）打开制冷剂罐开关，排除管路中的空气。

（3）打开高压手动阀，制冷剂罐倒立让制冷剂进入制冷系统，当系统压力值达到 0.14 MPa 以上时，关闭高压手动阀，正放制冷剂罐。

（4）启动发动机，打开空调开关，并将转速调整到 1 250 r/min 左右，将空调开关接通，将鼓风机开关调至最高挡，温度开关调至最低挡。

（5）打开歧管压力表上的低压手动阀，让制冷剂继续进入制冷系统，当充注量达到规定值后，立即关闭低压手动阀。观察歧管压力表低压侧读数为0.15～0.25 MPa，高压侧读数为1.37～1.57 MPa。

（6）充装结束后，关闭制冷剂罐注入阀，然后拆卸压力表。动作要迅速，防止过多制冷剂排出。将制冷系统高低压加注口的保护帽装回。

注意：低压侧充注制冷剂时，制冷机罐不能倒立，否则可能损坏压缩机。

3. 冷冻机油加注

真空吸入法是先将系统抽真空到98 kPa，用带刻度的量杯准备比需要量还要多一些的制冷机油，然后开始加冷冻机油。更换零部件时，制冷机油补充量如表3-2所示。

表3-2 更换零部件时冷冻机油补充量

更换的零部件		冷冻机油补充量/mL
冷凝器	无渗漏油迹	10～30
	有渗漏油迹	40～60
蒸发器	—	40～50
储液干燥器	—	40～50
制冷管路	无渗漏油迹	不加油
	有渗漏油迹	10～20
系统漏气	无渗漏油迹	不加油
	有渗漏油迹	10～20

（二）空调清洁

更换完滤网，如果空调还有异味，就要当机立断选择对空调风道、蒸发器进行全面清洗、杀菌。

先选择一罐空调清洗剂，清洗剂一般是泡沫状或喷剂型的，然后手动清洗，主要步骤如下。

（1）消毒前，先将车内的食品、纸巾取出，避免吸附异味。

（2）启动汽车，找到空调进气口并拆下滤网。在出风口处垫上毛巾，防止空调清洗液流出。

（3）取下空调滤网，打开车窗，将空调制冷和风量调至最大，将循环挡调至外循环，然后开始向空调进气口吸力最强的位置注入空调清洗剂，如图3-48所示。清洗剂全部注入后，关闭空调，静置10 min。之后在出风口也可以加注清洗剂，如图3-49所示。

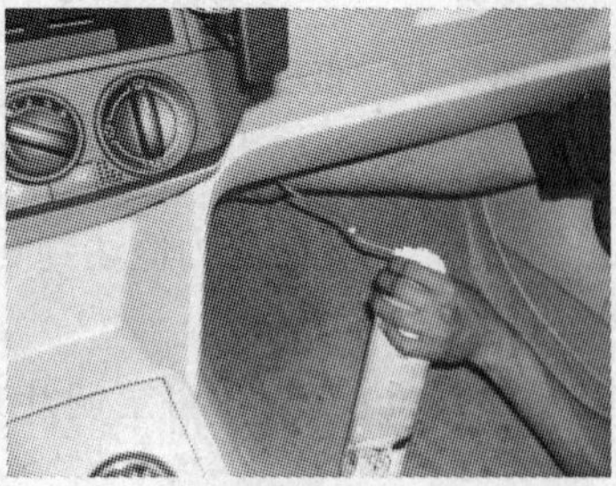

图3-48 将空调清洗剂注入进气口

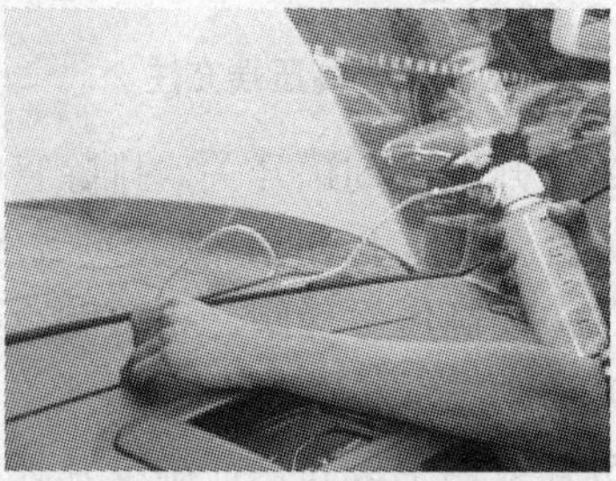

图3-49 出风口加注清洗剂

（4）重新开启空调，并将出风量调到最大，保持 10 min 以上，这时会发现车底缓缓流出脏水，其实这是空调内部的污液由排水管排出车外。

（三）冷冻机油

空调压缩机使用的润滑油一般称为冷冻机油。

在选择冷冻机油时，必须注意空调压缩机内部冷冻机油所处的状态，如排气温度、排气压力、吸气温度等。

冷冻机油的黏度要与制冷剂相适应。压缩机中冷冻机油的黏度应适当，黏度过大会使压缩机的摩擦损失功率增大，启动阻力矩增大；黏度过小会使摩擦表面不能建立起所需要的油膜。冷冻机油长期在高温和低温的环境中，也必须要求其性能稳定，并能保持一定的黏度。

冷冻机油与制冷剂、有机材料和金属等在高温和低温下接触时，彼此之间不应起反应，要求冷冻机油的热力学性能及化学性能十分稳定。

在制冷循环的最低温度部位，冷冻机油不应有结晶状的石蜡分离、析出或凝固，从而保持较低的流动温度。

冷冻机油的含水量要尽可能少。冷冻机油的含水量与制冷装置的制冷效果及使用寿命有十分密切的关系。水在制冷系统中会引起“冰堵”现象和“镀铜”现象。为避免上述情况发生，对冷冻机油的含水量必须按要求严格控制。

冷冻机油在途经压缩机排气门附近高温部位时，不应产生积炭、氧化现象，应具有较高的热稳定性。汽车空调冷冻机油如图 3-50 所示。

图 3-50　汽车空调冷冻机油

采用 R134a 为制冷剂后，原系统使用的矿物油与新的 R134a 制冷工质不相容，所以需要同时更换冷冻机油。欧美各国绝大多数采用醇类润滑油（PAG 油），而日本等国主张用酯类润滑油（POE 油）。

醇类润滑油（PAG 油）吸水性很强，系统残余的矿物油中的氯化物能与醇类润滑油起反应，导致其性能下降。酯类润滑油（POE 油）与醇类润滑油相比，吸水性要低一些，但酯类润滑油低温下黏度变化较大，低温润滑性能不好，回油也不太好。而醇类润滑油黏度随温度变化不大，低温下润滑性能好。

因此，近年来 R134a 制冷系统使用的润滑油逐渐转向醇类润滑油。

任务六　车用其他工作油液

一、蓄电池电解液

（一）免维护蓄电池

所谓免维护蓄电池，是指在规定的使用条件下，使用期间不需要进行维护的蓄电池。对于车用铅蓄电池来讲，也就是使用期间不需经常添加蒸馏水的蓄电池。现在车辆常用的都为免维护蓄电池。

一般的蓄电池（铅酸蓄电池）由正负极板、隔板、壳体、电解液和接线桩头等组成，其放电的化学反应是依靠正极板活性物质（二氧化铅和铅）和负极板活性物质（海绵状纯铅）在电解液（稀硫酸溶液）的作用下进行的，其中极板的栅架，传统蓄电池用铅锑合金制造，免维护蓄电池用铅钙合金制造，前者用锑，后者用钙，这是两者的根本区别点。不同的材料就会产生不同的现象：传统蓄电池在使用过程中会发生减液现象，这是因为栅架上的锑会污染负极板上的铅，减弱了完全充电后蓄电池内的反电动势，造成水的过度分解，大量氧气和氢气分别从正负极板上逸出，使电解液减少。用钙代替锑，就可以改变完全充电后的蓄电池的反电动势，减少过充电流，液体汽化速度降低，从而减少了电解液的损失。

由于免维护蓄电池采用铅钙合金栅架，充电时产生的水分解量少，水分蒸发量低，加上外壳采用密封结构，释放出来的硫酸气体也很少，所以它与传统蓄电池相比，具有不需添加任何液体，对接线桩头、电线腐蚀少，抗过充电能力强，启动电流大，电量储存时间长等优点。

免维护蓄电池因其在正常充电电压下，电解液仅产生少量的气体，极板有很强的抗过充电能力，而且具有内阻小、低温启动性能好、比常规蓄电池使用寿命长等特点，因而在整个使用期间不需添加蒸馏水。在充电系统正常情况下，免维护蓄电池不需拆下进行补充充电，但在保养时应对其电解液的相对密度进行检查。

图 3-51　完全免维护蓄电池电眼颜色

大多数免维护蓄电池在盖上设有一个孔形液体（温度补偿型）密度计，它会根据电解液相对密度的变化而改变颜色，可以指示蓄电池的充放电状态和电解液液位的高度。当密度计的指示眼呈绿色时，表明充电已足，蓄电池正常；当指示眼绿点很少或为黑色时，表明蓄电池需要充电；当指示眼显示淡黄色时，表明蓄电池内部有故障，需要修理或进行更换，如图 3-51 所示。

有条件时，对免维护蓄电池可用具有电流-电压特性的充电设备进行充电。该设备既可保证充足电，又可避免过充电而消耗较多的水。

（二）使用维护

对免维护蓄电池也可以进行补充充电，充电方式与普通蓄电池的充电方法基本一样。充电时每单格电压应限制在 2.3～2.4 V。注意，使用常规充电方法充电会消耗较多的水，充电时充电电流应稍小些（5 A 以下），不能进行快速充电，否则，蓄电池可能会发生爆炸，导致伤人。当免维护蓄电池的密度计显示为淡黄色或红色时，说明该蓄电池已接近报废，即使再充电，使用寿命也不长，此时的充电只能作为救急的权宜之计。在合理的使用期限内（一般为 3 年）不需添加蒸馏水。

使用时保持蓄电池外表面清洁干燥，及时清除极桩和电缆卡子上的氧化物，并确定蓄电池极桩上的电缆连接牢固。保持加液孔盖上通气孔的畅通，定期疏通。定期检查并调整电解液液面高度，液面不足时，应补加蒸馏水。

二、风窗玻璃清洗液

（一）汽车风窗玻璃清洗液的作用

汽车在行驶过程中，自身或其他车辆溅起的泥土、废气中含有的未完全燃烧的油气和道路沥青与雨水的混合物、抛光剂的蜡与雨水的混合物，以及树胶（松树树胶尤甚）、昆虫的尸体、体液、鸟粪等会附着在汽车的风窗玻璃上，这些物质的存在严重影响驾驶员的视野，不利于行车安全。汽车风窗玻璃清洗液能清洗这些污物，确保风窗玻璃洁净、清晰。

（二）对汽车风窗玻璃清洗液的性能要求

汽车风窗玻璃清洗液（俗称玻璃水，由于具有防冻功能，又称防冻玻璃水）要求对附着在风窗玻璃上的各种物质具有浸透、乳化、分散、溶解的功能，以便将其清洗干净。图 3-52 所示为常见的汽车风窗玻璃清洗液。

图 3-52　常见的汽车风窗玻璃清洗液（玻璃水）

汽车风窗玻璃清洗液的性能要求主要有以下几点。

（1）汽车风窗玻璃清洗液对车辆刮水器的材料如铝、锌、橡胶、塑料和油漆涂层等不应产生腐蚀或其他影响。

（2）在冬季使用的汽车风窗玻璃清洗液，应具有较低的凝点，以防在低温时结冰而不可使用。一般要求风窗玻璃清洗液的凝点为-20 ℃，对于特别严寒地区可特殊配制。

（3）风窗玻璃清洗液在低温和高温交变时应没有分层和沉淀。汽车风窗玻璃清洗液多用于雨雪天气，平时存放于发动机舱的储液壶内，时而加热，时而冷却，如果易发生分层、沉淀，则容易造成系统内部堵塞，影响其正常喷射。

因此，汽车风窗玻璃清洗液应在一定浓度范围内对金属没有腐蚀性，既对非金属的性能不产生影响，又能有效地去除各种污垢，确保风窗玻璃保持良好的视野，在冷热交变下稳定性好，还要对人的皮肤和嗅觉无刺激及不造成不适反应。

（三）汽车风窗玻璃清洗液的配方

为了满足汽车风窗玻璃清洗液的性能要求，在汽车风窗玻璃清洗液中常添加表面活性剂、防雾剂、阻凝剂、无机助洗剂、有机助洗剂等。风窗玻璃清洗液的组成配比如表 3-3 所示。

表 3-3　风窗玻璃清洗液的组成配比

组成	配方 1	配方 2
表面活性剂	4.0%	5.0%
防雾剂	1.0%	—
阻凝剂	3.5%	—
无机助洗剂	6.0%	—
有机助洗剂	1.5%	22.0%
水分	余量	余量

（四）风窗玻璃清洗液的使用

与其他油液品相比，汽车风窗玻璃的确是一个小细节。然而，风窗玻璃恰恰是驾驶员最容易感受得到的，它能够给驾驶员带来一片清晰的视野、一个舒畅的驾车心情。冬天汽车风窗玻璃上很容易结冰霜，夏天汽车风窗玻璃上经常会有很多虫胶，春夏秋冬无数的灰尘也会给驾驶员造成很多的麻烦。

然而，很多驾驶员在这个小小的风窗玻璃上麻痹大意了。据专业人士介绍，风窗玻璃应该用优质的玻璃水经常性地做日常保养；但是，有的驾驶员虽然购买了玻璃水，但是质量不合格；有的驾驶员不用高质量的玻璃水而使用普通水，甚至还有的车主使用白酒加水。专业人士提示，这些都不是合格的保养方式。普通的水不仅不具备清除冰霜的能力，长期使用还会对玻璃及玻璃附近的部件造成不同程度的损害，使玻璃表面与刮水器之间摩擦力过大，产生划痕。至于用白酒加水那就更不科学了，白酒对橡胶有一定的溶胀作用，会加速车漆的老化，同时还会损伤车漆。

此外，不仅要选择优质的玻璃水，还要注意环保和安全。目前市场上销售的玻璃水产品，绝大多数使用甲醇等有害化工产品调配而成，虽然这种产品表面上在车外使用，但每次使用时坐在驾驶室中的人们都能呼吸到它的味道，直接影响人们的身心健康。因此，车主一定要选择环保型的玻璃水产品，这样使用起来才会安全、放心。

三、减振器油

减振器油是车辆减振器的工作介质，主要用于各种载货汽车前轮及小轿车前后轮的减振器内。其作用是吸收来自汽车车轮振动的能量，在与汽车悬架弹簧的共同作用下，使汽车振动迅速减弱，以提高汽车行驶的平顺性。

汽车在行驶中常受到冲击力，使车架和车身产生振动，而且这种振动会持续一段时间，直至冲击能量完全被耗尽。为了加速振动的减退，现代汽车的悬架系统广泛采用筒式和摆臂式液力减振器，利用油液的阻尼作用来减缓车辆的振动。

（一）减振器油的性能要求和规格

减振器油要在各种车辆的减振装置中长期使用，要适合南北方不同气候条件，既要受行驶中汽车振动的影响，还要经受各种剪切作用。因此，减振器油应具有以下性能。

（1）适宜的黏度。

（2）优良的黏温性，以保证在工作温度变化时，能维持适当的黏度，起到良好的吸振作用。

（3）良好的低温流动性，凝点低，以适应在寒区的环境下使用。

（4）一定的抗磨性能。

（5）较好的抗氧化、抗泡沫和防锈性能。

随着汽车工业的发展，对减振器油的要求越来越高，利用变压器油、汽轮机油、柴油等代用品已不能满足当代汽车工业的需要。因此，应选用专用的减振器油。

减振器油按成分中基础油分类，可分为矿物型和硅油型，两者的质量指标相似。

（二）减振器油的选用及使用注意事项

1. 减振器油的选用

目前，减振器油的品种不多，应选用具有优良性能和符合质量要求的减振器油。如缺乏减振器油，可用 25 号变压器油和 22 号汽轮机油各 50%混合使用。这两种油都是经过深度精制的油品，具有良好的抗氧化性。一般适用于炎热季节和地区的减振器油可用 10 号变压器油和 22 号汽轮机油配置；适用于寒冷季节和地区的减振器油可用 45 号变压器油和 22 号汽轮机油配置。

2. 使用注意事项

在储存和使用减振器油时，容器和加油工具必须清洁、严密，严防混入水分和杂质，以免添加剂沉淀和油品乳化变质。使用中应注意减振器密封良好，无渗漏现象。

习　题

1. 汽车齿轮油的工作条件有哪两个？汽车齿轮油的性能要求有哪些？

2. 简述我国汽车齿轮油的分类。
3. 简述汽车齿轮油使用的注意事项。
4. 简述车用液力传动油的作用和要求。
5. 简述液力传动油的性能指标。
6. 简述液力传动油的油位检查方法。
7. 简述更换液力传动油的步骤。
8. 制动液的使用性能指标有哪些?
9. 制动液的使用注意事项有哪些?
10. 简述制动液更换的主要步骤。
11. 简述汽车冷却液的主要作用。
12. 简述汽车冷却液的组成。
13. 简述汽车冷却液的使用注意事项。
14. 简述更换汽车冷却液的主要步骤。
15. 简述汽车制冷剂的分类和制冷原理。
16. 制冷剂如何加注?简述空调的清洗步骤。
17. 蓄电池的使用和维护应该注意哪些问题?
18. 风窗玻璃清洗液的性能要求有哪些?
19. 简述减振器油的选用及使用注意事项。

项目四　轮　　胎

学习目标

1. 掌握轮胎的作用和分类。
2. 掌握轮胎的结构。
3. 掌握轮胎的规格和表示方法。
4. 掌握轮胎的磨损形式。
5. 掌握轮胎的选择和使用原则。
6. 掌握轮胎修补的方法。
7. 掌握汽车轮胎新技术。

任务一　轮胎的基本常识

一、轮胎的作用

（一）承重

在众多的汽车零部件中，只有轮胎与地面直接接触，汽车本身的质量和汽车上的乘客及载运货物的质量都要靠轮胎来支承。因此，轮胎必须具有足够的承受载荷的能力。

轮胎承受的载荷除与质量有关外，还与路面质量、汽车行驶速度等因素有关。若路面质量差、汽车行驶速度快，就会使汽车的动载荷增加。因此，在考虑汽车轮胎的承载能力时，必须考虑到动载荷对汽车轮胎的作用。

（二）缓冲

汽车行驶时，因路面不平而受到冲击。为保证汽车具有良好的乘坐舒适性，必须设法消除和衰减汽车行驶中产生的振动，这一任务通常是由轮胎和汽车悬架共同来完成的。因此，轮胎必须具有适当的弹性。

（三）附着

汽车行驶需要的驱动力、汽车减速或停驶需要的制动力等都由轮胎与路面的作用而产生，因此轮胎与路面间应有良好的附着性能。为增强轮胎的附着作用，轮胎胎面应具有多种形状的花纹。

二、轮胎的分类

（一）汽车轮胎按充气压力分类

按充气压力不同，汽车轮胎可分为高压轮胎、低压轮胎、超低压轮胎和调压轮胎 4 种。

1. 高压轮胎

充气压力为 0.5～0.7 MPa 的轮胎为高压轮胎。高压轮胎的滚动阻力小、油耗低，但缓冲性能差、与路面的附着能力低，因此在汽车上很少使用。

2. 低压轮胎

充气压力为 0.15～0.45 MPa 的轮胎为低压轮胎。低压轮胎由于具有弹性好、断面宽、与道路接触面积大和壁薄而散热性好等优点，所以被广泛使用。目前，绝大多数轿车、载货汽车均采用低压轮胎。

应当指出，随着制造材料的发展，目前有些低压轮胎的充气压力已被提高，压力值已属于高压轮胎范围，但仍将其划归为低压轮胎。原因是这些轮胎的充气压力虽然高，但其仍具有同规格低压轮胎的良好缓冲性能，故其仍属于低压轮胎。

轮胎胎压换算：1 个大气压=1 bar=0.1 MPa=100 kPa≈14.5 psi。

3. 超低压轮胎

充气压力低于 0.15 MPa 的轮胎为超低压轮胎。超低压轮胎的断面宽度比低压轮胎的断面宽度宽，其与道路的接触面积也比低压轮胎大，所以超低压轮胎在松软路面上的通过能力比较好，非常适合在泥泞路、雪地和沙漠等地带使用。目前，超低压轮胎多用于越野汽车和少数特种汽车。

4. 调压轮胎

充气压力可根据路面条件的不同进行调节的轮胎为调压轮胎。

（二）汽车轮胎按胎面花纹分类

按胎面花纹不同，汽车轮胎可分为普通花纹轮胎（图 4-1）、越野花纹轮胎（图 4-2）和混合花纹轮胎（图 4-3）3 种。

图 4-1 普通花纹轮胎

图 4-2 越野花纹轮胎

图 4-3 混合花纹轮胎

（三）汽车轮胎按轮胎胎体帘线排列方向分类

按胎体帘线排列方向不同，汽车轮胎可分为普通斜交轮胎和子午线轮胎两种。汽车轮胎胎体帘线的排列方向都与轮胎的子午断面成一定角度，此角度称为胎冠角。胎冠角对轮胎的特性影响很大。例如，胎冠角增大，将使轮胎的侧向刚性和径向刚性等增大，侧向刚性增大将改善汽车的行驶稳定性；径向刚性增大将降低轮胎的缓冲性能。

（四）汽车轮胎按胎体帘线材料分类

按胎体帘线材料不同，汽车轮胎可分为棉帘线轮胎、人造丝帘线轮胎、尼龙帘线轮胎和钢丝帘线轮胎等。

1. 棉帘线

在常用轮胎胎体帘线材料中，棉帘线的价格最便宜。但这种材料强度低、受热时强度降低显著，在温度为 120 ℃时，其强度降低 30%～50%。为了提高强度，一般会增加帘布的层数，但这又将导致轮胎质量和滚动阻力系数增大。

2. 人造丝帘线

人造丝帘线具有较高的物理力学性能。相同强度下，其帘布层厚度可较棉帘布减少 25%，且受热时强度降低也比棉帘线小，在温度为 120 ℃时，其强度降低 10%～20%。另外，人造丝帘布能抵抗轮胎工作时产生的复杂多变的载荷，其耐久性比棉帘布高 60%～70%。但人造丝有受潮时强度下降较棉帘线大，以及由于残余变形而不能与橡胶很好地结合等缺点。

3. 尼龙帘线

目前，尼龙帘线材料用得较多。尼龙的强度比人造丝和棉帘线都高，在其帘布层厚度较棉帘布减少 40%的条件下，其强度为棉帘布的两倍以上。另外，尼龙帘线还有受热和受潮时强度降低都较小等特点。

4. 钢丝帘线

钢丝帘线的强度很高，如用多股直径为 0.15 mm 的钢丝捻成的粗为 0.86～0.88 mm 的帘线，其拉断极限高达 800 N，是棉帘线的 10 倍。因此，钢丝帘线的采用可大大减少轮胎帘布层的层数，从而减少橡胶材料的消耗、减轻轮胎质量。除强度大外，钢丝帘线还具有导热性好、受热和受潮时强度降低比较小等特点。但钢丝帘线与橡胶的结合性能较差，尚需进一步改进。

（五）汽车轮胎按使用季节分类

按使用季节不同，汽车轮胎可以分为夏季轮胎和冬季轮胎两类。其实，夏季轮胎更多地称为四季轮胎，因为其在一般情况、一般条件下可以一年四季使用，也就是平时所见的汽车轮胎。

冬季轮胎（俗称雪地轮胎）是专门针对北方冬天多雪的路面设计的。冬季轮胎比较软，有两种防滑方式，一种是轮胎胎面上有很多细纹（图 4-4），能够在行驶时夹紧雪，形成小的凸起的冰块，从而防止轮胎滑动；另一种是胎面有很小的钉子，可以是金属的，可以是硬橡胶的，也可以是塑料的，因制造商不同而异。

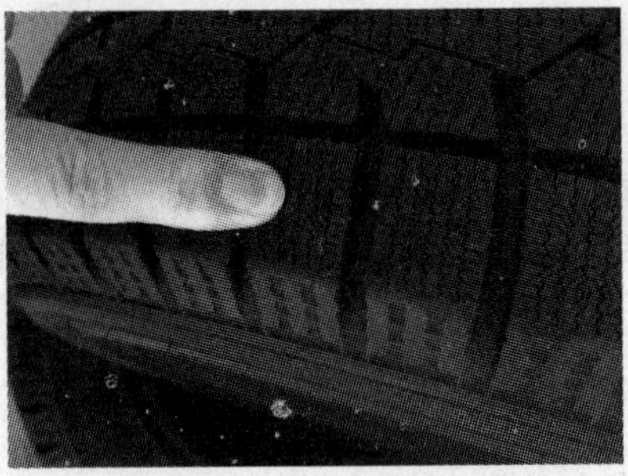

图 4-4　常见的雪地胎花纹

三、轮胎的结构

（一）有内胎轮胎结构

有内胎轮胎主要应用在货车及大型客车上。它由外胎、内胎和垫带组成（图 4-5），其中外胎结构较为复杂，主要包括胎面、帘布层、缓冲层和胎圈 4 个部分（图 4-6）。

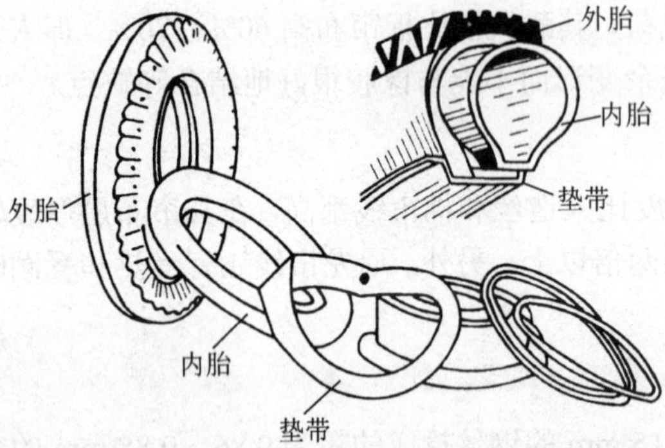

图 4-5　有内胎轮胎结构

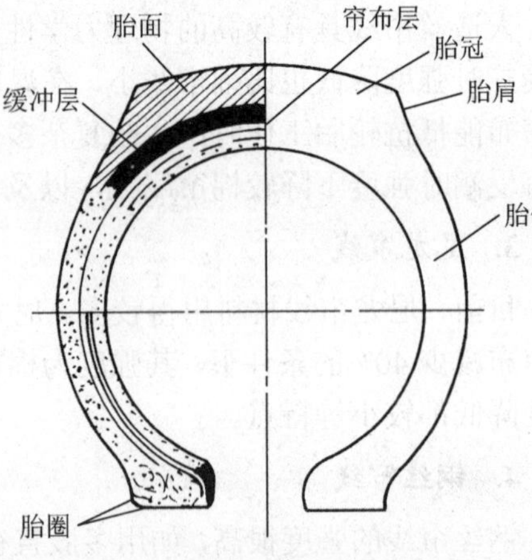

图 4-6　有内胎轮胎外胎结构

（二）无内胎轮胎结构

无内胎轮胎俗称原子胎或真空胎。这种轮胎没有内胎和垫带，利用轮胎内壁和胎圈的气密层保证轮胎与轮辋间良好的气密性，外胎兼具内胎的作用，目前已被普遍采用。有内胎轮胎与无内胎轮胎结构对比如图 4-7 所示。

在车辆行驶时，有内胎轮胎由于内、外胎之间的摩擦，会产生大量的热，且散热不充分，易导致爆胎；无内胎轮胎由于没有内胎，因而不存在内、外胎之间的摩擦，并且可以通过轮辋直接散热，散热性能好，可以大大降低爆胎的概率。

另外，有内胎轮胎在被刺扎后漏气很快，而无内胎轮胎由于有一层用特种丁基橡胶混合物制成的气密层，在被刺扎后漏气缓慢。无内胎轮胎的胎圈外侧附加一层 2～3 mm 厚的专门用来封气的橡胶密封层，大大提高了安全性。

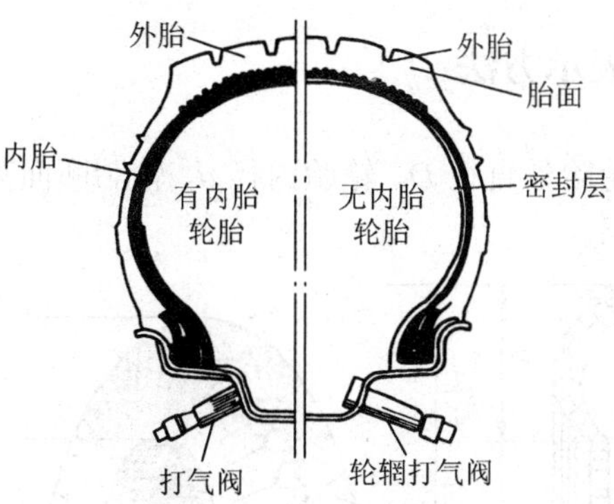

图 4-7 有内胎轮胎和无内胎轮胎结构对比

无内胎轮胎没有内胎，结构合理，轮胎质量轻，滚动阻力较小。试验表明，无内胎轮胎的滚动阻力降低了 10%，可节省燃油 2%～3%。无内胎轮胎由于其接地压力比较均匀，轮胎磨损均匀，因而延长了轮胎的使用寿命。

无内胎轮胎接地面积大而且压力均匀，可减少轮胎对地面的破坏；滚动阻力小，可减少车辆的尾气排放。无内胎轮胎无需内胎和垫带，减少了生产和运输资源的消耗。无内胎轮胎的使用寿命长，减少了因废弃和处理大量轮胎而对环境造成的污染。

（三）斜交轮胎与子午线轮胎结构

斜交轮胎的帘线按斜线交叉排列，故而得名。其特点是胎面和胎侧的强度大，但胎侧刚度较大，舒适性差。由于高速行驶时帘布层间移动与摩擦大，因此斜交轮胎并不适合高速行驶。随着子午线轮胎的不断改进，斜交轮胎基本被淘汰。

子午线轮胎是指胎体帘布层中从一个胎圈到另一个胎圈的帘线与胎面中心线大体呈 90° 排列的充气轮胎。子午线轮胎的结构特征主要表现为缓冲层（带束层）是主要受力部件。缓冲层与胎体帘线成一个较大角度排列，胎体帘线与带束层帘线从 3 个方向交叉构成无数个三角形网格结构。因此，其胎冠刚度比斜交轮胎高，帘布层数比斜交轮胎少，胎侧比斜交轮胎柔软，质量较轻。子午线轮胎比斜交轮胎耐磨、节油，并具有良好的缓冲性能和高速性能等，因此得到了广泛应用。斜交轮胎和子午线轮胎如图 4-8 所示。

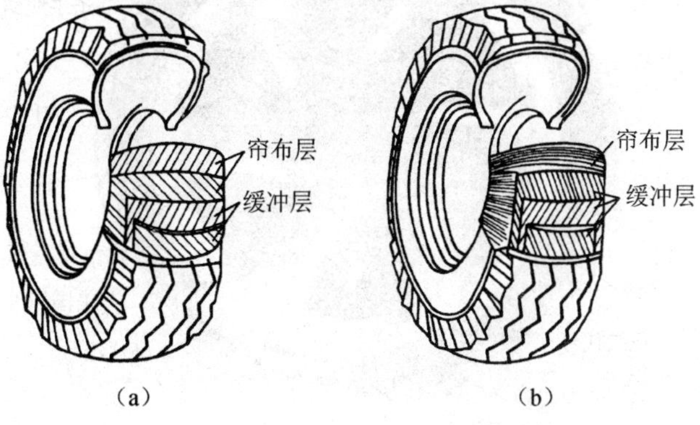

图 4-8 斜交轮胎和子午线轮胎对比

（a）斜交轮胎；（b）子午线轮胎

四、轮胎的规格和表示方法

轮胎的主要尺寸包括轮胎外直径 D、轮胎内径 d、轮胎断面高度 H、轮胎断面宽度 B 等。轮胎外形尺寸如图 4-9 所示。

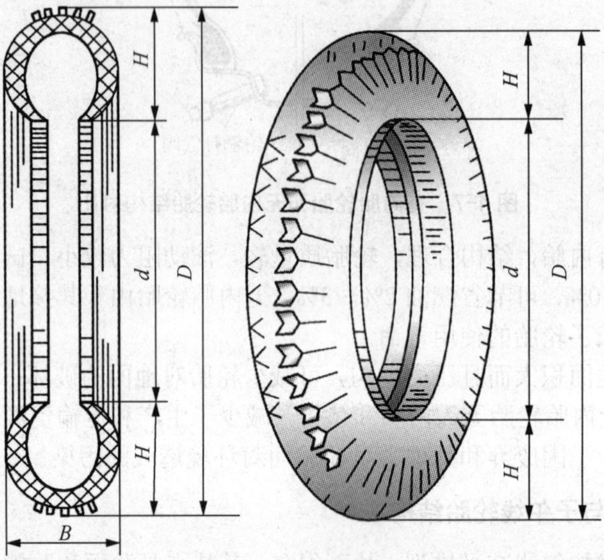

图 4-9　轮胎外形尺寸

识别轮胎标记是对轮胎进行升级的必备条件，任何一款轮胎的绝大部分信息都集中在其侧面，要想了解这款轮胎的具体情况，首先要从胎侧入手。下面以一款典型的轮胎（图 4-10）为例，介绍各部分标识的含义。

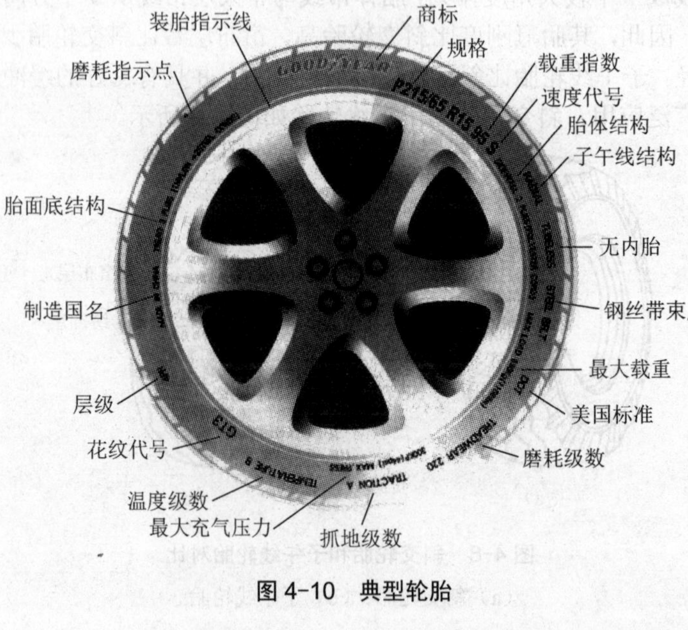

图 4-10　典型轮胎

（一）轮胎规格

轮胎规格：P215/65 R15。P 为乘用车标识。215 是指轮胎断面的宽度为 215mm，是两个胎侧之间的宽度（mm），此宽度随轮胎所匹配轮辋宽度的不同而改变。65 是轮胎的高宽比，也称扁平率，是胎断面高与胎断面宽的比例，这里表示胎高占胎宽的 65%，数值越小，越显扁平。R 是英文 Radial 的缩写，是指轮胎为辐射层结构，表示此轮胎为子午线轮胎。15 表示轮辋直径为 15 英寸（inch），此轮胎必须匹配 15 英寸的轮辋，否则无法安装[1 英寸（inch）= 25.4 mm]。高宽比越大的轮胎，相对较厚，乘坐舒适性较好，但接地面积较小，不适宜用做高速车辆轮胎；高宽比越小的轮胎，相对较薄，接地面积较大，多用做高速轮胎。

（二）载重指数

载重指数：95 表示此轮胎的最大载荷为 690 kg。载重指数越高，车轮的承载能力越强。载重指数如表 4-1 所示。

表 4-1　载重指数表

指数	最大载荷/（kg/胎）	指数	最大载荷/（kg/胎）	指数	最大载荷/（kg/胎）
76	400	83	487	90	600
77	412	84	500	91	615
78	425	85	515	92	630
79	437	86	530	93	650
80	450	87	545	94	670
81	462	88	560	95	690
82	475	89	580		

（三）速度代号

速度代号：S 表示该轮胎所允许的极限速度为 180 km/h。速度代号表明轮胎在规定条件下承载规定负荷的最高速度。字母 A～Z 代表轮胎从 4.8 km/h 到 300 km/h 的认证速度等级。N 级胎常用做备胎，Q 级胎常用做雪胎，R 级胎常用做轻型货车胎，H 级胎常用做运动型轿车胎，W 级胎常用做特殊跑车用胎。速度代号如表 4-2 所示。

表 4-2　速度代号表

代号	安全车速/（km/h）	代号	安全车速/（km/h）	代号	安全车速/（km/h）
K	110	L	120	M	130
N	140 备胎	P	150	Q	160
R	170	S	180	T	190
U	200	H	210	V	240 跑车
W	270 特殊跑车	Y	300	Z	>300

（四）抓地级数

抓地级数（TRACTION）：其代表轮胎在潮湿直线试验路面上的停车能力。例如，AA

级的轮胎在潮湿的直线试验路面上停车比 C 级的轮胎快。抓地级数有 AA、A、B、C，其中 AA 级最高。

（五）温度级数

温度级数（TEMPERATURE）：代表轮胎的散热能力，是指室内试验条件下测定的。如果轮胎达到了美国交通部（U.S.Department of Transportation，DOT）规定的最低性能条件，其等级为 C 级。B 级和 A 级则表明轮胎高于 DOT 规定的最低性能。

（六）层级

层级：表示轮胎橡胶层内帘布的公称层数，即用高强度材料帘线制作胎体的轮胎的负荷性能相当于用棉帘线制作胎体的轮胎的帘布层数。注意，层级数并不是指它的实际层数。

胎冠和胎侧的层级数越高，它的耐刺、载重等性能越优秀，但散热越慢。胎冠和胎侧的层级数太少，一是胎体强度不够好，容易被割伤；二是抗撞击能力差，极易被坚硬物撞击坏，但散热和吸振性能好。

（七）胎体、胎面结构

每一条轮胎的胎壁上都标记着该条轮胎的构造详情，即这条轮胎的胎冠是由几层××制成，而胎侧是由几层××构成，使人一看便知。所使用的材料都标记在轮胎的胎壁上：STEEL——钢丝；NYLON——尼龙；POLYESTER——纤维。

例如，SIDEWALL：2PLIES（POLYESTER CORD）含义为侧壁：2 层（纤维线）。又如，TREAD：3PLIES（1NYLON+2STEEL CORD）含义为胎冠：3 层（1 层尼龙+2 层钢丝线）。

（八）磨耗级数

磨耗级数（TREADWEAR）：依据美国政府规定的试验过程中得到的轮胎磨损耗率换算出的比较等级。通过试验，以磨耗 100 为基数，磨耗 100 可以行驶 48 000 km，磨耗 200 为 96 000 km。胎面磨耗度超过 100 为较优，100 为标准，低于 100 为较低。例如，一个车胎的磨耗级数标示为 200，表示其在政府指定的试验场地上比等级为 100 的轮胎可以多跑一倍的时间。而实际上轮胎的磨耗率与使用条件有关，所以不同品牌的轮胎很难比较。磨耗级数越高表示越耐磨（一般有 220、280、320、380、400、440、520 等），但并不是轮胎越耐磨越好，磨耗级数与轮胎的抓地力呈反比关系。

（九）DOT 及生产日期

DOT 表示此轮胎通过了美国交通部的检验标准。在轮胎的一侧或两侧可以找到 DOT 三个字母，其后有四个数字或字母，用于表示生产日期。在此问题上，不同的厂家有不同的表示方法，但常见表示方法有两种，即 98N08B5820 表示 1998 年 8 月 B 组生产的第 5820 只轮胎；2307 表示 2007 年第 23 周生产的轮胎。

（十）最大载重量及最大充气压力

（1）MAX LOAD 800 kg（1 168 lbs）是指最大承重为 530 kg（英制 1 168 lbs）；

（2）MAX PRESS 300 kPa（44 psi）是指最大充气压力为 300 kPa（英制 44 psi）。

（十一）其他标识

（1）TUBELESS 表示无内胎。

（2）MADE IN CHINA 表示生产国别。

（3）TWI 表示磨耗指示点。一个轮胎的两边胎侧各有若干个磨耗指示点，一般用 TWI 指示，当胎面磨损到磨耗指示点时，表示轮胎已达到使用极限，这个轮胎已经不能保证安全行车，必须更换。

任务二 轮胎的合理使用

轮胎是汽车的重要部件，其性能对汽车的动力性、制动性、行驶稳定性、平顺性、越野性能和燃料经济性等会产生重要的影响，其寿命也会影响汽车的使用成本。因此，如轮胎选用不当或使用不合理，将会明显影响汽车性能或大幅度缩短轮胎的使用寿命，这对降低汽车运输成本和确保行车安全非常不利。

一、轮胎磨损

汽车轮胎的磨损形式主要有胎面磨损、胎侧损伤、胎体损坏、胎圈撕裂和轮胎爆破等。

（一）胎面磨损

轮胎在使用过程中，由于直接和路面接触，受多种接触力的作用，如驱动力、制动力、侧向力和摩擦力等，不可避免地会出现磨损。一般情况下，应要求胎面磨损均匀而缓慢。但在汽车使用过程中，一些不正确的驾驶方法，如汽车转弯速度过快、起步过急、制动过猛、高速行车和不注意选择道路等，都会加快轮胎的磨损。除此之外，若轮胎使用不当或车辆技术状况不良，将使轮胎胎面产生不正常磨损。常见的不正常磨损有胎面中间磨损严重、两边磨损严重、单边磨损严重，胎面出现块状磨损，局部胎面出现快速磨损，胎面出现锯齿状磨损和胎冠割裂或刺伤等。

1. 胎面中间磨损严重

胎面中间出现严重磨损主要是由轮胎气压过高所致。

适当提高轮胎的充气压力，可以减少轮胎的滚动阻力，提高汽车的燃油经济性。但轮胎的气压高于规定值过多时，不但会影响轮胎的减振性能，还会使胎冠的中间部分突出，使轮胎与路面的接触面积减小，因而需要增加单位面积上的负荷。这使得整个胎面的正常磨损转由其中央部分承担，所以胎冠中部的磨耗会加速。行驶一段时间之后就会出现胎肩尚未磨损，胎冠中间部位已被磨平的现象。

另外，如与轮胎配装的轮辋过窄，使胎圈内收，从而带动胎冠两侧的胎肩提升，使胎冠的中间部位突出，也会造成胎冠的中间部位磨损严重。

2. 胎面两边磨损严重

图 4-11 为胎面两边出现的严重磨损，出现这种现象主要是由轮胎气压过低所致。

图 4-11　轮胎两边磨损

轮胎气压低于规定值时，轮胎与地面的接触面积会增大，且接触面上的压力不均匀。轮胎产生向里弯曲，使轮胎的两边与地面的接触强度增大，使胎面中部负荷减小，胎面两边负荷急剧增大，会使胎面磨损不均匀，中部几乎保持不变，而两边部分磨损严重。

另外，轮胎超载时引起的早期损坏与气压过低相似，只是超载时轮胎损坏更为严重。

3. 胎面单边磨损严重

图 4-12 为胎面单边出现的严重磨损，出现这种现象主要是由车轮定位参数失准所致。

图 4-12　轮胎单边磨损

车轮定位参数中的外倾角数值失准是导致轮胎单边磨损的主要原因。当车轮的外倾角过大时，易使轮胎的外侧胎肩形成早期磨损；外倾角过小时，易使轮胎的内侧胎肩形成早期磨损。这时，就会出现轮胎一侧的花纹还较深，而另一侧的花纹已被磨平的现象，结果造成轮胎提前报废。

4. 胎面出现块状磨损

胎面出现块状磨损主要是由车轮运转不平衡所致。

当车轮高速旋转而不平衡时，会使轮胎胎面的受力不均，个别部位受力过大，磨损加快，行驶一段时间后便出现块状磨损。

5. 局部胎面出现快速磨损

局部胎面出现快速磨损主要是由紧急制动和快速起步所致。

紧急制动和快速起步时，地面对胎面的局部磨损是十分严重的。因为轮胎磨损最严重的部位可能是轮胎爆炸的突破口，所以轮胎的磨损程度不应以轮胎花纹的平均磨损量为准，而应以胎面损害最严重的部位为准。当轮胎局部磨损严重时，就必须进行轮胎更换，以防发生事故。

6. 胎面出现锯齿状磨损

胎面出现锯齿状磨损主要是由前轮定位调整不当或前悬架系统位置失常、球头松旷等所致。这时，车轮在正常滚动过程中易发生滑动或车轮定位不断变化，从而导致轮胎出现锯齿状磨损。

7. 胎冠割裂或刺伤

胎冠割裂或刺伤主要是由路上的障碍物所致，如路上的碎石头、铁钉子、钢筋和角铁等各种锋利物都有可能割裂或刺伤胎冠。严重时，锋利物能躲过胎冠上的花纹，直接割裂胎冠的胎基，露出胎体帘布层，导致胎冠剥离，以致轮胎早期报废。

（二）胎侧损伤

从轮胎的构造看，胎侧是轮胎中强度最弱的部位，但是轮胎中最为突出的部位。因此，胎侧是轮胎结构中最易受伤的部位。胎侧损伤主要包括胎侧擦伤和胎侧起泡。

1. 胎侧擦伤

胎侧擦伤多是由汽车斜行上路边石所致。当轮胎斜着上较高的路边石时，其受力部位主要是胎肩和胎侧。当遇有突出的转角或轮胎与路边石的夹角太小时，往往会造成胎侧擦伤，严重时会挤断胎侧帘布层帘线，使胎侧起泡。

另外，固定路障用的角铁和螺钉、凹凸不平的碎石路面都有可能伤害胎侧。

2. 胎侧起泡

胎侧起泡多是由胎侧帘线断裂、断裂处的强度降低所致。除轮胎小角度斜上路边石时可能挤断胎侧帘线外，轮胎的质量问题，如制造轮胎时胎侧帘布层衔接处没有衔接好等，都会导致帘线断裂。

另外，在使用过程中，轮胎胎体帘线会出现自然裂纹，随着裂纹的不断扩大，最后内层会完全断裂。

对于无内胎轮胎，当其胎圈内侧因某种原因被挤裂后，胎内压缩气体就可能从裂口处窜气到胎侧，这也会引起胎侧起泡，如图 4-13 所示。

图 4-13 胎侧起泡

胎侧已起泡的轮胎原则上不能继续使用，以免在使用过程中随着轮胎温度升高、气压增大而在起泡处发生爆裂，造成严重事故。

（三）胎体损坏

胎体是外胎的骨架，有保持外胎的尺寸和形状的作用。当胎体损坏后，轮胎很快就会报废。胎体损坏的形式主要有帘线断裂、松散和帘布脱层，以及胎体扎伤、刮伤等。

1. 胎体帘线的断裂、松散和帘布脱层

引起胎体帘线断裂的原因较多，除部分轮胎在使用过程中胎体帘线产生自然裂纹并逐步扩大而引起帘线断裂，或者胎侧部位因某种原因产生强挤压而使帘线断裂外，大部分胎体帘线的断裂是由轮胎变形引起的疲劳断裂所致。轮胎工作时，其挤压变形使胎体内部产生拉伸、压缩应力，在多次拉伸、压缩应力的作用下引起材料疲劳，强度降低，当应力超过帘线强度时，帘线就会断裂。

另外，轮胎的变形还使帘布层之间产生切应力，当此切应力超过帘布层与橡胶之间的黏附力时，就会出现帘线松散或帘布脱层的现象。

在轮胎的使用条件中，工作温度和充气压力对胎体帘线的断裂、松散和帘布脱层等影响最大。

轮胎快速地反复变形会使材料内部摩擦生热。同时，外胎与内胎间、轮胎与轮辋间及轮胎与路面间也会因摩擦而产生热量。车速越高，摩擦热越多。这些热量散失一部分，另外一部分就积聚起来，使轮胎工作温度升高。高温将使轮胎材料的机械性能下降，从而使轮胎磨损加剧、帘布脱层、帘线松散或断裂，甚至由此而引起胎体爆破等。

轮胎的充气压力过高或过低都会引起胎体的快速损坏。气压过高时，将使胎体的帘线伸张过度，所受应力增大，易引起帘线拉断；气压过低时，轮胎径向变形增大，胎侧的弯曲变形也增大，使胎侧内壁受压，胎侧外壁受拉，胎体内的帘线产生较大的变形和交变应力。周期性的变形会加速帘线的疲劳损坏，导致帘线松散和局部脱层。

2. 胎体扎伤、刮伤

胎体扎伤、刮伤主要是由行驶路面凹凸不平或路面上有锋利的异物所致。当胎体被扎伤、刮伤后，有时不会影响轮胎的继续行驶，但会显著降低胎体强度，如果继续高速行驶，便会引发一定的危险。

（四）胎圈撕裂

胎圈撕裂主要发生在轮胎与轮辋的安装过程中。轮胎的内径和轮辋的名义直径应大小一样，以保证轮胎与轮辋的严密配合，这对无内胎轮胎尤为重要。但轮辋的外沿直径一般略大于轮胎的内径，所以在安装轮胎的时候，易将胎圈撕裂。

（五）轮胎爆破

引起轮胎爆破的原因很多，但归根结底都是由轮胎工作温度和气压升高、轮胎强度下降所致。使轮胎工作温度升高和轮胎气压增大的主要原因有轮胎的充气压力升高、轮胎的负荷增大、轮胎的行驶速度加快、驾驶方法不正确等。

使轮胎强度下降的原因有轮胎橡胶磨损、轮胎的胎体帘线断裂、胎体扎伤、轮胎工作温度升高和轮胎气压升高等。

轮胎爆破往往引起车辆失去控制甚至翻车，其后果非常严重。因此，一定要合理使用轮胎，防止轮胎早期损坏，以免引发严重的事故。

二、轮胎的选择和使用

（一）轮胎的选择

汽车对轮胎的要求是多方面的，各要求间有时还存在相互矛盾。因此，轮胎的选择不能取决于单一因素，应该针对汽车的具体性能要求和使用特点综合考虑。可重点参考以下几方面。

1. 轮胎类别

轮胎主要有乘用轮胎、商用轮胎、非公路用轮胎和特种轮胎等。轮胎类别反映轮胎的基本特性，确定轮胎类别是选择轮胎的重要任务，选择依据是汽车的类型和经常使用的区域。乘用轮胎主要适于轿车及各类轻型客、货车使用，商用轮胎主要适于货车、大客车等车辆使用，非公路用轮胎主要适于松软路面上行驶的越野车等使用，特种轮胎仅用于特种车辆或特殊环境。

2. 胎面花纹

胎面花纹对轮胎的滚动阻力、附着能力、耐磨能力及行驶噪声等都有显著的影响。轮胎花纹的形式、品种较多，应根据轮胎类型和车辆长期使用路况选择花纹形式，根据季节、天气适时调整或换用。

3. 胎体结构

胎体结构决定轮胎的基本性能。子午线结构比普通斜交结构具有更多的优良特性，受到普遍推荐。但斜交结构由于技术成熟、造价低廉，其在商用车轮胎结构中仍为主要形式。近年，子午线结构的发展趋势是低断面化和无内胎化，新设计的高速、优质汽车都推荐采用这种结构的轮胎。

4. 轮胎材质

轮胎材质对轮胎的特性也有影响。轮胎材质包括橡胶材质和帘线材料，橡胶材质的成分构成因生产厂家的设备水平和技术能力不同而有差异，这也使得轮胎的品质有一定差别；帘线材料中钢丝帘线强度大，但生产技术难度大、成本高；尼龙、人造丝等材料来源充足、使用广泛，因此选用较多。

5. 轮胎的规格与使用气压

轮胎的规格与使用气压体现轮胎的承载能力。轮胎规格大，使用气压高，则承载能力强。但大规格的轮胎会增加使用成本，高的使用气压会降低汽车的附着能力和缓冲性能。因此，选择轮胎时，在满足轴荷要求的前提下，轮胎规格应小型化、轻量化；在满足承载要求的情况下，轮胎使用气压宜低不宜高。

6. 轮胎的速度特性

所有轮胎都有适应速度范围，选择轮胎时应注意尽量选择速度特性好的轮胎。子午线轮胎、无内胎轮胎和扁平化轮胎由于具有发热少、散热快等特点，在速度特性方面有优势，是理想的选择对象。但高速度级别轮胎价格昂贵，且用于低速车辆上也无明显好处，因此轮胎速度能力选择应与设计车速相适应。

7. 轮胎的均匀特性

轮胎的均匀特性集中显示轮胎尺寸、材质和结构的规范程度，综合体现轮胎的制造水平。均匀性不好的轮胎，装车后操纵稳定性差，影响高速行驶的安全性和舒适性。

（二）轮胎的使用

合理使用轮胎的目的是降低轮胎的磨损速度，防止出现早期不正常损坏，以延长轮胎的使用寿命，从而保证行车安全和节约费用。

轮胎的合理使用主要包括保持气压正常、防止轮胎超载、掌握行车速度、控制轮胎温度、合理搭配轮胎、精心驾驶车辆、加强轮胎维护、保持车况完好、正确装运与保管等。

1. 保持气压正常

轮胎的充气压力直接影响轮胎的使用寿命和汽车行驶的安全性。

气压低于规定值时，胎体变形会增大，胎侧容易出现裂口，同时产生挠曲运动，导致过度生热，促使橡胶老化，帘布层也会因疲劳而易折断。当遇障碍而受到冲击时，极易爆破。气压过低还会使轮胎接地面积增大，从而加速胎肩磨损。气压过低时，轮胎的滚动阻力也会加大，增加燃油消耗。试验表明，当汽车前轮的一条轮胎较规定气压值低 49 kPa 时，燃油消耗会增加 1.5%；当汽车一侧两个轮胎较规定气压值低 49 kPa 时，燃油消耗就增加 2.5%；当汽车各轮胎的气压均较规定气压值低 49 kPa 时，则燃油消耗增加 5%；当汽车轮胎的气压低于规定气压值 20%～25%时，燃油消耗增加 10%，且轮胎寿命缩短 15%。

气压高于规定值时，轮胎接地面积减少，进而加速胎冠中部磨损，并使胎冠耐轧性能下降。气压过高还会使轮胎帘线受到过度的伸张变形，胎体弹性下降，使汽车在行驶中受到的负荷增大，如遇冲击可能会产生内裂和爆破。

因此，轮胎气压过低或过高都将加速轮胎的损坏，轮胎使用中应保持正常的气压。正常的轮胎气压与其使用条件有关，使用中应根据轮胎所受的负荷、轮胎的安装位置和轮胎的类型来确定正常的气压。

轮胎制造厂在设计各种规格的轮胎时，都规定了其最大负荷和相应的充气压力，国家标准中对气压与负荷的对应关系也有明确规定。因此，除非汽车使用说明书另有规定，否则必须按轮胎标准气压充气。

轮胎标准气压经常出现的位置在油箱盖内侧或者 B 柱（图 4-14 和图 4-15）。

保持轮胎气压正常，除按相关规定充气外，还要在使用过程中经常检查，因为轮胎气压在使用过程中都会有一定程度的下降，一般每周下降 10～30 kPa。

图 4-14　油箱盖内侧的轮胎标准气压

图 4-15　在 B 柱的轮胎标准气压

轮胎气压的检查用轮胎气压表进行。常用的手提式轮胎气压表如图 4-16 所示。注意，轮胎气压的检查应在汽车行驶之前而不能在汽车行驶之后。因为汽车行驶过程中，随着轮胎工作温度的升高，轮胎气压将增大，致使检查结果不准确。

图 4-16　手提式轮胎气压表

检查轮胎气压时，若有不足，应及时充气。充气时需注意以下事项。

（1）热胎不能马上充气，需散热后再充气。因为热胎的空气温度很高，胎内热量均匀，如果往胎内充气，会使轮胎因某个部位温度降低太快而影响材料的力学性能。充入的空气要清洁，不能含有水分或油液，以免腐蚀橡胶。

（2）子午线轮胎由于结构的原因，其接地面积较大，在充气时往往被误认为充气不足而过多地充气，故需应用标准气压表加以测定。

（3）充气时不应超过规定值过多而后再行放气，因为气压过高会引起帘线过分伸张，使其强度降低，影响轮胎的寿命。

2. 防止轮胎超载

每条轮胎都有其最大载重量，在使用时要严格按照规定装载。轮胎一旦超载，其变形就会加大，帘线应力也相应地加大，容易造成帘线断裂、松散和帘布脱层，并增加胎肩的磨损。若受到冲击，还有可能引起爆胎。轮胎超载时的损坏和胎压过低时的损坏相似，只是超载时轮胎损坏更严重。轮胎的超载一般是由汽车超载或汽车装载不均衡造成的。

汽车超载不但会引起轮胎的早期损坏，还会使汽车的整体使用寿命缩短，因此应严格禁止汽车超载。

汽车装载不平衡时，一般只会引起汽车上的个别轮胎超载。若装载货物的重心靠前，易造成前轮轮胎超载，导致前轮轮胎磨损加剧，同时还会使转向盘操作困难，影响行车的安全；若装载货物的重心靠后，易造成后轮轮胎超载，导致后轮轮胎磨损加剧，同时由于前轮负荷较小，也易使转向盘失去控制，造成行车事故；若装载货物的重心偏向一侧，则易造成这一侧的轮胎超载。为保证汽车装载均衡，要使用正确的装载方法，并将货物固定牢固，避免在汽车运行过程中发生移位。

3. 掌握行车速度

随着汽车行驶速度的提高，轮胎在单位时间内与地面的接触次数也相应增多，轮胎的变形频率、胎体周向和侧向的扭曲变形及胎体的振动也随之加大。变形产生的热量使轮胎的工作温度和气压迅速升高，橡胶老化加速、帘线层的耐疲劳强度降低。同时，随着车速的提高，胎体受力增加，易产生帘布层断裂和胎面剥落现象，严重时会造成轮胎爆破。因此，控制车速是非常必要的。

4. 控制轮胎温度

轮胎的工作温度对其使用寿命有很大的影响。胎温升高会导致橡胶老化加速、物理性能降低及产生龟裂，同时还会发生胎体帘布脱层等现象。

胎温升高主要是由轮胎在滚动过程中产生反复变形，摩擦生热不能快速散发而积聚所致。在炎热的夏季，由于外界气温较高、轮胎热量散发困难，从而导致胎温迅速上升。因此，夏季行驶应增加停歇的次数，如轮胎发热时，应停车休息散热。

另外，行车速度快、载荷大、运距长和道路条件恶劣等原因，也会引发胎温上升。

5. 合理搭配轮胎

不同的车型要求选用不同的轮胎。在同一辆车上应该选用规格、结构、层级和花纹等完全相同的轮胎。至少在同一轴上，必须装用规格、结构、层级和花纹完全相同的轮胎。否则，轮胎间工作不协调、相互影响，会加速轮胎磨损，缩短使用寿命。

当轮胎磨损到一定程度需要换用新胎时，最好是整车更换或同轴更换。如果条件不允许，可将新胎或质量较好的轮胎装在转向轮上，把旧胎或翻新胎装在其他轮上，以保证行车安全。

一般禁止将子午线轮胎与斜交轮胎混装在同一辆汽车上，至少不能混装在同一轴上。花纹有方向的轮胎必须按照规定的滚动方向安装。例如，人字花纹要安装成人字尖在滚动时先着地的形式，这样可使花纹嵌入地面的能力强，与地面的附着力大、排泥性好，更好地发挥汽车的通过性和牵引性。

气门嘴应对准外胎上的平衡标记，并且安装双胎的气门嘴要互成 180°，并使它们朝向外侧。这样不仅能保证轮胎转动平衡，同时也便于轮胎充气和检查。

轮胎还应按规定的型号规格与轮辋配套。不同型号规格的轮辋，即使直径相同，其轮辋宽度和突缘高度也往往不同。窄胎装宽轮辋或宽胎装窄轮辋，都会造成轮胎的早期损坏。

6. 精心驾驶车辆

精心驾驶车辆包括合理运用驾驶技术和选择良好道路行驶，这对轮胎寿命有很大的影响。在驾驶技术方面，为减少轮胎磨损，应掌握起步平稳、加速均匀、中速行驶、直线前进、减速转向和少用制动等操作要领。

7. 加强轮胎维护

轮胎的维护应结合汽车的维护一并进行。轮胎的维护分级分为日常维护、一级维护和二级维护，其维护周期也与汽车规定的维护周期相同。

轮胎的日常维护包括出车前、行车中和收车后的检视。出车前的检视主要是检查轮胎气压是否符合规定，气门嘴是否漏气，气门帽是否齐全，轮胎螺母是否紧固，翼子板、挡泥板等有无碰擦轮胎现象，千斤顶和轮胎螺母套筒扳手等随车工具是否齐全；行车中的检视主要是利用途中停车、装卸等机会检查轮胎气压和温度是否正常，轮胎螺母有无松动，翼子板、挡泥板等有无碰擦轮胎现象，轮胎花纹中是否夹石，胎面和胎侧有无不正常的磨损和损伤；收车后的检视主要是检查轮胎有无漏气现象，轮胎花纹中是否夹石，轮胎螺母有无松动，车辆技术状况有无造成轮胎的不正常磨损，以及停车场是否干净，有无油污、冰雪等。

轮胎的一级维护作业包括：紧固轮胎螺母；检查气门嘴是否漏气，气门帽是否齐全；挖出夹石和花纹中的石子、杂物；检查轮胎磨损情况，如有不正常磨损、变形等现象，应查明原因并予以排除；检查轮胎搭配和轮辋、挡圈等是否正常；检查轮胎气压，并按汽车规定补足气压；检查轮胎有无与其他机件碰刮现象，如有，应予以排除。另外，如轮胎单边磨损严重，应进行一次轮胎换位。

轮胎的二级维护作业除执行一级维护的作业外，还应包括：拆卸轮胎，按轮胎标准测量胎面花纹磨耗、周长及断面宽的变化；对轮胎进行解体检查，如发现故障，应予以排除；对解体轮胎进行装合、充气；对轮胎进行动平衡；对轮胎进行换位。

轮胎换位是对受负荷、驱动形式和道路条件的影响而使磨损部位和磨损程度不同的汽车各轮胎进行的位置调换，目的是避免同一条轮胎上的偏磨现象，使全车轮胎磨损均匀，进而延长轮胎的使用寿命。

轮胎换位的方法有循环换位法、交叉换位法和单边换位法等（图 4-17）。循环换位法，其特点是经过一次轮胎位置更换，不能使所有轮胎从汽车一侧完全换到另一侧；交叉换位法，其特点是经过一次轮胎位置更换，就能使所有轮胎从汽车的一侧完全换到另一侧；单边换位法，其特点是轮胎的位置更换只在汽车的同侧进行。

轮胎换位过程中应注意以下事项。

（1）轮胎能够进行换位的条件是全车轮胎具有相同的规格、结构和花纹。

（2）可根据具体情况选择换位方法。但一经选定，就应该坚持进行，中途不宜改变，这样才能收到较好的效果。

（3）换位一般在二级维护中进行，但如果发现有明显的偏磨，可提前进行。

（4）轮胎换位过程中，对花纹有方向性的轮胎不能改变旋转方向。

（5）轮胎换位过程中，子午线轮胎的旋转方向始终不变。

（6）轮胎换位后，应按所换位置的规定重新调整轮胎气压。

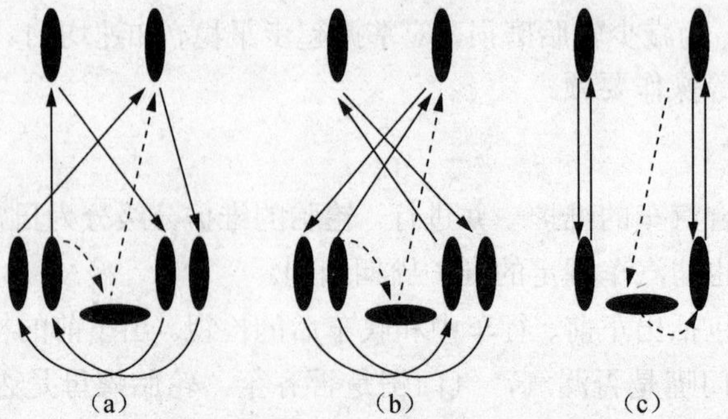

图 4–17　轮胎换位

（a）循环换位法；（b）交叉换位法；（c）单边换位法

8. 保持车况完好

保持车况完好，尤其是保持底盘机件的技术状况良好，是防止轮胎早期损坏的有效措施。其中，前轮前束和外倾角的大小是否合适，轮毂轴承的间隙调整是否适当，车轮是否平衡，钢板弹簧的挠度是否一致，车轮总成的横向摆动量和径向跳动量是否符合要求，轮毂油封和液压制动轮缸是否漏油，行车制动器调整是否良好等车辆技术状况参数，对轮胎寿命影响较大，在汽车维护作业中要特别注意。

9. 正确装运与保管

轮胎装运时，要注意防晒、防淋和防腐蚀等。长途运输需竖立放置，内胎如无包装，需适量充气后放在外胎内。

轮胎保管时，库房应清洁干燥，温度和湿度要适宜，避免阳光直射。外胎或成套轮胎应立放，严禁平置或堆叠。内胎如需单独存放，应适量充气，悬挂在托架上，不得折叠堆置。

三、轮胎修补

轮胎修补是将使用过程中外观局部损坏的轮胎进行修复，使之恢复使用性能的操作。轮胎在使用过程中，难免出现小的损伤，尤其在路面条件较差的地区，胎面经砂石、尖物刺扎产生小洞后，要及时进行修补。

“小洞不补，大洞吃苦”颇有指导意义。轮胎在行驶中不断挠曲变形、压缩伸张，小洞如不及时修补，洞口就会扩大，泥沙水分渗透胎体，会造成帘线层脱空腐烂，使轮胎早期爆破或报废。尤其是钢丝帘线的子午线轮胎，更容易因此引起帘线生锈，强力降低，造成早期损坏。因此，及时做好轮胎的小洞修补是延长使用寿命的重要措施。

轮胎修补应根据其损坏的情况选择修补方法。修补方法通常有以下几种。

（一）冷补法

修补外胎小洞用硫化制成的菌形塞，塞的大小和洞的大小相近。修补时，清洁并锉粗小洞，涂抹冷补胶浆后，从胎内向外，把菌形塞用橡胶菌塞专用工具引进小洞即可。修补内胎需用冷补胶浆，在锉粗表面后，涂胶晾干后贴合加压。

（二）热补法

火补胶片用生胶料制成，贴在铁皮盒的一面，另一面则是燃料。修补时，须用火补夹具把胶片夹在经锉过的漏气部位表面，点燃胶片铁皮盖里的燃料，燃烧后经 10～15 min 冷却，胶片即硫化在内胎上。

（三）电热硫化烘补法

电热硫化烘补法可直接在车上烘补胎面上的洞眼。方法是清洁洞眼，涂上胶浆，再堵生胶料，填满压实，用小型电热炉加温硫化，经 15～20 min 后断电冷却。此法也可修补内胎。

（四）外塞胶修补法

外塞胶修补法如图 4-18 所示。首先用锉刀把刺穿的伤口打毛，再把修补胶涂在伤口和修补胶块上，而后把修补胶块塞入伤口，先往里塞，然后轻轻地往外拉，最后割平露在胎外的部分修补胶。

图 4-18 将修补胶块塞入轮胎伤口

任务三 汽车轮胎新技术

一、轮胎气压自动监测系统

汽车轮胎气压监测系统（Tire Pressure Monitoring System，TPMS）主要用于汽车行驶过程中对轮胎气压进行实时监测及对轮胎漏气和低压进行报警，以保障汽车行驶安全。汽车轮胎气压监测系统也就是直接式胎压监测装置。

当胎压过高时，会减小轮胎与地面的接触面积，而此时轮胎所承受的压力相对提高，轮胎的抓地力会受到影响。另外，当车辆经过沟坎或颠簸路面时，轮胎内因为没有足够空间吸收振动，除了会影响行驶的稳定性和乘坐舒适性外，还会加大对悬架系统的冲击力度，由此也会带来危害。因此，合适的胎内气压不仅有助于行车的舒适性，更是对安全行车的极大保障。通常轮胎气压不足对轮胎的损害并不会突然造成严重伤害，但是轮胎一点点地漏气不会被驾驶员注意。轮胎气压监测系统主要有直接式胎压监测装置（TPMS）和间接式胎压监测装置（Deflation Detection System，DDS）两种，其分别使用不同的方法来监测轮胎是否跑气。

（一）直接式胎压监测装置

直接式胎压监测装置利用安装在每一个轮胎里的压力传感器来直接测量轮胎的气压，然后利用无线发射器将压力信息从轮胎内部发送到中央接收器模块上的系统，以对各轮胎气压数据进行显示，如图 4-19 所示。

图 4-19 直接式胎压监测装置

当轮胎气压太低或漏气时，系统会自动报警。直接式胎压监测装置的好处是在每一个车轮上都安装有压力传感器和传输器，任何一个轮胎胎压低于驾驶员手册上推荐的冷胎胎压25%时，便会警示驾驶员。其警示信号比较精确，而且如果轮胎被刺破而使胎压快速降低，直接式胎压监测装置能立即提供警示。

另外，即便是车胎缓慢地漏气，直接式胎压监测装置也能透过行车计算机感知到，直接让驾驶员从驾驶座上检视目前四只轮胎的胎压数字，从而实时了解四只轮胎的真实气压状况。

（二）间接式胎压监测装置

间接式胎压监测装置（DDS）是造价较低的间接压力监测装置，如图 4-20 所示，当轮胎压力减小到一定程度时就会发出报警信号。间接式胎压监测装置与智能报警系统综合在一起，精确地区分轮胎压力的波动，可根据不同的压力减少而发出不同级别的报警信号。

图 4-20 间接式胎压监测装置

间接式胎压监测装置并不具有自身的传感器，而是根据车轮转速传感器给出的数据进行判断。任何轮胎气压亏损都会导致轮胎半径发生改变，结果就会通过精确的车轮转速信号反映出来。当某个轮胎的气压降低时，车辆的质量会使该轮的滚动半径变小，导致其转速比其他车轮快，这样就可以通过比较轮胎之间的转速差达到监视胎压的目的。间接式胎压监测装置实际上是依靠计算轮胎滚动半径来对气压进行监测的。

间接式胎压监测装置成本要比直接式胎压监测装置成本低得多，它实际上是利用汽车制动防抱死系统（Antilock Brake System，ABS）上的速度传感器来比较四只轮胎的转动次数，如果其中一只轮胎胎压较低，这只轮胎的转动次数会和其他轮胎不同。如此，采用 ABS 同样的传感器和感测信号，只要车内计算机在软件上做调整，便可以在行车计算机上建立新功能，警告驾驶人一只轮胎和其他三只相比胎压较低的信息。

间接式胎压监测装置有其局限性，一般会出现两个问题：一是绝大多数采用间接式胎压监测装置的车型都不能具体指示出是哪一只轮胎胎压不足；二是如果四只轮胎的胎压同时下降，那么这种装置也就失效了，这种情况一般在冬天气温下降时尤其明显。另外，当车辆行驶过弯路时，外侧轮转动次数会大于内侧轮转动次数；或者轮胎在沙地或冰雪路面打滑时，特定轮胎旋转数会特别高。因此，这种计算胎压的监测方法有很多局限性。

二、防爆轮胎

防爆轮胎学名为泄气保用轮胎（Run Stability Control，RSC），如图 4-21 所示。充气后的轮胎胎壁是支撑车辆质量的主要部位，特别是一些扁平比（轮胎高度与宽度的比）较大的轮胎，胎壁非常肥厚。爆胎严重时通常会导致胎壁瞬间崩坏，从而使轮胎瞬间失去支撑力，导致车辆重心立刻发生变化。特别是前轮驱动车的前轮爆胎，爆胎后瞬间的重心转移很可能会令车辆失控。如果驾驶者没有车辆爆胎的驾驶经验，可能会做出错误的驾驶动作，如紧急制动等，这将导致车辆严重失控。

图 4-21　防爆轮胎

爆胎是非常严重的安全事故，特别是在高速公路上爆胎。据统计，国内高速公路上 70% 的意外交通事故是由爆胎引起的，而速度在 160 km/h 以上发生爆胎的死亡率接近 100%。

防爆轮胎为汽车的安全性和舒适性带来了巨大的进步，即使在轮胎压力完全为零的情况下，防爆轮胎仍能够使驾驶者以中等车速继续驾驶车辆，一般情况下爆胎后，防爆轮胎能继续支持车辆行驶 250 km，实际中如果遇到较大的破损（被大面积尖锐物刺穿）或路面状况恶劣，行驶里程可能缩短为几十千米，驾驶者可以将车辆驾驶到不太远的维修中心，然后由维修车间的技师以更为稳妥的方式对轮胎进行更换，从而避免因轮胎漏气而不得不在一些有潜在事故风险的地点停车。

现阶段防爆轮胎的价格依然比普通轮胎高许多，且其不动用专业的换胎工具是没法更换的，但无论如何，防爆轮胎仍然是未来汽车轮胎发展的重要方向之一，因为它带来的安全性和方便性是人们所需要的。随着技术的进步，防爆轮胎的成本最终也将会走到一个合理的阶段。

三、防扎胎

防扎胎技术的原理是使用自动数控喷胶设备将高分子纳米记忆合成材料（Momory Polymer Nano Composite Materials，MPN 胶料）均匀地喷涂在轮胎内壁，形成一层 3～5 mm 的轮胎保护涂层，当直径在 6 mm 以下的尖锐物体刺入轮胎时会迅速被 MPN 胶料涂层紧密包裹而不会漏气。当尖锐物体被拔出时，穿孔被 MPN 胶料涂层瞬间填充和密封好，有效地解决了真空胎被刺扎或者砂眼造成的泄气和慢漏现象。同样，MPN 胶料涂层能承受胎面长达 10 cm 的创口而不漏气。以每辆车四只轮胎为例，做一次轮胎防扎处理所需要的时间为 1.5～2 h。MPN 胶料是一种成半固态胶状的树脂，具有高韧性、高聚合度、高剥离强度和可记忆自修复等特性，软化点温度为 110 ℃，低温弯曲无裂纹，在-40～110 ℃温度内也可以保持性能不变。防扎胎演示如图 4-22 所示。

图 4-22　防扎胎演示

习　题

1. 轮胎的作用有哪些？
2. 按照充气压力、轮胎花纹和胎体帘线排列方向，轮胎是如何分类的？
3. 简述斜交轮胎与子午线轮胎的结构和各自的特点。
4. 简述指定轮胎的规格和表达方法。
5. 简述轮胎胎面磨损、胎侧损伤和胎体损伤的种类。
6. 轮胎的选择重点参考哪些内容？
7. 轮胎的合理使用主要有哪些注意事项？
8. 轮胎修补的方法主要有哪些？
9. 简述两种轮胎气压自动监测系统的工作过程。
10. 简述防爆轮胎的原理。

项目五　金属材料

学习目标

1. 掌握整体式车身对构件的要求及高强度钢的种类。
2. 掌握修理高强度钢板的注意事项。
3. 掌握常见的特殊钢板及应用。
4. 掌握铸铁的种类。
5. 掌握镁、铝材料的特点及使用范围。
6. 掌握铜合金、钛合金、轴承合金、锌合金及形状记忆合金的特点及使用范围。

任务一　钢铁材料

一、高强度钢板及使用

（一）高强度钢的基本常识

车身结构中有两种类型的钢板：热轧钢板和冷轧钢板。

热轧钢板是在 800 ℃以上的高温下轧制的，它的厚度一般为 1.6～8 mm，用于制造汽车上比较厚的零部件，如车身、横梁、车架、车身内部钢板、底盘零件和底盘大梁等。

冷轧钢板是由热轧钢板经过酸洗后冷轧变薄，并经过退火处理得到的（因为滚轧钢板内部结构变硬，要实施退火处理使其软化）。由于冷轧钢板是在较低的温度下轧制的，故其厚度精度高，一般厚度为 0.4～1.4 mm。冷轧钢板的表面质量好，具有良好的可压缩性和焊接性能。大多数整体式车身都采用冷轧钢板制作；悬架周围、车身底部容易腐蚀的地方，采用经过表面处理的冷轧钢板作为防锈钢板。

21 世纪以前的车身修理中遇到的钢板大多数都是由低碳钢制成的。低碳钢的含碳量低，比较软，所以便于加工，可以很安全地进行焊接、热收缩和冷加工等操作，其强度不会受到严重影响。由于低碳钢容易变形，因此要用较厚的板件才能达到足够的强度，导致汽车质量增加。

现在为了达到环保的要求，减轻汽车的质量，减少汽车的排放，高强度钢替代传统的低碳钢正越来越多地应用于整体式车身。汽车制造中采用大量的高强度钢来制造汽车上需要承受载荷的零部件（结构件），但从维修的角度考虑，车身的外覆盖件一般还会采用低碳钢来制造。

高强度钢泛指强度高于低碳钢的各种类型的钢材，一般强度为 200 N/mm²以上。新设计的整体式车身通常比车架式车身小，车身的前部要求能够承受比过去大得多的载荷，并能够更好地吸收碰撞能量。高强度钢正好可以解决这两方面的问题。

目前，整体式车身对构件的要求有以下几点。

（1）要有足够的强度。例如，挡泥板，其不仅具有挡泥的作用，同时还要能够承受悬架的一部分载荷，并支撑横向安装的发动机、蓄电池、点火装置和减振器。

（2）要求质量轻，以减少燃料消耗。

（3）要有很好的塑性。

高强度钢可以设计成抗弯截面，能吸收碰撞能量并减少传递到驾乘室内的损害。为了达到这些要求，许多汽车制造厂都采用强度高、质量轻的高强度钢来制造现代车身大部分的板件。然而，高强度钢所具有的强度高和质量轻的特点给修理带来了一些难题。高强度钢受到碰撞时不容易变形，但是一旦变形后，其比低碳钢更难修复到原来的形状。在常规钢板的修理过程中，可以采用加热的方法来释放应力或焊接新的零部件。使用高强度钢以后，加热需要受到严格控制，或者根本不能加热，否则会造成板件内部结构的损害。

（二）高强度钢的种类

1. 高强度、低合金钢

高强度、低合金钢又称回磷钢，通过在低碳钢中加入磷来提高钢的强度。其具有和低碳钢相类似的加工特性，又为汽车的外部面板和车身提供了更高的抗拉强度。在美国生产的许多车上都有高强度、低合金钢，如前后梁、车门槛板、保险杠面板、保险杠加强筋和车门立柱等。由于其强度主要取决于添加的化学元素，所以将钢材在 600 ℃或更高的温度下加热几分钟以后，专门加入的硬化元素在受热部位将被其他元素吸收，导致强度降低。

为了避免汽车在受到正常的行驶载荷或碰撞力作用时，结构性能明显降低，修理时加热温度不可超过制造厂的规定值。一般加热温度不可超过 480 ℃，加热时间不可超过 3 min。高强度、低合金钢适合采用气体保护焊或电阻点焊，不允许采用氧乙炔焊和电弧焊。

2. 高抗拉强度钢

高抗拉强度钢增加了硅、锰和碳的含量，使抗拉强度得到提高。一般用这种钢来制造与悬架装置有关的构件和车身等。

沉淀淬硬钢是一种高抗拉强度钢，它通过形成碳氮化铌沉淀物来提高钢材的强度。这是 20 世纪 70 年代初期发展起来的一种高抗拉强度钢，具有优异的加工和冲压性能。这种钢主要用于车门边护板、保险杠加强筋等。

大多数从日本进口的汽车上都装有高抗拉强度钢制成的车身构件。常规的加热和焊接方法不会明显降低这种钢的强度，其屈服强度可达 350 MPa，抗拉强度可超过 450 MPa。

在汽车受到碰撞而产生变形时，其应力将增加。如果对受到碰撞的部位适当加热，促使其恢复原来的变形，可减小因碰撞而产生的应力，因此强度又恢复到了原来的水平。如果碰撞所产生的应力超过了材料的抗拉强度，钢材将会破裂。一般的焊接方法（包括氧乙炔焊）都可用于修理这类构件。

在进行氧乙炔焊时，必须引起特别注意，用氧乙炔焊加热部位的周围必须使用温度显示的方法，将其温度限制在 600 ℃以内。车门护梁和保险杠加强筋都不适宜校正，而应更换。对于车门护梁的轻微损坏，只要其不影响门的对准或门的功能，可以忽略不计；如果已经凹陷或产生其他变形，应加以更换。

在进行新板件焊接时，用惰性气体保护焊焊接焊丝，焊丝应具有和高抗拉强度钢相同的强度；或者使用电阻点焊来焊接各种高强度钢。

3. 超高强度钢

在现代车身上应用的超高强度钢主要有高塑性钢、双相钢、多相钢、硼钢和铁素体-贝氏体钢等。汽车上所有的车门、车顶护梁和一些保险杠加强筋都是由各种超高强度钢制成的。

获得超高强度钢主要有两种方式。

第一种是对普通碳钢进行热处理，其抗拉强度几乎可达到普通低碳钢的 10 倍，分为以下三种。

（1）单相钢：这种钢只有一种显微组织（如马氏体结构），马氏体钢是最著名的超高强度钢。

（2）双相钢：将钢材在一个连续的热处理传送带或带钢热轧机上淬火而得到。这种钢具有两相显微组织（淬硬的马氏体结构和铁素体结构），可成形性好，其抗拉强度大于 800 MPa。这种钢材主要应用于前纵梁吸能区部件。

（3）多相钢：这种钢具有多相的显微组织（铁素体、马氏体、贝氏体和奥氏体结构）。

第二种是向普通碳钢中添加合金元素（如硼元素和碳元素等）并同时进行热处理。硼钢是最常用的一种，其抗拉强度能达到 1 300～1 400 MPa。例如，沃尔沃 XC90 型车的中柱就是用硼钢来制造的（图 5-1），用来防止侧面碰撞时对车内乘客造成伤害。

图 5-1 沃尔沃 XC90 硼钢中柱

超高强度钢不同寻常的高强度是由在加工过程中产生的特殊细化的晶粒形成的。修理中的重新加热将会破坏这种独特的结构，而使钢的强度降低到一般低碳钢的水平。此外，这些钢材非常坚硬，一般修理厂的设备无法在常温下对其进行校正。因此，受损坏的超高强度钢零部件不可修复，必须更换。安装新的零部件时，应采用气体保护焊的塞焊方式或大功率电阻点焊机来进行有效的焊接，不应使用其他产生大量热量的焊接方式。

由于低碳钢的强度低，因此为了获得足够的强度和刚性，需要增加零部件的几何尺寸，从而加大了车身的质量。现在大量应用高强度钢和超高强度钢，既使车身变轻，同时又具有很大的刚性和强度。21 世纪之前的车身和现在的车身在材料上有很大的不同，使用的材料不同使板件的性能有了很大的变化，因此修理方法也相应有了很大的改变。

（三）车身钢铁材料的热处理

1. 加热对钢铁性能的影响

（1）加热对低碳钢性能的影响。对低碳钢进行加热时，随着钢板温度的增高，其强度和刚度下降，停止加热后，温度下降到常温，其强度又恢复到原来的程度。

因此，对于低碳钢钢板的修理来说，加热操作后不会降低钢板原有的强度。用常规的氧乙炔焊和电弧焊进行焊接，或对低碳钢钢板进行短时间的加热方式的修理，都是允许的。

（2）加热对高强度钢性能的影响。对高强度钢进行加热时，随着温度的升高，高强度钢内部的金属晶粒会发生改变，由原来比较小的晶粒互相融合、吸收而变成大晶粒，金属晶粒之间的作用力会随着晶粒的变大而减小，表现出来的强度会减小。当加热后的高强度钢恢复到常温后，其内部的晶粒不能自己恢复到原来小晶粒的状态。因此，高强度钢经过加热再冷却后，强度会下降。

被加热过的高强度钢部件的表面外观及结构形状没有大的变化，这就容易引起修理人员的误解，认为加热并没有损坏板件，其实板件的内部结构已经被破坏了。这种变化对车身的危害是巨大的，车身的承重板件由于强度下降，一段时间后会产生变形，相关的机械部件，如发动机、悬架和转向系统的安装点会变化，导致振动增加、跑偏、轮胎偏磨和转向齿轮齿条过度磨损等问题。特别是在发生事故时，这些板件无法达到设计中的作用效果，如吸收碰撞能量等，从而会发生更大的变形，导致更大的损害。

2. 钢铁热处理的种类

钢铁的热处理是通过调整加热温度和冷却速率来控制的，而热处理的结果依金属的含碳量和合金的种类而有所不同。钢铁的热处理通常可分为四类：正火处理、淬火处理、回火处理和退火处理。

（1）正火处理用来强化内部结构。正火处理是将钢铁加热到 850 ℃后，以空气来冷却的一种热处理过程。当钢铁经过机械加工产生塑性变形后，其内部结构将变得散乱，从而造成强度不均，此时可用正火处理来整顿其内部结构，改善机械性能。

（2）淬火处理用来增加硬度。淬火处理是将含碳量 0.4%的钢铁加热至 850 ℃后，急速冷却的一种热处理过程。淬火虽然增加硬度，但同时也增加脆性。

（3）回火处理用来增加韧性。回火处理是将淬火处理过的材料，再次加热到 200 ℃，然后冷却的一种热处理过程。回火处理可使材料的内部组织稳定，以增加韧性。

（4）退火处理用来增加柔软性。退火处理是将材料加热后，慢慢冷却的一种热处理过程。加热的温度根据需求而有所不同。退火处理根据加热温度和冷却方式的不同会获得以下不同的结果。

① 消除应力（150～600 ℃），可消除材料在机械加工期间所产生的内应力。

② 柔软化（600～700 ℃），在各种管类或线类钢材制造期间可改善材料的切削加工性，

使其便于切削。

③ 结构调整（800 ℃以上），整顿材料的内部结构。

为了符合零件的特性要求，汽车制造厂所供应的零件已经适当地进行了热处理。在车身校正期间，如果用氧乙炔来加热受损的车架，可以很容易修正其形状，然而其内部结构会因受热而受损。因此，在修理高强度钢板时，要尽量避免对其进行加热。

在整体式车身的修理中，不能应用氧乙炔焊、电弧焊等在焊接中产生大量热量的焊接方式，而是大量应用惰性气体保护焊和电阻点焊等产生热量少的焊接方式。

在修理中对钢板进行加热的目的是消除钢板内部的应力，而不是过度加热来软化钢板以方便修理。消除应力的加热一般不能超过 200 ℃，在加热时要采用热敏材料来控制加热的温度。

二、特殊钢板及应用

（一）防锈钢板

防锈钢板的表面有一层镀层，镀层的形式有镀锌、镀铝和镀锡。在这三种镀层中，镀锌和镀铝比钢板容易腐蚀，而镀锡的防腐蚀能力比钢板好。镀锌钢板对碱性环境的防腐蚀性能要好于酸性环境，一般用于车身钢板；而镀铝钢板对酸性环境的防腐蚀性能要好于碱性环境，一般用于排气管护板；镀锡钢板则用于燃油箱。

1. 镀层钢板的防腐蚀原理

当两种不同的金属以电线连接，仅会有一种金属有离子化现象，容易离子化的金属在空气中也容易腐蚀、锈蚀。

氧化作用：金属与氧结合而被氧化，金属释放电子而离子化。

还原作用：氧化的金属释放氧气，离子化的金属吸收电子而回到原始状态。

由于铝和锌的电位比铁低，所以在与氧气接触时首先发生氧化，从而保护了基体钢材。对防锈钢板的修理要注意尽量保护镀层的完整，在进行打磨、钣金处理或焊接等可能会破坏镀层的修理过程中，要尽量少地破坏镀层并及时恢复镀层，否则镀层被破坏的钢板很快会被腐蚀。

2. 镀锌钢板

在车身中应用最广泛的是镀锌钢板。由于钢板的表面有锌，空气不能直接和钢板接触，当锈蚀情况出现时，锌所具有的特性为先于钢板生锈，让锌层先腐蚀来防止钢板生锈。锌只在表面上形成薄薄的涂层程度的锈，不会再延伸到内部。

涂完锌涂层的钢板不容易进行涂装。现在修补用的涂料一般都是可以在防锈钢板上喷漆的，但是在防锈钢板上重新进行涂装的时候，须注意防止涂装后出现问题。

镀锌钢板有以下几种。

（1）电镀锌钢板。虽然表面均匀，涂装性、焊接性好，但是镀层薄，防锈性差。

（2）熔解镀锌钢板。镀层厚、防锈性好，但是焊接性和涂装性差。

（3）镍锌合金电镀钢板。通过电镀锌和镍的合金，力求达到涂装性、加工性和防锈性结为一体的效果。

（4）合金化熔解镀锌钢板。将熔解镀锌钢板加热到 450～600 ℃，对镀层膜进行与铁的合金化处理。这样处理后，有利于提高焊接性、涂装性和防锈性。

车身用的镀锌钢板有单面镀锌钢板和双面镀锌钢板两种（图 5-2），单面镀锌钢板一般用于不经常接触腐蚀性物质的部件，如车身上部的板件；双面镀锌钢板一般用于车身的下部板件，如车地板、挡泥板和发动机罩等部位，这些部位经常接触腐蚀性物质，需要重点防护。

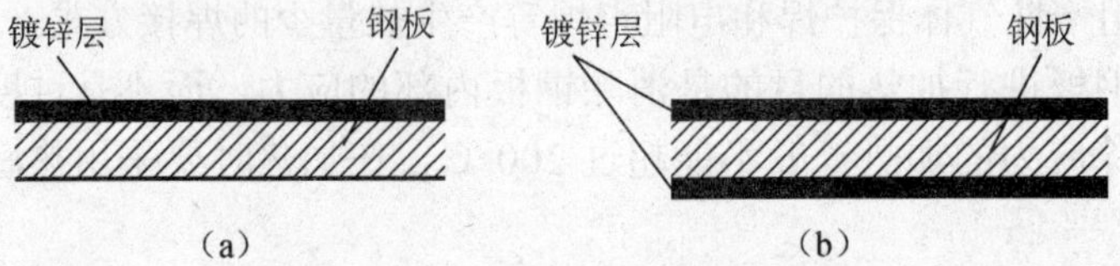

图 5-2　单面镀锌钢板和双面镀锌钢板

（a）单面镀锌钢板；（b）双面镀锌钢板

（二）不锈钢板

不锈钢板是一种铬、镍合金碳钢，含铬量大约 12%，主要用于一些豪华车车身的外装饰部件。

（三）夹层制振钢板

夹层制振钢板在其表面或中间覆有塑胶，以前应用的钢板的覆盖塑胶膜较薄，而现在应用的覆盖塑胶膜较厚，吸收振动的效果更好一些。夹层制振钢板用于下隔板或后舱隔板。

三、铸铁

铸铁是含碳量大于 2.11%（一般为 2.5%～4.0%）的铁碳合金。它是以铁、碳、硅为主要组成元素，并比碳钢含有更多的锰、硫、磷等杂质的多元合金。

铸铁在汽车制造业应用很广，据统计，汽车的铸铁用量占整车金属质量的 50%以上。汽车发动机的气缸体、气缸盖、活塞环，以及变速器的外壳、后桥壳等零件大部分由铸铁制造。铸铁之所以能得到广泛应用，是因为其生产工艺简单、成本低，同时具有良好的铸造性能、切削加工性能、耐磨性和减振性。特别是由于采用了球化和变质处理，铸铁的力学性能有了很大提高，很多原来用碳素钢、合金钢制造的零件，目前已被铸铁制造的零件代替，从而使铸铁的应用更为广泛。图 5-3 所示为铸铁制造的驱动桥壳。

图 5-3　铸铁制造的驱动桥壳

铸铁中影响石墨化的元素主要是碳、硅、锰、硫和磷。其中，碳和硅是强烈促进石墨化的元素，铸铁中碳和硅的质量分数越高，石墨化程度就越充分。锰是阻碍石墨化的元素，但锰能和硫化合形成硫化锰，减弱硫对石墨化的不利影响。从某种意义上说，锰是间接促进石墨化的元素，所以铸铁中允许有适量的锰。硫是强烈阻碍石墨化的元素，还会降低铁水的流动性，引起铸铁热裂，所以铸铁中硫含量越低越好。磷是促进石墨化的元素，但作用不强烈，且磷的存在对铸铁的性能有不利影响，应严格控制其含量。

根据石墨化程度及试样断口色泽的不同，铸铁可分为白口铸铁、灰口铸铁和麻口铸铁。

白口铸铁中的碳全部或大部分以化合态渗碳体的形式存在，因其断口呈白亮色，故称白口铸铁。白口铸铁硬度高、脆性大，很难切削加工，故很少直接用来制造机械零件，主要用做炼钢原料及可锻铸铁的毛坯。有时也利用其硬而耐磨的特性铸造出表面有一定深度的白口层。中心为灰口铸铁的铸件，称为冷硬铸铁件。冷硬铸铁件应用于一些耐磨的零件。

灰口铸铁中的碳主要以石墨的形式存在，因其断口呈暗灰色而得名。灰口铸铁由于有一定的力学性能和良好的切削加工性能，因此是工业生产中应用最广泛的一种铸铁。

根据石墨形态不同，灰口铸铁又分为灰铸铁、可锻铸铁、球墨铸铁和蠕墨铸铁。

麻口铸铁中的碳一部分以石墨的形式存在，另一部分以渗碳体的形式存在，断口呈灰白相间的麻点。这类铸铁脆性大、硬度高，难以加工，工业上很少应用。

（一）灰铸铁

1. 灰铸铁的组织及性能

灰铸铁是由碳钢的基体加片状石墨组成的。按基体组织不同，灰铸铁分为铁素体灰铸铁、铁素体-珠光体灰铸铁和珠光体灰铸铁三类。

灰铸铁的性能取决于基体的组织和石墨的形态。由于石墨的强度极低，因此可以把灰铸铁看成布满裂纹和空洞的钢。石墨的存在不仅破坏了金属基体的连续性，而且减少了金属基体承受载荷的有效截面，使实际应力大大增加；另外在石墨尖角处易造成应力集中，使尖角处的应力远大于平均应力。因此，灰铸铁的抗拉强度、塑性和韧性远低于钢。石墨片的数量越多、尺寸越大、分布越不均匀，对其力学性能的影响就越大。但石墨的存在对灰铸铁的抗压强度影响不大，因为抗压强度主要取决于灰铸铁的基体组织，灰铸铁的抗压强度与钢相近，所以灰铸铁“抗压不抗拉”。

片状石墨虽然降低了灰铸铁的抗拉强度、塑性和韧性，但使灰铸铁具有一系列优良的性能，如良好的铸造性能等。

三种不同基体的灰铸铁中，铁素体灰铸铁的强度、硬度和耐磨性最低，但塑性较好；珠光体灰铸铁的强度、硬度、耐磨性较高，但塑性较差；铁素体-珠光体灰铸铁的性能介于两者之间。

2. 灰铸铁的热处理

灰铸铁的热处理只能改变基体的组织，而不能改变石墨的形状、大小、数量和分布情况。因此，灰铸铁的热处理一般只用于消除铸件内应力和白口组织，稳定尺寸，提高工件表面硬度和耐磨性。

（1）去应力退火。在热处理炉中，将铸件加热到 500～600 ℃，保温一段时间后，随炉缓冷至 150 ℃以下，出炉空冷，用于消除铸件在凝固过程中因冷却不均匀而产生的铸造应力，防止铸件在加工和使用过程中产生变形和裂纹。有时把铸件在露天场地放置数月甚至一年以上，使铸造应力得到松弛，这种方法称为自然时效。大型灰铸铁件常用此法来消除铸造应力。

（2）消除铸件白口组织的高温退火。铸件在冷却过程中，由于表层及薄壁处冷却速度较快，出现白口组织，使铸件硬度和脆性增加，造成切削加工困难并影响正常使用。消除白口的高温退火工艺：在热处理炉中，将铸件加热到 800～950 ℃，保温 1～3 h，然后随炉冷却到 400～500 ℃，出炉后空冷。

（3）表面淬火。用灰铸铁制造的机床导轨表面和内燃机气缸套内壁等摩擦工作表面，需要有较高的硬度和耐磨性，可以采用表面淬火的方法来提高表面硬度，延长使用寿命。常用的方法有火焰加热表面淬火、高（中）频感应加热表面淬火和接触电阻加热表面淬火。

（二）可锻铸铁

可锻铸铁俗称马铁或玛钢，是由白口铸铁经长时间的高温石墨化退火而获得的具有团絮状石墨组织的铸铁。因其塑性优于灰铸铁而得名，实际上可锻铸铁并不能进行锻造加工。

可锻铸铁的组织一般为铁素体基体加团絮状石墨或珠光体基体加团絮状石墨。铁素体基体的可锻铸铁因其断口呈黑色，故又称黑心可锻铸铁。

可锻铸铁因基体组织不同，其性能也不相同。铁素体可锻铸铁具有较高的塑性和韧性；而珠光体可锻铸铁具有较高的强度、硬度和耐磨性，但塑性和韧性低于铁素体可锻铸铁。由于可锻铸铁中的石墨呈团絮状，因此极大地减轻了对金属基体的割裂作用和应力集中，所以其强度比灰铸铁高很多，塑性和韧性也有较大的提高。

由于可锻铸铁既有较好的铸造性能，又有较高的强度和一定的塑性和韧性，因此主要用于制造形状复杂、强度和韧性要求较高的薄壁零件，如汽车的后桥壳、差速器壳、轮毂、制动踏板、供排水系统和煤气管道的管件接头和阀门壳体等。因为当铸件壁较厚、尺寸较大时，其心部的冷却速度不够快，铁水浇注时难以获得整个截面的白口组织，所以仅适用于薄壁和小型零件。

虽然可锻铸铁的力学性能比灰铸铁好，但其所用的原料是白口铸铁，成本较高，而且仅适用于薄壁和小型零件，所以随着球墨铸铁的发展，原来使用可锻铸铁制造的零件逐渐被球墨铸铁替代。

（三）球墨铸铁

球墨铸铁是在灰铸铁的铁水中加入球化剂（稀土镁合金）和孕育剂（硅铁），进行球化-孕育处理后得到的具有球状石墨的铸铁。

球墨铸铁的组织可看成碳钢的基体加球状石墨。按基体组织不同，常用的球墨铸铁有铁素体球墨铸铁、铁素体-珠光体球墨铸铁、珠光体球墨铸铁、马氏体球墨铸铁和贝氏体球墨铸铁等。

由于球墨铸铁中的石墨呈球状，对基体的割裂作用和引起的应力集中减至最小，因此基体的强度利用率高。在所有铸铁中，球墨铸铁的力学性能最高，与相应组织的铸钢相似，其冲击疲劳抗力高于中碳钢，屈强比是钢的两倍，但球墨铸铁的塑性和韧性均低于铸钢。

球墨铸铁的力学性能与基体组织和石墨的状态有关。石墨球越细小、越圆整、分布越均匀，则球墨铸铁的强度、塑性和韧性越好。铁素体基体具有较高的塑性和韧性；珠光体基体强度、硬度和耐磨性较高；马氏体基体硬度最高，但韧性最低；贝氏体基体具有良好的综合力学性能。

球墨铸铁具有近似于灰铸铁的优良的铸造性能、减摩性、切削加工性等。但球墨铸铁也有一些缺点，如化学成分要求严格，白口倾向大，凝固时收缩率大等，因而对熔炼、铸造工艺要求高，生产成本高。

由于球状石墨对基体割裂作用不大，因此球墨铸铁可通过热处理进行强化。常用的热处理方法有退火处理、正火处理、调质处理、等温淬火处理等，也可以进行表面淬火处理、渗氮处理等，其工艺过程可参考有关热处理资料。

曲轴是球墨铸铁在汽车上应用最成功的典型零件，如图 5-4 所示。汽车上的曲轴、驱动桥壳体、发动机和齿轮等重要零件也常采用球墨铸铁制造。汽车工业是球墨铸铁的主要用途，在发达的工业化国家，球墨铸铁件产量中有 20%～40%用于汽车。

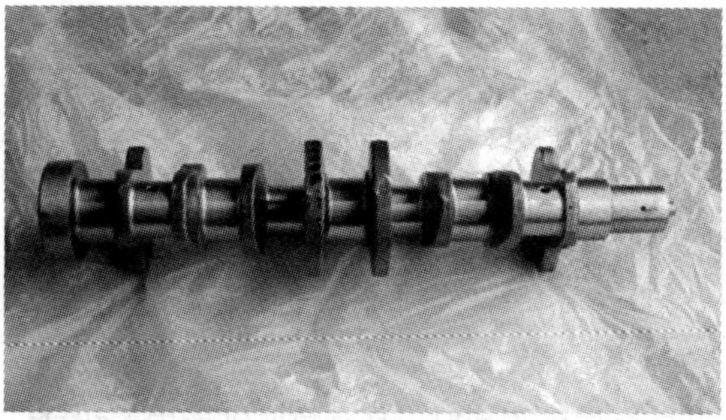

图 5-4 球墨铸铁制造的曲轴

（四）蠕墨铸铁

蠕墨铸铁是近几年发展起来的一种新型铸铁。它是在灰铸铁的铁水中加入适量的蠕化剂和孕育剂，经蠕化-孕育处理后获得的具有蠕虫状石墨的铸铁。目前常用的蠕化剂有稀土镁钛合金、稀土硅铁合金和稀土硅钙合金等。

蠕墨铸铁的组织由钢的基体和蠕虫状石墨组成。其基体也有铁素体基体、铁素体-珠光体基体和珠光体基体三种。

由于蠕墨铸铁中的石墨呈蠕虫状（类似于片状，但片短而厚，头部较圆、较钝，形似蠕虫），对基体的割裂作用介于灰铸铁与球墨铸铁之间，因此其力学性能也介于灰铸铁与球墨铸铁之间。蠕墨铸铁既具有灰铸铁良好的导热性、减振性、切削加工性和铸造性，又有与球墨铸铁相近的抗拉强度、塑性和韧性。

蠕墨铸铁主要应用于经受热循环载荷，要求组织致密、强度较高、形状复杂的零件，如大型柴油机的气缸体、制动鼓，大型电动机外壳，阀体，机座等，在汽车上主要用于制造柴油机气缸盖，进、排气管，制动盘和制动鼓等。

（五）特殊性能铸铁

普通铸铁加热到 450 ℃以上的高温时，会发生表面氧化和“热生长”现象。热生长是指铸铁在高温下产生的体积不可逆膨胀现象（严重时胀大 10%左右），会使铸铁体积变化，力学性能降低，出现显微变形和裂纹。

为满足工业上对铸铁的特殊性能要求，向铸铁中加入某些合金元素，从而可获得具有特殊性能的铸铁，其中包括耐热铸铁、耐磨铸铁和耐蚀铸铁。汽车中常用的有耐热铸铁和耐磨铸铁。

1. 耐热铸铁

耐热铸铁是在铸铁中加入硅、铝、铬等元素，使铸件表面在高温下形成一层致密的氧化膜，将内层金属与氧化介质隔绝，使内层金属在高温时不被氧化，从而提高了铸铁的耐热性。耐热铸铁在汽车上主要用于制造高温下工作的发动机，进、排气门座和排气管密封环等。

2. 耐磨铸铁

耐磨铸铁是在灰铸铁中加入铬、钼、铜、磷等合金元素而形成的。磷在铸铁中能形成硬而脆的磷化物，从而提高铸铁的耐磨性；铬、钼、铜在铸铁中使组织细化，既能提高硬度和耐磨性，又能提高强度和韧性。

常用的耐磨铸铁有高磷耐磨铸铁和铬、钼、铜耐磨铸铁等，主要用于制造在高温下强烈摩擦的零件，如汽车的气缸套、活塞环、排气门座圈等。

3. 耐蚀铸铁

耐蚀铸铁是指在腐蚀性介质中工作时，具有耐腐蚀能力的铸铁。提高铸铁耐腐蚀性的途径基本与不锈钢相同，一般加入一定量的硅、铝、铬、镍、铜等合金元素，使其在铸铁表面形成一层连续致密的保护膜，阻止腐蚀继续进行，并提高铸铁基体的电极电位，从而提高铸铁的耐腐蚀性。

耐蚀铸铁主要用于化工机械，如制造容器、管道、泵、阀门等。

任务二　铝、镁合金材料

一、铝合金材料及应用

（一）铝合金在汽车上的发展

铝的密度是 2.70×10^3 kg/m^3。铝的机械性能与其纯度关系密切，纯铝软、强度低，但与某些金属组成铝合金后，不仅在某种程度上保留了铝固有的特点，同时又显著地提高了其硬度和强度，使其几乎可与软钢甚至结构钢相媲美。

车用铝材料皆以铝合金的形式出现。铝合金在汽车上的应用最初主要是以铸造的方法生产发动机及其零部件，随后应用于轮毂等构件，以全铝空间框架式车身为主要代表。

随着科学技术的飞速发展，现代汽车制造材料的构成也发生了较大的变化，高密度铝合金在汽车车身中的运用主要经历了下面三个阶段。

1. “四门两盖”车身阶段

发动机罩、行李箱盖、汽车挡泥板和车门等部件采用铝合金材料制成，其目的主要在于通过轻质材料和轻量化结构来降低油耗。这种轻量化结构是一种比较昂贵的权宜之计，并且所应用的对象都非车身上的焊接结构件，对车身承载性影响不大。

2. “壳式支撑结构”车身阶段

“壳式支撑结构”车身阶段，这种结构方式在很大程度上只是现今比较流行的带加强筋钢结构的一种替代品。奥迪汽车公司在 1985 年就已经做过此方面的研究实验，本田汽车公司在 1990 年已开始把这种方法用于其产品中，但铝合金的装配工艺在当时并没有得到实际运用。

3. “空间框架结构”车身阶段

“空间框架结构”车身阶段，其各个覆盖件相互连接在一起，与在传统的车身骨架基础上覆盖件所形成的车身结构大不相同。根据铝合金材料多种多样的装配方式，现已实现了全铝车身设计制造，如奥迪的奥迪空间框架结构技术（Aluminum Space Frame，ASF 技术），如图 5-5 所示。奥迪空间框架结构技术是奥迪领先的车身框架构建技术，全铝空间框架车身不但提供了出色的防撞性能和操控性能，而且大大降低了车辆自重，并能减少燃油消耗。

图 5-5 奥迪全铝车身

（二）汽车用铝合金材料的分类

车身中的铝合金，依照其在车身中功能的要求，可分为铸造件、冲压件和压铸件。车身板件大部分使用压铸件。

压铸件用来制造能够承载大载荷的部件，明显减轻质量的同时还具有高的强度。这些板件具有复杂的几何形状，通常是用真空压铸的方式生产，使其具有高强度；其还具有高的延展性、良好的焊接性能、较高的塑性，保证其在碰撞时有很高的安全性。

这些压铸件的铝合金的类型是铝硅、铝镁系列铝合金，合金中主要合金元素是镁、硅，有的加入铜。

冲压件有非常高的强度，其能够加强车身的强度和刚性，使车身能够在剧烈的碰撞中保持结构的完整性。在车身的铝合金件上一般都标有铝合金类型。

根据合金元素的含量和加工工艺性能，铝合金可分为铸造铝合金和变形铝合金两类。

1. 铸造铝合金

铸造铝合金是直接用铸造方法浇铸或压铸成零件或毛坯的铝合金，其中又分重力铸造件和低压铸造件等。其合金元素的含量比较高，合金元素的质量分数为 8%～25%。

一般铸造铝合金铸造性能好，压力加工性能差，且在实际使用中还要求铸件具有足够的力学性能。因此，铸造铝合金的成分并不完全都是共晶合金，只是合金元素的含量比变形铝合金高一些。

铸造铝合金可根据使用目的、零件形状、尺寸精度、数量、质量标准和机械性能等各方面的要求和经济效益，选择最适宜的合金及铸造的方法。采用压铸法生产的铝合金零件，成品率高，能减少壁厚和后续加工量，表面质量好、尺寸精度高，适于大批量生产。因此，铸造铝合金在汽车上的使用量最多，占 80%以上。铸造铝合金主要用于制造离合器壳体、变速器壳体、后桥壳、转向器壳体、摇臂盖、正时齿轮壳体等壳体类零件和发动机部件，以及保险杠、发动机框架、方向节油泵体、制动钳、油缸及制动盘等非发动机结构件，且今后有进一步扩大应用的趋势。

2. 变形铝合金

变形铝合金与铸造铝合金的不同之处在于，变形铝合金是经熔炼铸成铸锭后，再经过热挤压加工形成各种型材、棒材、管材和板材。变形铝合金中合金元素含量比较低，常用的变形铝合金中合金元素总量小于 5%，但在高强度变形铝合金中可达 8%～14%。变形铝合金按其成分和性能特点可以分为不能热处理强化铝合金和可热处理强化铝合金。不能热处理强化铝合金具备良好的防腐蚀性，故称为防锈铝；可热处理强化铝合金的合金元素含量比防锈铝高一些，这类铝合金通过热处理能显著提高力学性能，主要包括硬铝、锻铝和超硬铝。

变形铝合金在汽车上主要用于制造保险杠、发动机罩、发动机体、车门、行李箱盖等车身面板，车轮的轮毂、轮毂罩、车轮外饰罩、制动器总成的保护罩、消声罩、防抱死制动系统、热交换器、车身框架、座椅骨架、车厢底板等结构件，以及仪表板等装饰件。部分结构件如图 5-6～图 5-8 所示。

图 5-6 铝合金轮毂

图 5-7 铝合金发动机缸体

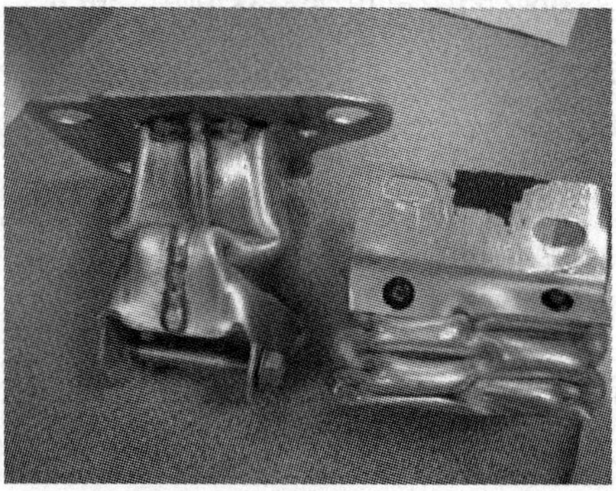

图 5-8 车身前部吸能缓冲区

（三）铝合金新材料

耐热铝合金是当前铝合金新材料研发的一大热点，其应用对象主要是高性能发动机缸体，新近开发出的高性能缸套的铝合金含硅量达 25%。其他的新材料有快速凝固铝合金、粉末冶金铝合金、超塑性铝合金和铝合金泡沫材料等。未来铝合金材料的发展包括满足特定零部件使用要求的新合金开发，成形性能与焊接性能优良的高强度铝合金开发，开发具有相同机械性能、不同物理性能（密度和弹性模量）材料的可行性研究，合金热机械性能对零部件性能的影响和开发新型抗划伤合金等。

铝是最适用于不产生高应力的毂状结构件的轻量化代用材料，如罩类、箱类、管类等形状的零件。铝经过合金化可使抗拉强度提高到相当于 45 钢的水平，所以用于高应力零件时，必须通过加大零件厚度来弥补强度的不足。

铝挤压型材、铝真空压铸件及铝合金板是奥迪 A8 铝车身的三种基本元素。铝制车身比同类产品的钢制车身质量减轻了 40%，铝合金空间框架的设计使车身的静态扭转刚度提高了 40%。铝材由于其吸能性好，是钢的两倍，故在碰撞中的安全性有明显的优势。汽车前部的变形区在碰撞时会产生折皱，能吸收大量的冲击能量，从而保护驾乘室中的乘员，使其受到的冲击能量比较小。除了铝合金的吸能性好外，车身质量的减轻还可能缩短制动距离，这样对驾驶员、行人和对方车辆的安全性都有利，即使是发生碰撞，在碰撞时产生的动能也会减小，也能相应降低冲击力。

（四）铝合金车身的优点

铝合金车身与传统的钢结构车身相比有以下优点。

1. 经济性

虽然铝合金车身的强度、刚性不如传统的钢铁车身，但其大大减轻了车身质量，重要的是能减小燃油消耗，改善车辆的操纵性。铝的密度大约是钢铁的 1/3，在车身制造中铝的应用可以使车辆质量减小 20%～30%，可以减少 10%的燃油消耗，这意味着每百千米大约节省 0.5 L 燃油。

2. 环保性

铝合金车身的环保性能优于钢铁车身，不仅可以减小燃油的消耗，重要的是能减少生产制造过程中的污染排放。因为99%的铝可以被循环利用，故在一定程度上补偿了从铝矿石中冶炼铝产生的成本和高消耗。

3. 防腐蚀性

铝暴露在空气中，很快会在表面形成一层致密的氧化物，这层氧化物是三氧化二铝，使金属铝和空气隔绝开来，防止氧气的进一步腐蚀。正是这种可以迅速形成铝氧化物以抵抗外部氧化腐蚀的性能，使其成为一种防腐性能优良的材料。铝金属外层的氧化铝具有高熔点的特性，这层氧化物的熔点高达 2 050 ℃，在焊接操作时需要去除这层氧化物。如果不去除这层氧化物，焊缝会存在气孔和杂质等缺陷。

4. 可加工性

铝材有良好的塑性和刚性，一定厚度的板材可以制造整车和部分板件。铝材的一致性要比钢材好，其能够很好地通过冲压或挤压加工成形。

5. 安全性

铝材具有高能量吸收性能，使其成为一种制造车身变形区的理想材料，以增加车身的被动安全性。

正是由于铝合金所具有的一些优异性能被人们所看中，其在车身生产中才被大量应用。

二、镁合金材料及应用

镁是比铝更轻的金属材料，而且绝大多数铝合金中都含有镁元素。尽管镁在当前汽车用材中所占的比例不到1%，但是在轻量化的驱动下，镁材料技术开发的力度正在不断加大，已步入快速发展阶段。到目前为止，汽车上采用镁合金的零部件已超过 60 种，如汽车仪表、座位架、方向操纵系统部件（图 5-9）、发动机机舱盖、变速器、进气歧管、轮毂、发动机和安全部件上都有镁合金压铸产品的应用，质量从 0.2 kg 到 24 kg 不等。镁合金压铸件在汽车上的应用已经显示出长期增长的态势。

图 5-9 镁合金的转向盘

宝马公司开发出采用镁合金的直列六缸发动机，曲轴箱内部采用铝合金，而外部采用镁合金，通过使用镁合金等手段使汽车发动机质量降低了 10 kg。由于镁是一种普通金属，其与发动机机中常用的铁和铝三者之间很容易发生电化学腐蚀，当镁与铝或者铁的接触面被水打湿时，就会出现接触腐蚀，所以镁合金发动机有一定的使用局限性。加之镁铝合金复合式缸体结构还无法满足动力性更强的涡轮增压发动机的强度要求，所以现在宝马公司的发动机缸体已回归铝合金时代。

（一）车身用镁合金的分类与适用性

根据是否含锆，镁合金可划分为无锆镁合金和含锆镁合金两类。根据加工工艺，镁合金可划分为铸造镁合金和变形镁合金两类，两者在成分、组织性能上存在着很大的差异。

铸造镁合金多用压铸工艺生产，其特点是生产效率高、精度高、铸件表面质量好、铸态组织优良和可生产薄壁及复杂形状的构件。

变形镁合金是指可用挤压、轧制、锻造和冲压等塑性成形方法加工的镁合金，与铸造镁合金相比，变形镁合金具有更高的强度、更好的塑性和更多的样式规格。变形镁合金主要用于车身组件（车门、行李箱、发动机罩等）的外板、车门窗框架、座椅框架、底盘框架和车身框架等。变形镁合金在车身上的应用具有很大的潜力。

新型镁合金有耐蚀镁合金、阻燃镁合金、高强高韧镁合金和变形镁合金等。

（二）车身用镁合金的特征和性能

（1）质量轻，这一特性将显著地减少其启动惯性，并节省燃料消耗。

（2）具有较高的比强度、比弹性模量和刚性，比强度约为铝的 1.8 倍。

（3）具有较高的稳定性、稳定的收缩率，铸件和加工件尺寸精度高。

（4）具有良好的阻尼系数、良好的降噪减振性能，这对于用做壳类零件减小噪声传递及防冲击与凹陷损坏是非常重要的，可以提高汽车的安全性和舒适性。

（5）导热性好，适用于设计集成度高的电子产品。

（6）电磁屏蔽性能较好，尤其适用于设计防电磁干扰的电动汽车。

（7）与塑料相比，可回收性能好，符合环保要求。

（8）切削加工性能极好。

（9）铸造成形性能好，镁合金压铸件最小壁厚可达 0.6 mm。

除以上主要特性外，镁合金还具有长期使用条件下良好的抗疲劳性能、较低的裂纹倾向，以及无毒、无磁性等一些特点。

任务三　其他合金材料

一、铜合金

铜的密度为 8.92 g/cm^3，熔点为 1 083 ℃，有较高的韧性和延展性，可轧成薄膜或拉成细丝。铜的导电性仅次于银，居第二位，大量用于制造电机、电线和电信设备等。

铜合金是以铜为主体，添加适量的其他合金元素制成的。铜合金具有良好的高温及低温加工性，良好的导电性、导热性和耐腐蚀性，应用十分广泛。铜及其合金的应用范围仅次于钢铁，在有色金属中其产量和耗用量仅次于铝，居第二位。

通过合金元素固溶、淬火时效和形成的过剩相来强化材料，提高合金性能的方法称为铜的合金化。

铜合金按成形方法分为变形铜合金和铸造铜合金。

铜合金按化学成分分为黄铜、青铜和白铜三大类。

（一）黄铜

1. 成分

黄铜是在铜中主要加入合金元素锌所形成的合金。

2. 分类

黄铜按合金元素分为普通黄铜和特殊黄铜，普通黄铜是由铜和锌组成的二元合金；特殊黄铜是在普通黄铜中加入其他合金元素组成的多元合金。

黄铜按加工方法分为压力加工黄铜和铸造黄铜，加入铝、锰等元素，可进一步提高合金强度和耐蚀性；加入锡、铅等元素，可提高其耐磨性。

3. 应用

黄铜在轿车上可用做万向节衬套、钢板弹簧衬套和轴套等耐磨件，也可用做散热器、冷凝器、冷却管、汽油滤清器滤芯、化油器零件、散热器和散热器盖，还可用做装饰件、供水排水管、通风管、油管接头、制动三通接头、垫片和垫圈等。

经冷加工的黄铜制品存在残余应力，易发生应力腐蚀开裂，需进行去应力退火。

（二）青铜

黄铜和白铜以外的其他铜合金称为青铜。其中，铜锡合金称为锡青铜，其他青铜称为特殊青铜。

一般来说，青铜的耐磨性比黄铜好，所以在机械制造中青铜用得比较多。压力加工锡青铜多用于制造导电弹性元件和轴瓦、轴套等耐磨零件；铸造锡青铜一般用于铸造气密性要求不高的铸件和艺术品。

青铜可用做散热器盖出水阀弹簧等弹性件，也可用做发动机摇臂衬套、连杆衬套等耐磨件，还可用做散热器盖、齿轮、蜗轮和螺母。青铜各有特点，应用也有所不同，如硅青铜可用做弹簧，铝青铜可用做轴套和齿轮，铅青铜可用做轴承、曲轴推力垫圈，锰青铜可用做蒸汽阀门等。

在铜中主要加入合金元素铝所形成的铜合金称为铝青铜。其比黄铜和锡青铜具有更高的强度、耐磨性和耐蚀性，并易于获得致密的铸件。

二、钛合金

钛具有银白色光泽，熔点高（1 600 ℃）、密度小（4.5 g/cm^3），且比钢轻（钢的密度为7.9 g/cm^3），但机械强度可与钢媲美，而且不会生锈。钛比铝重不到两倍，强度比铝高三倍，且耐热性能远优于铝。钛的表面容易形成一层致密的氧化物保护膜，使钛具有优异的防腐蚀性，特别是对海水的防腐蚀性很强，超过其他的金属材料，比不锈钢好，韧性也与钢铁相当。钛在室温下不与无机酸反应，在碱溶液和大多数有机酸中抗蚀性也很高，但能溶于热盐酸和热硝酸中，且能溶解于任何浓度的氢氟酸和含有氟离子的酸中。

钛合金化后可提高高温强度、加工性、焊接性和耐蚀性，其性能比钛更优异。其突出的特点如下。

（1）比强度高。

（2）耐腐蚀性强、无磁性。

（3）高、低温的力学性能好。

钛及钛合金优异的性能备受各尖端行业关注，伴随着钛行业的起步，在 20 世纪 50 年代中期，钛材进入了汽车工业。步入 90 年代，随着世界性能源短缺及人们环保意识的加强，美国、日本和欧洲等国和地区先后颁布了系列生态法规，对燃油利用率、二氧化碳排放量、汽车减重、汽车的安全性和可靠性等提出了更高的要求。许多发达国家和著名汽车制造商都积极开发汽车用钛并增加在汽车用钛方面的研究投入，为汽车用钛提供了强大动力。进入 21 世纪，我国钛工业也逐步步入汽车领域。

在当前汽车市场上，随着豪华汽车、跑车和赛车的需求量逐年增加，钛制零部件亦逐年增加。1990 年全球汽车用钛仅为 50 t 左右，1997 年为 500 t，2002 年为 1 100 t，2009 年为 3 000t。由此可见，汽车用钛已进入加速阶段。

钛在汽车上的用途主要分两大类，第一类是用来减少内燃机往复运动件的质量（对于做往复运动的内燃机零件来讲，即使减少几克质量，都是重要的）；第二类是用来减少汽车总质量。

根据设计和材料特性，钛在新一代汽车上主要分布于发动机系统和底盘部件上。在发动机系统中，钛可制作阀门、阀门弹簧、阀门弹簧承座和连杆等部件；在底盘部件中主要用于制作弹簧、排气系统（图 5-10）、半轴和紧固件等。除了上述所举重点外，钛及钛合金还用于发动机系统的摇臂、悬簧、活塞销、涡轮增压器转子、紧固件、挂耳螺帽、制动器卡钳活塞、销轴栓、离合器圆板、压力板和变速按钮等。

图 5-10 钛合金的排气系统

三、轴承合金

轴承合金指用于制作轴瓦及其内衬的合金。轴瓦可直接用耐磨合金制成，也可在钢背上浇铸（或轧制）一层耐磨合金形成复合的轴瓦。

轴承合金的工作环境是周期性负荷、冲击作用、强烈摩擦和磨损。启动、停车时，出现边界润滑或半干摩擦状态，引起磨损。

（一）轴承合金的基本性能要求

（1）具有足够的抗压强度和疲劳强度。

（2）具有良好的减摩性、磨合性、抗冷焊性和嵌镶性。

（3）具有一定的塑性和韧性。

（4）具有良好的导热性和小的膨胀系数。

轴承合金是用与钢铁互溶性小的元素组成的合金，其对钢铁材料的黏着性和擦伤性小。其含有适量低熔点元素，产生高温时，展平于摩擦面并形成塑性好的润滑层，减少接触点处的压力和摩擦阻力。

（二）常用轴承合金

1. 锡基轴承合金

锡基轴承合金（锡基巴氏合金）是在锡-锑合金的基础上添加铜、铅等元素形成的，属软基体硬质点类。其摩擦系数小、线膨胀小，有良好的工艺性、嵌镶性和导热性，耐蚀性优良，但其抗疲劳性能较差，运转工作温度应低于 110 ℃，且成本高。其主要用于制作重要轴承，如汽轮机、涡轮机、内燃机和压气机等大型机器的高速轴瓦等。

2. 铅基轴承合金

铅基轴承合金（铅基巴氏合金）是在铅-锑合金的基础上加入锡和铜元素形成的，属软基体硬质点类。其高温强度高、亲油性好、有自润滑性，适于润滑较差的场合，虽然强度、硬度、耐磨性、耐蚀性和导热性低于锡基合金，但成本低。其适宜制作中低载荷的轴瓦，如汽车、拖拉机的曲轴轴承。

3. 铝基轴承合金

铝基轴承合金密度小、导热性好、疲劳强度高、抗蚀性和化学稳定性好，且价格低廉。其适宜制作高速高载荷下工作的汽车、拖拉机的柴油机轴承。

四、锌合金

锌合金是以锌为基本加入其他元素形成的合金，常加的合金元素有铝、铜、镁、镉、铅和钛等。锌合金熔点低，流动性好，易熔焊、钎焊和塑性加工，在大气中耐腐蚀，残废料便于回收和重熔，但蠕变强度低，易发生自然时效而引起尺寸变化。锌合金采用熔融法、压铸或压力加工成材。按制造工艺，锌合金可分为铸造锌合金和变形锌合金。

铸造锌合金流动性和耐腐蚀性较好，适用于压铸仪表、汽车零件外壳等。

变形锌合金是用来生产各种形状锌材的锌合金。变形锌合金具有较高的蠕变强度和低温塑性，有一些变形锌合金在一定条件下还具有超塑性。变形锌合金主要用作电池外壳等。

锌合金具有以下特点。

（1）密度大。

（2）铸造性能好，可以压铸形状复杂、薄壁的精密件，铸件表面光滑。

（3）可进行表面处理，如电镀、喷涂、喷漆。

（4）熔化与压铸时不吸铁、不腐蚀压型、不粘模。

（5）有很好的常温机械性能和耐磨性。

（6）熔点低，在385℃熔化，容易压铸成形。

锌合金使用过程中须注意的问题如下。

1. 抗蚀性差

锌合金成分中的杂质元素铅、镉、锡超过标准，易导致铸件老化而发生变形，表现为体积胀大，机械性能特别是塑性显著下降，时间长了甚至破裂。铅、锡、镉在锌合金中溶解度很小，因而集中于晶粒边界而成为阴极，富铝的固溶体成为阳极，在水蒸气（电解质）存在的条件下，促成晶间电化学腐蚀，导致压铸件因晶间腐蚀而老化。

2. 时效作用

锌合金的组织主要由含铝与铜的富锌固溶体和含锌的富铝固溶体组成，其溶解度随温度的下降而降低。但由于压铸件的凝固速度极快，因此到室温时，固溶体的溶解度就饱和了。经过一定时间之后，这种过饱和现象会逐渐解除，而铸件的形状和尺寸也会略有变化。

锌合金在常温下有较好的机械性能，但在高温下的抗拉强度和低温下的冲击性能都显著下降，因此不宜在高温和低温（0 ℃以下）的工作环境下使用。

五、形状记忆合金

1932 年，瑞典人奥兰德在金镉合金中首次观察到“记忆”效应，即合金的形状被改变之后，一旦加热到一定的转变温度，其又可以魔术般地变回到原来的形状，人们把具有这种特殊功能的合金称为形状记忆合金。形状记忆合金由于其在各领域的特效应用，正广为世人所瞩目，被誉为“神奇的功能材料”。形状记忆合金一面世，就为航空工业立了一功。美国F-14 型飞机的液压系统中，平均每架要用 800 个形状记忆合金接头。自 1970 年以来，美国海军飞机上共使用了几十万个这样的管接头，没出现过一次失效的记录。用形状记忆合金做管接头的办法是首先在转变温度以上把镍钛合金管接头按密封要求尺寸进行加工，使其内径比所要连接管子的外径小 4%；然后，在液氮低温下将管接头直径扩大，使其内径比所要连接管子的外径大 4%，并把两根要连接的管子从两端对准插入接头；最后，当管子处于工作状态，温度回升到转变温度以上时，镍钛合金发挥形状记忆效应，管接头自动收缩，管径变细，恢复到第一次加工的尺寸，把两根管子紧紧地连到一起。

形状记忆合金之所以具有“记忆智能”，是因为它们都有自己特定的转变温度。对于镍钛合金来说，它的转变温度在 40 ℃左右，在 40 ℃以上时它很坚硬，强度也很高；在 40 ℃以下时，它相当软，强度低，可以方便地做成各种形状。这样当需要它“记住”某种形状时，可以先把它做成那种形状，进行“热处理”，让它牢牢记住。在转变温度以下它很软，可以随意变形，若要它恢复原形，只要加热到转变温度以上就行了。人们已经发现了几十种形状记忆合金，大多数含镍元素。

形状记忆合金在航空航天领域内的应用有很多成功的范例。人造卫星上庞大的天线可以用形状记忆合金制作。发射人造卫星之前，将抛物面天线折叠起来装进卫星体内，火箭升空把人造卫星送到预定轨道后，只需加温，折叠的卫星天线因具有“记忆”功能而自然展开，恢复抛物面形状，如图 5-11 所示。

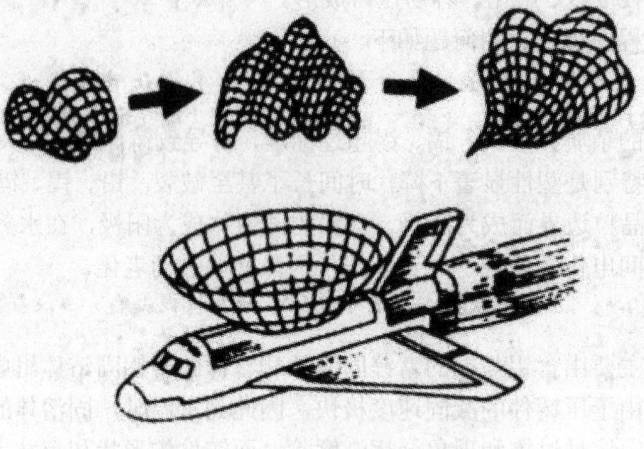

图 5-11 半球形网状天线

形状记忆合金在临床医疗领域中有着广泛的应用。例如，人造骨骼、伤骨固定加压器、牙科正畸器、各类腔内支架、栓塞器、心脏修补器、血栓过滤器、介入导丝和手术缝合线等都有形状记忆合金，形状记忆合金在现代医疗中正扮演着不可替代的角色。

形状记忆合金同日常生活同样息息相关。仅以用形状记忆合金制成的弹簧为例，把这种弹簧放在热水中，弹簧的长度立即伸长，再放到冷水中，它会立即恢复原状。利用形状记忆合金弹簧可以控制浴室水管的水温，在热水温度过高时通过“记忆”功能，调节或关闭供水管道，避免烫伤；也可以制作成消防报警装置及电器设备的保安装置，当发生火灾时，形状记忆合金制成的弹簧发生形变，起动消防报警装置，达到报警的目的；还可以把用形状记忆合金制成的弹簧放在暖气的阀门内，用以保持暖房的温度，当温度过低或过高时，自动开启或关闭暖气的阀门。

作为一类新兴的功能材料，形状记忆合金的很多新用途正不断被开发，如用形状记忆合金制作的眼镜架，如果不小心被碰弯曲了，只要将其放在热水中加热，就可以恢复原状。不久的将来，汽车的外壳也可以用形状记忆合金制作，如果不小心碰瘪了，只要用电吹风加温就可恢复原状，既省钱又省力。

习　题

1．简述整体式车身对构件的要求。

2．简述高强度钢的种类及特点。

3．加热对钢铁性能有何影响？

4. 简述镀层钢板的防腐蚀原理。
5. 简述铸铁的定义。
6. 简述铸铁的分类及使用性能。
7. 简述铝、镁合金的类型和选用。
8. 简述铜合金的基本参数。
9. 简述常用的轴承合金类型。

项目六　非金属材料

学习目标

1. 掌握橡胶的结构、组成及橡胶制品在汽车上的应用。
2. 掌握塑料的组成、分类及塑料制品在汽车上的应用。
3. 掌握胶粘剂的组成、分类及应用。
4. 掌握陶瓷玻璃的分类、组成及性能。
5. 掌握复合材料及摩擦材料的分类、性能及应用。

任务一　高分子材料

一、橡胶及其在汽车上的应用

橡胶是指在使用温度范围内处于高弹性状态的高分子材料。橡胶广泛应用于弹性材料、密封材料、防振材料和传动材料，是汽车工业的重要原材料。

橡胶制品是汽车零件的重要组成部分之一，汽车用橡胶零件不仅数量大，而且耗用生橡胶的质量也占橡胶制品工业的首位。汽车用橡胶制品包括轮胎、胶管、密封条、油封、传动带、减振块和防尘罩等。橡胶制品用于每辆轿车的质量约为 187 kg，中型载货汽车约为 325 kg，重型载货汽车约为 400 kg，占汽车总质量的 10%以上。因此，没有橡胶，汽车寸步难行。

（一）橡胶的性能

橡胶弹性模量低，具有很高的伸长率，即具有高弹性，同时具有良好的伸缩性和积储能量的能力。橡胶还具有高的抗拉伸强度和疲劳强度，并且具有良好的耐磨性、隔音性、不透水、不透气、耐酸碱性和耐辐射等特点。未经硫化的橡胶还能与某些树脂掺和改性，与其他材料（如金属、塑料、石棉、纤维和软木等）组合成兼有两者特性的复合性材料和制品。

由于具有上述性能，橡胶可制成汽车常用的弹性材料、密封制品，减振、防振制品，如轮胎、胶板、胶垫、胶管和密封圈等。

（二）橡胶的结构和组成

橡胶的分子结构有线型的、支链型的和体型的三种类型。未经硫化的生胶和乳胶是线型的或含有支链型的分子，硫化后的橡胶则是体型结构。大块生胶或牛奶状的胶乳是由许多细长而具有很大柔顺性的线型分子链组成的，这种长链的橡胶分子往往卷曲成无规则、乱如麻的线团，并且相互缠绕。当橡胶受到外力拉伸时，分子链就伸直伸长，当外力去掉后，又恢复成卷曲状，这就是橡胶高弹性的内因。但生胶由于分子中有不稳定的双键存在，容易老化，如受热发黏，遇冷变硬，只能在5～35 ℃内保持弹性。生胶强度差，不耐磨，也不耐溶剂，所以生胶只有经过硫化处理后，才具有橡胶的各种优良性能。硫化后，不同分子链相互连接成立体网状结构，称为体型结构。硫化使橡胶的物理和力学性能得到全面增强，从而具有实用价值。

橡胶是以生胶为基础加入适量的配合剂组成的高分子弹性体，橡胶按生胶原料来源可分为天然橡胶（从橡树的浆汁中制取的生胶）和合成橡胶（通过化学合成方法制造的生胶）。橡胶制品的性质主要取决于生胶的性质。

配合剂是为提高和改善橡胶制品的性能而加入的物质。配合剂包括硫化剂、硫化促进剂、防老化剂、软化剂、填充剂、泡发剂和着色剂等。

橡胶有两种分类方法，按原料来源分为天然橡胶和合成橡胶，按用途分为通用橡胶和特种橡胶。

（三）橡胶在汽车上的应用

汽车橡胶制品主要用于汽车车身、传动、转向、悬架、制动和电器仪表等构件，如汽车轮胎、密封制品、胶管、传动胶带和减振块等。

(1) 汽车轮胎。汽车轮胎是汽车中橡胶用量最大的橡胶构件。

(2) 密封制品。汽车用橡胶密封件有油封、密封条、密封圈、皮碗、防尘罩和衬垫等。根据其使用条件，要求橡胶制品应有良好的密封性能，耐油、抗化学试剂腐蚀、抗老化、耐热、耐寒、耐臭氧、耐磨及强度高和塑性变形小。

(3) 胶管。汽车中所用的胶管有几十种，总长约为30 m，用胶量达到20 kg以上。汽车用胶管材料有天然橡胶、丁腈橡胶、三元乙丙橡胶、氯丁橡胶和丙烯酸酯橡胶等。胶管按结构可分为纯胶管、夹布胶管和编织胶管；按耐压性能可分为低压管、中压管、高压管和真空管。胶管用在汽车上的燃油、制动、冷却和空调等系统中。

(4) 传动胶带。汽车用传动胶带主要是V形带。按结构形式不同，V形带通常有三种，即包布V形带、切割V形带和多楔V形带，其中以切割V形带为多。切割V形带两侧没有包布，屈挠性好、摩擦系数大，具有承受力大、线速度高、散热性好、抗疲劳性良好和节能等特点。

(5) 减振块。减振块主要用在汽车发动机和底盘等部件上，用来防止和减少汽车行驶中的振动和噪声。每辆汽车上使用的减振块有几十种，按其材料的组合形式可分为纯胶制品、塑料-橡胶复合制品及金属-橡胶复合制品。减振块橡胶种类有天然橡胶、氯丁橡胶、聚氨酯橡胶和丁腈橡胶等。

二、塑料及其在汽车上的应用

塑料是一种以有机合成树脂为主要组成成分，通过添加一定的添加剂，在加热加压条件下被注塑或固化成形的高分子材料。也可以按其力学状态判断，凡在室温下处于玻璃态的高聚物即可称为塑料。

最初汽车使用塑料零件的主要目的是实现汽车内饰柔软化，使乘客有安全舒适感。近年来，汽车朝着轻量、高速、安全节能、舒适、多功能、低成本和延长使用寿命等方向发展，选用新型塑料零部件，使汽车零件塑料化，符合汽车轻量化发展方向。

（一）塑料的组成

塑料的组成成分有树脂和添加剂等。

1. 树脂

树脂是塑料的主要组成成分，它将其他组分黏结起来而具有成形能力。树脂对塑料的性能起决定性作用，因此绝大多数塑料都以树脂名称命名。树脂又分为天然树脂和合成树脂。天然树脂是指植物或动物分泌的有机物质（如松香、虫胶等）。天然树脂的特点是没有一定的熔点，受热可逐渐软化，能溶于某些有机溶剂，但不溶于水。用人工合成方法制成的与天然树脂某些性能相似的产物称为合成树脂。有些合成树脂可制成简单组分的塑料（如聚乙烯、尼龙等）；而另一些合成树脂必须加入一些添加剂后，才能成为复杂组分的塑料（如酚醛树脂、聚氯乙烯等）。

2. 添加剂

常用塑料添加剂有填料、增塑剂、稳定剂、润滑剂、着色剂、固化剂和其他添加剂共十余种。

（1）填料。为了改善性能或降低成本，在塑料中加入的物质称为填料。按其形状可分为粉状、纤维状和片状。常用的粉状填料有木粉、铝粉、滑石粉、石墨粉等；纤维状填料有石棉纤维、玻璃纤维、碳纤维等；片状填料有棉布、麻片、玻璃等。

（2）增塑剂。用来提高树脂可塑性和柔软性的一些低挥发性物质称为增塑剂。要求增塑剂能与树脂很好地混合，而不起化学变化，不易从制品中析出及挥发，不降低制品主要性能，无毒、无害、成本低。常用增塑剂有甲酸酯类、磷酸酯类等。

（3）稳定剂。稳定剂的作用是防止塑料老化。为了阻缓高聚物的老化，确保高聚物大分子链结构稳定，常加入稳定剂，如在聚氯乙烯中加入硬脂酸盐，可防止热成形时的热分解。在塑料中加入炭黑做紫外线吸收剂，可提高其耐光辐射的能力，提高塑料抗老化能力。

（4）润滑剂。为防止塑料在成形过程中粘在模具或设备上，并使制品表面光亮美观而加入的物质称为润滑剂。凡能改善其流动性、脱模性的物质都可做润滑剂，常用润滑剂有硬脂酸及其盐类、石蜡烃和酯类。

（5）着色剂。用于染色装饰塑料制品的物质称为着色剂，俗称染料。一般用有机染料或无机颜料为着色剂。对着色剂的要求有着色力强，色泽鲜艳，分散性好，不易与其他组分起化学变化，耐热、耐光性好等。

（6）固化剂。固化剂的作用是将热塑性的线型高聚物在加热成形时交联成网状体型高聚物，并固结硬化，制成坚硬和稳定的塑料制品。常用的固化剂为胺类和酸类及过氧化物等，如环氧树脂中加入乙二胺。

（7）其他添加剂。塑料中还可加入其他添加剂，如阻燃剂（阻止塑料燃烧或造成自熄的物质）、抗静电剂（提高塑料表面的导电性，防止静电积聚，保证加工操作和使用安全的添加物质）及发泡剂（在塑料中形成气孔，降低材料密度的添加物质）等。

（二）塑料的分类

1. 按其组成分类

一类是单纯由一种树脂组成的塑料，称为简单组分；另一类是除树脂外，还要添加某些填料或添加剂的塑料，称为复杂组分。

2. 按塑料受热行为分类

（1）热塑性塑料。热塑性塑料是指在特定温度范围内能反复加热软化和冷却硬化的塑料。热塑性塑料由聚合树脂制成，受热时通过物理变形而使其几何形状发生变化，当再一次受热后仍具有可塑性。常用的热塑性塑料有聚乙烯、聚苯乙烯、ABS（丙烯腈-苯乙烯-丁二烯共聚物）和聚酰胺等。

（2）热固性塑料。热固性塑料是指在一定的温度和压力等条件下，保持一定时间而固化，固化后成为不溶性物质的塑料。热固性塑料以缩聚树脂为基础。受热时通过化学变化使相对分子质量低的线型分子转变为体型结构的高分子化合物。当其再次受热后不具有可塑性。常用的热固性塑料有酚醛塑料、环氧塑料等。

3. 按塑料用途分类

（1）通用塑料。通用塑料是指产量大、用途广、价格低的常用塑料，包括聚乙烯、聚氯乙烯、聚丙烯、酚醛塑料等。

（2）工程塑料。工程塑料是指可以作为结构件材料的塑料，以及可代替金属材料作为工程结构件使用的塑料，如聚碳酸酯、ABS、聚酰胺等。某些通用塑料经改性和增强，也可成为工程构件材料。实际中，通用塑料和工程塑料的界限很难完全界定。

（3）特种塑料。特种塑料是指具有某些特殊性能的塑料。这些特殊性能包括高耐热性、高电绝缘性和高耐腐蚀性等。特种塑料有氟塑料、有机硅树脂等。

（三）塑料在汽车上的应用

塑料是由以非金属元素为主的有机物组成的，具有密度小、导热性和电导性差、耐酸、耐碱、易老化等特性。塑料的机械性能随温度和时间而变化。塑料在汽车中的应用遍及所有总成，业内习惯将其分为内饰件、外装件和功能件（其他结构件）。

塑料在汽车上的应用以内饰件为主，同时散热器面罩、保险杠、轮罩、挡泥板、导流板、翼子板、制动踏板、灯壳和灯罩等塑料外装件也越来越普遍。此外，还有进气管、空气滤清器、暖风机和空调零件等。

在安全、环保和成本等因素的推动下，塑料技术一直在朝向高性能（高弹性模量、高强度、耐热、耐磨、耐火、抗老化）、低污染、低密度、低成本的方向发展。

1. 内饰件

内饰件用材的发展趋势：聚氯乙烯（Polyvinyl Chloride，PVC）不久将从内饰件应用中退出；聚氨酯因其柔软的触感，预计在内饰件（尤其是高档车）上的应用会不断增加，而中档车可能更倾向于采用热塑性聚烯烃（TPO）；聚氨酯（Poly Urethane，PU）在内饰件中尚难以被其他材料取代；复合材料在结构件（如座椅骨架）和吸收冲击能量的零件上的应用将会增加；金属-塑料混合材料在内饰件中的应用极具潜力。未来要着力开发外表美观（低反光、耐磨、半透明）同时具有良好降噪性能（尤其是嗡嗡、吱吱声和咔嗒声）的内饰新材料；开发具有优良高速冲击性能的内饰件材料。汽车塑料内饰件如图 6-1 和图 6-2 所示。

图 6-1　汽车内饰板

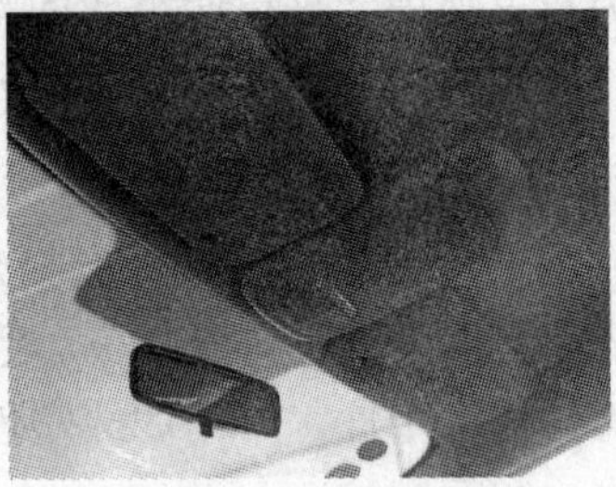

图 6-2　驾驶室顶内饰

2. 外装件

外装塑料件的发展趋势：开发耐候（金属或覆盖层耐大气腐蚀的性能）、耐化学侵蚀，具有良好的表面光泽和抗轻微撞击性能的外装件用聚合物体系；提高塑料零部件的表面光洁度；开发光亮、耐候的着色剂；开发先进的增强材料及增强技术，以满足零部件高刚度、高耐热性及成形性的要求；开发大批量、低成本的工装技术；开发大型薄壁零件快速制造工艺；开发先进的模压机；研究虚拟原型技术，开发高表面质量的结构复合材料的快速制备工艺，内、外装材料体系同一化。常见的汽车外装件如图 6-3 和图 6-4 所示。

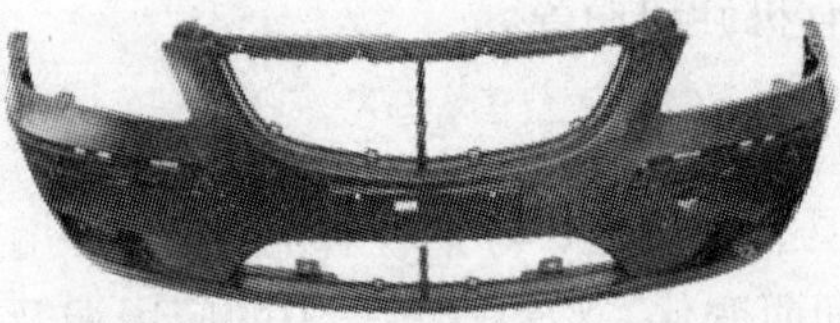

图 6-3　汽车外保险杠

图 6-4　汽车门板

3. 塑料汽车

塑料汽车的发展趋势：开发生产夹层构件的材料与工艺；开发满足汽车设计要求的新型塑料合金和塑料共混物、热塑性塑料、热固性塑料和工程塑料；开发耐火塑料；建立汽车塑料、复合材料的性能数据库；研究适于塑料的低成本车身骨架设计技术；研究塑料-金属材料复合零部件设计技术；在清洁材料（生物塑料）开发的基础上，设计塑料密集汽车。图 6-5 所示是 2011 年 9 月份奥迪汽车公司推出的一款奥迪 Urban 概念车，车身采用的是碳纤维增强的塑料。

图 6-5　Urban 概念车

三、胶粘剂

胶粘剂也称黏合剂或黏结剂，俗称胶，是一种具有优良黏合性能和界面浸润性能的高分子物质，它可以通过物理与化学作用将不同的材料粘接在一起。胶粘剂和涂料是高分子产业中除塑料、纤维、橡胶三大产业之外的两类较小的高分子产业。

利用胶粘剂将同质或异质物体表面进行胶接而连接在一起的技术，具有应力分布连续、质量轻、密封性好、工艺温度低等特点。胶接技术特别适用于不同材质、不同厚度、超薄规格和复杂构件的连接。胶粘剂既能很好地连接各种金属和非金属材料，又能对性能相差悬殊的基材（如金属和塑料、水泥和木材、橡胶和帆布等）实现良好的连接。其效果为铆接、焊接所不及，并且工艺简单。其应用已涉及木材加工、建筑、轻纺、航空航天、汽车和船舶制造、机械、电子电器，以及医疗卫生和日常生活等领域，在国民经济的各个领域中都起着重要的作用。

胶接技术在近代发展得很快，应用行业极广。由于汽车工艺的轻量化和舒适美观的要求，内饰件复合或组合成形通常采用粘接工艺，需要使用大量的胶粘剂。

（一）胶粘剂的组成

胶粘剂的主要成分是黏料（合成树脂和橡胶等），黏料对胶粘剂的性能起主要作用，其必须具有优异的黏附力及良好的耐热性、抗老化性等。常用的黏料有环氧树脂、酚醛树脂、聚氨酯树脂、氯丁橡胶、丁腈橡胶等。胶粘剂中除黏料外，还含有溶剂、固化剂、增塑剂、填料、增黏剂和防腐剂等添加剂。这些添加剂是根据胶粘剂的性质及使用要求选择的。

（二）胶粘剂的分类

胶粘剂的主体成分可以是无机物，也可以是有机物，大部分是以合成高分子材料为主体的合成胶粘剂，常用分类方法如下。

1. 按化学成分分类

按化学成分分类是一种比较科学的分类方法，将胶粘剂分为有机胶粘剂和无机胶粘剂。有机胶粘剂分为合成胶粘剂和天然胶粘剂，合成胶粘剂有树脂型、橡胶型、复合型等胶粘剂；天然胶粘剂有动物胶、植物胶、矿物胶等胶粘剂。无机胶粘剂有磷酸盐、硅酸盐、硫酸盐、硼酸盐等多种。

2. 按形态分类

按形态，胶粘剂可分为液体胶粘剂和固体胶粘剂，具体有溶液型、乳液型、糊状、胶膜、胶带、粉末、胶粒和胶棒等。

3. 按用途分类

按用途，胶粘剂可分为结构胶粘剂、非结构胶粘剂和特种胶粘剂（如耐高温、超低温，导电、导热、导磁，密封等）三大类。

4. 按应用方法分类

按应用方法，胶粘剂可分为室温固化型、热固型、热熔型、压敏型和再湿型等。随着胶粘剂应用领域的扩大，在不同领域应用的专用胶粘剂越来越多，许多生产经营部门已把胶粘剂分为汽车用胶、建筑用胶、包装用胶和木材用胶等。

（三）常用胶粘剂

1. 树脂型胶粘剂

（1）热塑性树脂胶粘剂。热塑性树脂胶粘剂以线型热塑性树脂为基料，通过与溶剂配制成溶液或直接通过熔化的方式进行胶接。这类胶粘剂使用方便，容易保存，柔韧性、耐冲击性、初黏性能良好，但耐溶剂性和耐热性差，强度和抗蠕变性能低。热塑性树脂胶粘剂有纤维素酯、烯类聚合物（聚乙酸乙烯酯、聚乙烯醇、过氯乙烯、聚异丁烯等）、聚酯、聚醚、聚酰胺、聚丙烯酸酯、聚乙烯醇缩醛等类。

（2）热固性树脂胶粘剂。该类胶粘剂以多官能团的单体或低分子预聚体为基料，在一定的固化条件下，通过化学反应后交联成体型结构的胶层来进行胶接。这类胶粘剂的胶层呈现刚性，有很高的胶接强度和硬度，良好的耐热性、耐溶剂性和抗蠕变性能，缺点是起始胶接力较小。热固性树脂胶粘剂有环氧树脂、酚醛树脂、脲醛树脂、三聚氰-甲醛树脂、有机硅树脂、不饱和聚酯、丙烯酸树脂、聚酰亚胺、聚苯并咪唑、酚醛-聚乙烯醇缩醛、酚醛-聚酰胺、酚醛-环氧树脂和环氧-聚酰胺等类。

2. 橡胶型胶粘剂

橡胶型胶粘剂是以氯丁、丁腈、丁苯、丁基等合成橡胶或天然橡胶为基料配制成的一类胶粘剂。这类胶粘剂具有较高的剥离强度和优良的弹性，但其抗拉强度和抗剪强度较低，主要适用于柔软的或膨胀系数很高的材料的胶接。其主要品种有氯丁橡胶胶粘剂和丁腈橡胶胶粘剂。

（1）氯丁橡胶胶粘剂。其基料为氯丁橡胶。这类胶粘剂具有较高的内聚性和良好的黏附性能，耐燃性、耐候性、耐油性和耐化学试剂性等均较好，主要缺点是稳定性和耐低温性较差。它是一种广泛使用的非结构型胶粘剂，可用于极性、非极性橡胶的胶接，金属、非金属材料的胶接，在汽车、飞机、船舶制造和建筑等方面，均得到广泛应用。

（2）丁腈橡胶胶粘剂。其基料为丁腈橡胶。这类胶粘剂的突出特点是耐油性好，并有良好的耐化学介质性和耐热性。其对极性材料有很强的黏附性，但对非极性材料的胶接稍差。它适用于金属、橡胶、塑料、木材、织物及皮革等多材料的胶接，尤其在各种耐油产品中得到广泛应用。

3. 混合型胶粘剂

混合型胶粘剂又称复合型胶粘剂，由两种或两种以上高聚物彼此掺混或相互改性而制得，即构成胶粘剂基料的是不同种类的树脂或树脂与橡胶。混合型胶粘剂分为合成橡胶型和橡胶树脂型。

（1）合成橡胶型分为氯丁橡胶、丁苯橡胶、丁基橡胶、丁钠橡胶、异戊橡胶、聚硫橡胶、聚氨酯橡胶、氯磺化聚乙烯弹性体、硅橡胶等类。

（2）橡胶树脂型分为酚醛-丁腈胶、酚醛-氯丁胶、酚醛-聚氨酯胶、环氧-丁腈胶、环氧-聚硫胶等类。酚醛-丁腈胶粘剂可用于金属和大部分非金属材料的胶接，如汽车制动摩擦片的黏合、飞机结构中轻金属的黏合、印制线路板中铜箔与层压板的黏合及各种机械设备的修复等。

（四）胶粘剂的选用

胶粘剂的种类繁多，各有不同的特点和用途。因此，要合理选用胶粘剂，必须从多方面来考虑。通常选用胶粘剂时应注意下列原则。

（1）与被胶接对象要相容、匹配。胶粘剂应与被粘物有良好的相容性；胶粘剂应与被粘物的厚度、弹性和热膨胀系数相匹配；胶粘剂的固化温度和压力应与被粘物的耐热性和耐压性相匹配。

（2）胶粘剂要根据使用要求来选择。胶接问题一般分为结构胶接和非结构胶接，结构胶接要承受较大的载荷；非结构胶接承受较小的外力或不受力。结构胶接要根据胶接处的应力、使用环境和使用寿命三要素来选择胶粘剂。胶接处的应力决定对胶粘剂的最小胶接强度要求，应考虑的应力三要素为应力类型、应力大小和应力状态。非结构胶接一般不考虑胶接强度问题，某些情况对胶粘剂无特殊要求；而有些情况对胶层的导电性、透光性、耐温性和耐辐照性等有特殊要求，此时要选用特种胶粘剂。

（3）胶粘剂的状态要适应胶接的工艺要求。在明确胶接使用要求的前提下，应考虑以下要素：合理选用胶粘剂，设计合理的胶接接头，严格控制工艺质量，具有适宜的经济性。

（五）胶粘剂在汽车中的应用

汽车制造向节能、环保、安全舒适、低成本和长寿命发展的趋势对汽车胶粘剂的使用性能和工艺性能提出了越来越高的要求。现重点介绍几种主要汽车胶粘剂的应用情况。

1. 汽车折边胶

折边胶作为一种车用结构胶，主要用于车门、发动机罩和行李箱盖板的内外折边部位的粘接，取代原有的点焊结构。折边胶主要有环氧树脂类、聚氯乙烯类、聚丙烯酸酯类三种类型。

2. 顶棚胶粘剂

顶棚胶粘剂是指车身内饰中软质或硬质顶棚材料的粘接用胶。软质顶棚由聚氯乙烯（PVC）表皮材料或织物与 PU 软泡塑料复合而成，硬质顶棚由瓦楞纸与毛毡等材料制得。长期以来，车身软质顶棚的粘接用胶是溶剂型氯丁橡胶类胶粘剂。这类胶粘剂初黏性好、胶层柔韧、常态粘接强度较高，适合汽车流水线生产使用，但胶中有毒溶剂（如甲苯）污染环境、损害工人健康且存在火灾隐患，溶剂对PVC表皮内增塑剂的抽提易引起PVC折皱或变色而影响美观。另外，胶层耐热性差，易引起顶棚脱落，开发能克服这些弊端的水基顶棚胶是汽车制造厂所期望的。

3. 风窗玻璃粘接密封胶

采用直接粘接法进行轿车和高档客车风窗玻璃的装配，是现今国内汽车厂家已普遍采用的一种先进技术。与传统的橡胶密封条固定风窗玻璃的装配工艺相比，其具有固定强度高、密封性能好、装配工艺简单和外观美观等突出特点。

4. 其他

（1）动力系统。发动机罩内外板的密封，用热固化乙烯基塑料溶胶；螺杆及螺栓的密封，用氯丁胶乳或厌氧胶；油箱输油管的密封，用可膨胀的热固化氯丁胶。

（2）运行系统。制动器衬里与闸瓦粘接，用丁腈酚醛胶；马达带与离合器粘接，用丁腈-酚醛胶；闸瓦底座与圆盘衬垫粘接，用酚醛胶。

（六）汽车用胶品种发展趋势

（1）开发无毒、不燃、无环境污染且具有良好初黏性的水基胶（如内饰用单组分水基胶）和热熔胶（如车身硬质顶棚胶和车身顶盖外焊缝用热熔胶带）。

（2）开发能降低制造成本、减轻车身质量和具有较宽工艺适应性的塑溶胶（如低密度或低温塑化PVC类焊缝胶和抗石击涂料）。

（3）开发适应特定工艺要求或产品使用要求的汽车专用胶（如瞬时定位单组分湿固化型聚氨酯风窗玻璃胶，平面密封用、可剥性更好的耐油硅酮密封胶，高温制动蹄片胶等）。

任务二　陶瓷和玻璃

一、陶瓷的分类、组成及性能

陶瓷是由天然矿物组成或人工合成的各种化合物，经粉碎、成形和高温烧结等工序制成的一种无机非金属固体材料。

由于其固有的物理化学性能，在现代高新科学技术领域中，陶瓷已成为不可替代的关键材料，也是现代工业中具有发展前途的新型材料。陶瓷在汽车上的应用越来越广泛，如耐高温、高压火花塞（图6-6），陶瓷发动机等。

图6-6　耐高温、高压火花塞

（一）陶瓷的分类

陶瓷种类很多，通常分为传统陶瓷和精细陶瓷两大类。

1. 传统陶瓷

传统陶瓷，也称硅酸盐陶瓷，主要包括卫生、日用、建筑等陶瓷制品，以及工业上应用的高低压电陶瓷、耐酸及过滤陶瓷等。

2. 精细陶瓷

精细陶瓷，也称新型陶瓷、高技术陶瓷或特种陶瓷。

（1）精细陶瓷按照性能可分为高强度陶瓷、高温陶瓷、耐磨陶瓷、耐酸陶瓷、压电陶瓷、电介质陶瓷、半导体陶瓷、磁性陶瓷、光学陶瓷和卫生陶瓷等。

（2）精细陶瓷按化学组成可分为氧化物（氧化铝、氧化锆、氧化镁）陶瓷、碳化物（碳化硅、碳化硼）陶瓷、氮化物（氮化铝、氮化硅、氮化硼）陶瓷、复合陶瓷（氧氮化硅铝陶瓷、镁铝尖晶石陶瓷）、金属陶瓷和纤维增强陶瓷。

（二）陶瓷的组织结构

陶瓷和金属材料一样，其性能取决于化学成分和组织结构。

陶瓷具有两种晶体结构，即离子键构成的离子晶体结构和共价键构成的共价晶体结构。离子晶体结构中，原子直径大的非金属元素作为负离子，排列成各种不同晶格；原子直径小的金属元素作为正离子，处于非金属原子间隙里。由于离子键能较高，因此正负离子结合牢固。共价晶体结构中，其共价电子往往偏向负电性一边，这样的极化共价键具有离子键特征，同样有很高的结合能。

陶瓷的性能不但与其晶体结构相关，而且与组织的相结构密切相关。陶瓷组织结构虽然非常复杂，但都由晶相、玻璃相和气相组成，而且各相的组成、数量、形状和分布都直接影响陶瓷的性能。

（三）陶瓷的性能

1. 物理性能

陶瓷的熔点很高，具有很好的高温强度和高温抗蠕变性能，1 000 ℃以上也不会被氧化，可用做耐高温材料。其热膨胀系数低、导热性差、绝缘性好，是优良的高温绝缘材料，但其抗热震性差，温度剧烈变化时易破裂，不能急热骤冷。

2. 电性能

一般陶瓷都有较好的电绝缘性能，可作为传统的绝缘材料，有的可做半导体材料。应用其电性能的精细陶瓷有压电陶瓷、磁性陶瓷等。

3. 化学性能

陶瓷在室温和高温下都不会被氧化，对酸、碱、盐均有良好的抗腐蚀能力，是化学稳定性极强的材料。

4. 力学性能

陶瓷材料最突出的特点是高硬度和高耐磨性，这些性能都大大优于金属。其几乎没有塑性、脆性大，故冲击韧度和断裂韧性很低。其抗拉强度低，但抗压强度较高、弹性模量高，可达金属的数倍。

二、陶瓷在汽车上的应用

陶瓷的强度和弹性模量很高，而且具有耐腐蚀、耐磨损、耐高温的优点，密度又比一般金属材料小，是很有发展潜力的高比强度材料。但陶瓷固有的脆性使其应用范围受到很大的限制。先进陶瓷材料的研究取得很大进展，用高纯度超细粉料经特殊加工工艺制成的陶瓷材料显微组织精细、性能优良，如碳化硅、氮化硅、氧化铝、氧化锆等先进陶瓷材料已逐步进入实用领域。陶瓷增韧的研究也取得一定的成果，为结构陶瓷材料的推广应用创造了条件。

由于精细陶瓷具有各种优良的特性，应用于汽车上可以有效地减小汽车的质量、提高发动机的热效率、降低油耗、减少排气污染、提高易损件使用寿命、完善汽车的智能性功能，因此精细陶瓷在汽车上的应用前景广阔。

用氮化硅陶瓷材料制成的陶瓷纤维活塞，耐热性和耐磨性好，热膨胀系数小。陶瓷纤维活塞由于热膨胀系数小，故不会产生“冷敲热拉”现象。

精细陶瓷可用于制作气门、气门座和摇臂（图 6-7）等零件，以充分发挥其优良的耐热性和耐磨性。日本的五十铃公司陶瓷研究所研究开发的发动机用氮化硅材料制成气门，三菱公司采用陶瓷制成发动机摇臂，在使用中均获得良好效果。

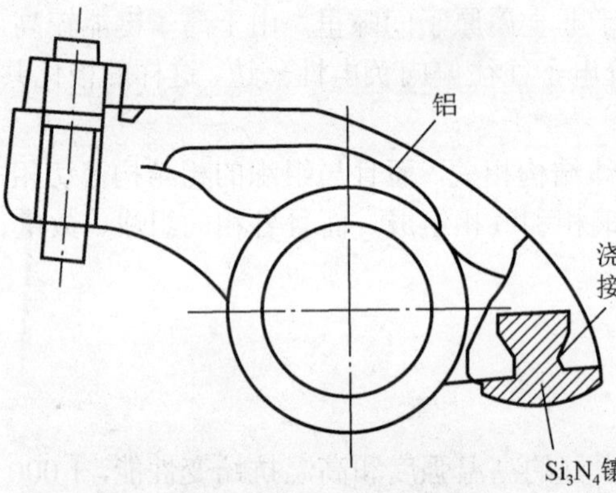

图 6-7 陶瓷摇臂镶块

精细陶瓷耐腐蚀性强，在高温下有良好的热稳定性，被广泛地用做汽油机点火系统中火花塞的基体。日本的五十铃公司研制的陶瓷发动机采用陶瓷做进、排气管，可以承受 800～900 ℃的高温。由于取消了隔热板，发动机体积减小了，故排气净化效果提高了。

功能性精细陶瓷主要用于制作汽车调控系统的敏感元件，如空燃比传感器及传动装置传感器等。

人们对汽车的安全性、智能化、舒适性、节能及对噪声、排放污染的限值等的更高要求，使具有绝缘性、介电性、压电性、半导体性和导磁性等特异功能的陶瓷材料在汽车上的应用越来越广，品种和规格越来越多，如温度传感器、废气传感器、压电性传感器（如爆燃性传感器、超声波传感器）和湿度传感器等。

多孔陶瓷是一种新型陶瓷材料，也称气孔功能陶瓷。多孔陶瓷具有如下特点：巨大的气孔率、气孔表面积；可调节的气孔形状、孔径及其分布；气孔在三维空间的分布连通可调；具有一般陶瓷基体性能的同时，具有与其巨大的比表面积相匹配的优良的热、电、磁、光、化学等性能。目前新型多孔陶瓷，如多孔陶瓷载体、多孔吸声材料、多孔过滤渗透材料、多孔陶瓷敏感元件、生物医学多孔陶瓷材料、多孔性光学材料、蓄热储能多孔陶瓷材料和蜂窝式红外多孔陶瓷燃烧板等不断涌现，使其应用范围更广泛。多孔陶瓷作为一种具有优良特性的环保材料，在汽车尾气净化领域得到了广泛应用。

为了提高发动机热效率，利用陶瓷的耐热、耐磨、耐腐蚀和热膨胀系数小等特点，日本五十铃公司陶瓷研究所开发了陶瓷发动机。该机的气缸套、活塞、气门等燃烧室零件有40%是陶瓷零件，取消了散热器和冷却装置，可以使功率提高10%，燃油消耗降低30%。

虽然精细陶瓷制品对原材料要求比较严格、成形工艺复杂、加工困难，每批制品的性能难以保持一致，而且成本高，但是随着科学技术的飞速发展，陶瓷制造工艺不断完善，精细陶瓷材料以其优异的性能，一定能在汽车业中得到更广泛的应用。

三、玻璃

玻璃是现代汽车不可缺少的材料，其不仅能使汽车显得十分亮丽，而且为驾驶员提供了良好的视野和舒适的驾驶条件。玻璃还使所有的乘员能够欣赏到旅途中的风景，消除旅途疲劳。玻璃还直接涉及司乘人员的旅行安全。

玻璃是指硅酸盐类熔融物通过一定方式冷却后，具有固体的力学性能与一定结构特征的非晶态物体。因此，人们常常把玻璃看作一种硅酸盐类材料。玻璃主要由二氧化硅（SiO_2）和各种金属氧化物组成。

（一）玻璃的分类

玻璃的种类繁多，通常玻璃有以下几种分类方法。

1. 按金属氧化物不同分类

按形成玻璃的主要金属氧化物不同，玻璃可分为石英玻璃（含 SiO_2 量为 100%）、硅酸盐玻璃（基本结构是 SiO_2）、硼酸盐玻璃（基本结构为 B_2O_3）、磷酸盐玻璃（基本结构为 P_2O_5）及其他结构的玻璃。

2. 按化学成分分类

（1）钠玻璃。钠玻璃的主要成分是 SiO_2、Na_2O 和 CaO，由于含杂质多，其力学、热学、光学和化学稳定性较差，故多用于制造普通的建筑玻璃及日用玻璃制品。

（2）铅玻璃。铅玻璃的主要成分是 PbO、K_2O 和 SiO_2，由于其具有鲜明的色泽和光泽，对光的折射和反射强，化学稳定性高，故主要用于制造光学仪器、高级器皿、装饰品和艺术品。

（3）钾玻璃。钾玻璃的主要成分是 K_2O、Na_2O、CaO 和 SiO_2，质硬而有光泽，多用于制造化学仪器用具及高级玻璃制品。

（4）铝镁玻璃。铝镁玻璃的主要成分是 MgO、Al_2O_3、SiO_2、CaO 和 Na_2O，多用于制造高级建筑玻璃。

（5）硼玻璃。硼玻璃的主要成分是 B_2O_3、SiO_2 和 MgO，用于制造化工仪器、绝缘材料和耐热玻璃。

（6）石英玻璃。石英玻璃又称水晶玻璃，石英玻璃的化学成分为 100%的 SiO_2，其力学性能、热稳定性和电绝缘性好，但熔制加工困难，常用于制作高级化学仪器、光学零件和耐高温、高压等特殊用途的制品。

（7）高硅氧玻璃。高硅氧玻璃是指 SiO_2 质量分数在 95%以上的玻璃，又称 96%SiO_2 玻璃，其用途与石英玻璃相似，但成本较低。

3. 按性质和用途分类

（1）日用玻璃。日用玻璃主要包括瓶罐玻璃、器皿玻璃和装饰玻璃制品等。

（2）建筑玻璃。建筑玻璃主要是平板玻璃，包括商用平板玻璃、镜用平板玻璃、装饰用平板玻璃（如压花玻璃、磨砂玻璃、彩色玻璃）、安全玻璃（如夹层玻璃）和特种平板玻璃（如磨光玻璃、双层中空玻璃、玻璃砖等）。

（3）玻璃纤维。玻璃纤维包括无碱玻璃纤维（Na_2O 质量分数小于 0.7%）、低碱玻璃纤维（Na_2O 质量分数小于 2%）、中碱玻璃纤维（Na_2O 质量分数在 2%左右）和高碱玻璃纤维（Na_2O 含量在 15%左右）。

（4）技术玻璃。技术玻璃包括光学玻璃、仪器玻璃、玻璃器具及设备和特种技术玻璃（如导电玻璃、磁性玻璃、荧光玻璃等）。

（5）夹丝玻璃。夹丝玻璃又称防碎玻璃，制造时在玻璃中间夹有一层金属网。夹层玻璃强度高，不易破碎，破碎了的玻璃碎片附着在金属网上不易脱落和飞溅，既能满足采光要求，又能保证安全，可用于制造厂房天窗、防火门窗、地下采光门窗等。

（6）汽车玻璃。汽车玻璃是汽车中十分重要的安全零部件，其作用不仅是抵御风寒、雨水和尘土，而且可以防碰撞冲击，保证驾驶员和乘员的安全。汽车玻璃不仅是安全部件，同时也是装饰制品。随着汽车运输的发展，道路状况不断改善，车速日益提高，汽车玻璃在汽车行驶中不仅要给驾乘人员提供良好的视野，而且在遇到突发性事故时还要不因玻璃破碎而伤害驾乘人员，同时要求其轻量化及多功能化。

汽车玻璃经历了由平板型向曲面型、由普通型向强化型、由全钢化向局部钢化、由钢化玻璃向夹层玻璃、由三层夹层向多层夹层等发展的过程。

20 世纪 50 年代初期，汽车使用普通平板玻璃和热弯玻璃，当玻璃破碎时，碎片像锋利的刀一样，易造成人身伤亡，且引起无数次交通事故；20 世纪 50 年代后期开始使用全钢化玻璃作为前风窗玻璃，但全钢化玻璃破碎后不能保证驾驶员的视野清晰，而且小颗粒碎片易对驾驶员的眼睛造成严重伤害，致使驾驶员不能有效地采取制动措施，从而导致二次事故的发生；在 20 世纪 60 年代，为保证前风窗玻璃破碎时有一定的视野，世界各国均有强制使用安全玻璃的要求，同时规定不得使用全钢化玻璃作为风窗玻璃。

我国于 1980 年开始公布和实施有关汽车安全玻璃的国家标准。国家标准《汽车安全玻璃》（GB 9656—2003）于 2003 年开始实施，其内容包括：汽车安全玻璃抗冲击要求，抗磨性能要求，光学性能要求，耐辐射、高温、潮湿和耐热要求；汽车用安全玻璃厚度、尺寸、弯曲度、吻合度、外观质量等要求。

现代汽车玻璃的发展趋势是安全、美观、多功能、轻而薄，并附加新技术，如减速玻璃、吸热玻璃、带印刷陶瓷层花边的玻璃、带印刷电路的防霜玻璃、带天线的玻璃等。

（二）汽车用玻璃的分类及特点

1. 汽车用玻璃的分类

（1）按使用性能和材质分类。汽车用玻璃分为安全玻璃、夹层玻璃、钢化玻璃和区域钢化玻璃。

① 安全玻璃。汽车用安全玻璃是由无机材料或无机材料与有机材料构成的复合材料，对其可见性、强度和耐磨性等通用性都有要求。安全玻璃应用于车辆时，可以降低车祸中碎片伤人的危险。

② 夹层玻璃。夹层玻璃是指两片或两片以上的玻璃用胶粘剂一层或数层粘接在一起的玻璃制品，当玻璃破碎时，碎片不易伤人。

③ 钢化玻璃。采用将玻璃加热到接近软化点附近然后急冷的方法制成的玻璃称为钢化玻璃（图 6-8）。钢化处理后的玻璃强度和热稳定性得到了提高，一旦玻璃破坏，碎片无尖锐棱角，可避免伤人。

④ 区域钢化玻璃。区域钢化玻璃是指经区域控制钢化程序处理的钢化玻璃，又称局部钢化玻璃。一旦破坏，总体上符合安全玻璃对所裂碎片的要求。当玻璃突然受到外力作用破碎时，有的部分碎片大，有的部分碎片小，既保护了驾驶员和乘员的人身安全，又保留了一个不妨碍驾驶的视区，保证了事故后的安全行车。

（2）按安装位置分类。根据玻璃在汽车上安装位置的不同，汽车用玻璃可分为风窗玻璃、后窗玻璃、后侧窗玻璃、后角窗玻璃、后门窗玻璃、前门窗玻璃和前角窗玻璃，如图 6-9 所示。

图 6-8　钢化玻璃

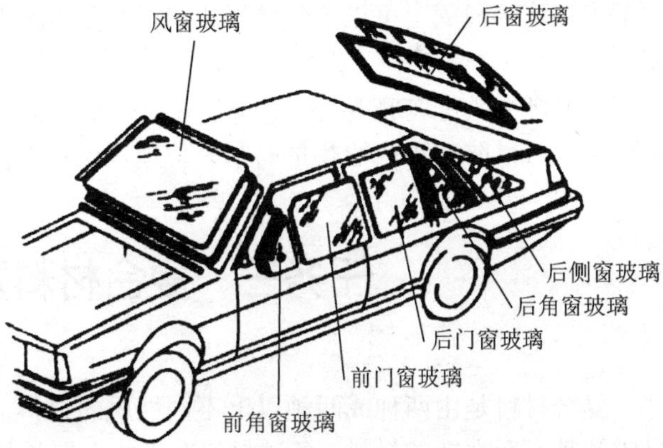

图 6-9　轿车用玻璃

（3）按玻璃色调分类。汽车用玻璃的基材，必须是质地优良的浮法玻璃，按玻璃色调可分为无色透明玻璃、过渡蓝色玻璃、过渡绿色玻璃和青铜色玻璃几类。

2. 汽车用玻璃的特点

（1）钢化玻璃和区域钢化玻璃。钢化玻璃是采用平板玻璃或浮法玻璃经过钢化处理而成的一种高强度玻璃。由于玻璃内部发生了结构变化，因而钢化玻璃具有比普通玻璃高得多的力学性能、耐冲击性和热稳定性。当其破碎时，碎片破成无数小块，且无尖锐棱角，不易伤人，增加了安全性。钢化玻璃与区域钢化玻璃的区别在于冷却气流的强弱不同。区域钢化玻璃一般用于制作汽车的风窗玻璃，而钢化玻璃用于其他部位。

（2）中空玻璃。中空玻璃是用胶粘法将双层或多层平板玻璃粘接在一起，使玻璃之间形成中空的一种特殊玻璃。由于中间充以干燥空气，因而具有隔音、隔热、保温、不结霜、不产生凝结水及吸收紫外线的作用。中空玻璃被广泛应用在高档客车的侧窗上。

（3）夹层安全玻璃。汽车用夹层安全玻璃通常由三层组成，即玻璃、中间的加强膜、玻璃。两侧玻璃层的厚度各为 2.0～3.0 mm，中间的加强膜通常由聚乙烯醇缩丁醛或聚甲基丙烯酸酯制成，膜厚为 0.38～0.76 mm。夹层玻璃的突出特点是具有较高的强度，同时热稳定性也比较好。中间夹层物的增强作用和粘接作用，能减少玻璃之间的内应力，同时能抑制玻璃表面裂缝的扩展。当玻璃受到外力冲击破坏时，仅会产生辐射状的裂纹而没有尖锐的棱角碎片，碎片脱落或飞溅时不致伤及乘员。因此，夹层安全玻璃在汽车上得到广泛应用。

（4）防爆、防弹玻璃。这是一种特制玻璃，具有较大的抗冲击强度及透光性好、耐热、耐寒等特点。当遇到爆炸或弹击时，轻者玻璃可以完好无损，重者即使玻璃破裂，子弹也不易穿透玻璃，玻璃碎片不会脱落伤人。防爆、防弹玻璃主要用于各国首脑及重要人物所乘用防弹车的玻璃。

（5）防水玻璃。防水玻璃的表面涂覆一层化学耐久性优异的含氟薄膜。这种薄膜不影响玻璃原来的颜色与光泽，有效寿命可达 3～5 年。在汽车行驶时，防水玻璃上的水滴在风压的作用下迅速滚落，车内的人像和物像不会映射到风窗玻璃上，因而不会影响驾驶员的视线。

（6）防雾玻璃。在夹层玻璃或钢化玻璃表面涂一层碱性有机薄膜，可以制成防雾玻璃。由于水在这种薄膜上可以均匀展开成膜，不会结露成雾，因此这种玻璃适合寒冷地区的车辆使用。

（7）特种风窗玻璃钢。高级轿车采用热反射膜玻璃作为风窗玻璃，玻璃表面涂有金属氧化物层，可以防止车内的热量向车外传递，保持车内温度。

任务三　复合材料及摩擦材料

复合材料是由两种或两种以上不同性质的材料，通过物理或化学的方法在宏观或微观上组成的具有新性能的材料。各种材料在性能上取长补短，产生协同效应，使复合材料的综合性能优于原组成材料，从而满足各种不同的要求。复合材料的基体材料分为金属和非金属两大类，金属基体主要有铝、镁、铜、钛及其合金；非金属基体主要有合成树脂、橡胶、陶瓷、石墨和碳等。复合材料的增强材料主要有玻璃纤维、碳纤维、硼纤维、芳纶纤维、碳化硅纤维、石棉纤维、晶须、金属丝和硬质细粒等。

复合材料使用的历史可以追溯到古代。从古至今沿用的稻草增强黏土和已使用上百年的钢筋混凝土均由两种材料复合而成。20 世纪 40 年代，因航空工业的需要，发展了玻璃纤维增强材料（俗称玻璃钢），从此出现了复合材料这一名称；20 世纪 50 年代以后，陆续发展了碳纤维、石墨纤维和硼纤维等高强度、高模量纤维；20 世纪 70 年代出现了芳纶纤维和碳化硅纤维。这些高强度、高模量纤维能与合成树脂、橡胶、陶瓷、石墨、碳等非金属基体或铝、镁、铜、钛等金属基体复合，构成各具特色的复合材料。

一、复合材料的分类、性能及其应用

（一）复合材料的分类

复合材料是两种或多种不同性能的组分通过宏观或微观复合在一起的新型材料，组分之间存在明显的界面，各组分保持各自固有特性的同时可最大限度地发挥各种组分的优点，具有单一材料所不具备的优良特殊性能。此外，复合材料具有可设计性。

复合材料结构通常一个相为连续相，称为基体；而另一个相是以独立的形态分布在整个基体中的分散相，这种分散相的性能优越，能使材料的性能显著改善和增强，称为增强剂（增强相、增强体）。增强剂一般较基体硬，强度、模量较基体大，或具有其他特性。增强剂可以是纤维状、颗粒状或弥散状，其与基体之间存在明显界面。

复合材料一般有下列三种分类方法。

1. 按性能分类

（1）功能复合材料：处于初始研制阶段。

（2）结构复合材料：已大量研制和应用。

2. 按基体分类

（1）非金属基复合材料（目前大量研究和使用的是以高聚物材料为基体的复合材料）。

（2）金属基复合材料。

3. 按增强剂的种类和形状分类

（1）颗粒复合材料。

（2）层状复合材料。

（3）纤维增强复合材料：可分为玻璃纤维增强、碳纤维增强、硼纤维增强和晶须增强等。

（二）复合材料的性能

1. 比强度和比模量高

许多近代动力设备和结构，不但要求强度高，而且要求质量轻，这就要求使用比强度（强度/密度）和比模量（弹性模量/密度）高的材料，复合材料便应运而生。例如，碳纤维和环氧树脂组成的复合材料的比强度是钢的 7 倍多，比模量是钢的 5 倍多。对于宇航、交通运输工具而言，在保证要求性能的前提下，减轻自重具有重大意义。

2. 抗疲劳性能好

大多数金属的疲劳强度是抗拉强度的 40%～50%，而碳纤维增强复合材料高达 70%～

80%，这是由于裂纹扩展机理不同。金属疲劳破坏时，裂纹沿拉应力方向迅速扩展而造成突然断裂，而复合材料中基体和增强纤维间的界面能够有效地阻止疲劳裂纹的扩展。

3. 减振能力强

许多机器和设备，如汽车、动力机械等的振动问题十分突出，而使用复合材料可以达到很好的减振效果。原因是纤维增强复合材料比模量大，则自振频率高，可避免共振引起的早期破坏；另外，纤维与界面吸振能力强，故振动阻尼性好，即便发生振动，也会很快衰减。

4. 耐高温性能好

各种增强纤维一般在高温下仍保持较高的强度，所以用其增强的复合材料的高温强度和弹性模量均较高，特别是金属基复合材料。例如，400 ℃时，一般铝合金弹性模量接近零，强度也降至室温强度以下，而经碳纤维或硼纤维增强后，400 ℃时的强度和弹性模量与室温水平基本一致，从而提高了金属的高温性能。

5. 尺寸稳定性好

将增强体加入基体材料中，不仅可以提高材料的强度和刚度，而且可以使其热膨胀系数明显下降。通过改变复合材料中增强体的含量，可以调整复合材料的热膨胀系数。例如，在石墨纤维增强镁基复合材料中，当石墨纤维的含量达到48%时，复合材料的热膨胀系数为零，即在温度变化时，其制品不发生热变形，这对于人造卫星构件非常重要。

6. 断裂安全性好

增强纤维的复合材料在每平方厘米截面上有成千上万根纤维，即使有一部分纤维断裂，载荷也会由未断裂的纤维承担起来，所以断裂安全性好。

7. 化学稳定性好

复合材料能耐酸碱腐蚀，还具有一些特殊性能，如隔热性，特殊的电、磁性能等。

复合材料也有不足之处，其断裂伸长率较小，抗冲击性低，横向拉伸和层间抗剪强度较低，尤其是其成本高，价格比其他工程材料高得多，以及工艺成形方法尚需改进等。相信随着对复合材料的研究和应用的不断发展，这些缺点必然会得到改善，反过来又将大大推动复合材料的发展和应用。

（三）复合材料在汽车上的应用

复合材料应用于汽车行业最早开始于 1953 年，多年来，复合材料在汽车行业的应用保持着持续增长的发展势头，并且这个趋势还将继续朝着向上的方向发展。复合材料的用量之所以会在汽车行业中持续增长，是因为复合材料具备许多优秀的性能，如强度高、质量轻、耐腐蚀，并且与铝材和钢材相比，加工成本更低、设计的灵活性更强、更容易成形等。总之，复合材料是汽车行业替代金属材料的一个很好的可选项。

然而，事实上在汽车制造领域，其制作材料并没有完全直接从金属材料转换到复合材料，尤其在大批量生产的汽车方面，复合材料的应用还是很有限的。这是因为有许多和复合材料使用相关的技术问题仍然没有得到很好的解决，其中包括准确的材料定性、生产、油漆、维修和金属材料的连接及回收等问题。尽管近年来世界上复合材料的新材料、新工艺和新技术不断涌现，从而在很大程度上使上述问题得到改善，促进复合材料在各类汽车中的广泛应用，但也不能否认复合材料在汽车上的广泛应用，特别是在中国汽车行业真正广泛应用仍然存在应用技术方面的各类问题，这需要我们去关注、研究、探讨和实践。

汽车常用复合材料是纤维增强塑料（Fiber Reinforced Plastic，FRP）。FRP 是汽车轻量化的最重要的材料，主要由以下几部分组成。

（1）纤维。纤维有玻璃纤维、碳纤维和陶瓷短纤维等。

（2）树脂。树脂有聚丙烯塑料（Polypropylene，PP）、聚乙烯塑料（Polyvinyl Chloride，PVC）、聚二烯塑料（Poly Ethylene，PE）和 ABS 等不饱和热塑性树脂等。

（3）填充料。常用的填充料有玻璃微球、陶瓷微球和有机物微球。

纤维增强塑料（FRP）基体是塑料，承受载荷的主要是增强相纤维，而增强相纤维处于基体之中，彼此隔离，其表面受到基体的保护，因而不易遭受损伤。塑性和韧性较好的基体能阻止裂纹的扩展，并对纤维起黏结作用，复合材料的强度因而得到很大的提高。

（四）玻璃纤维增强塑料和碳纤维增强塑料

1. 玻璃纤维增强塑料

玻璃纤维增强塑料（Glass Fiber Reinforced Plastic，GFRP）是一种有机非金属跟无机非金属复合的塑料基复合材料，包含基体和增强体两部分。GFRP 的基体是树脂，是一种热固性塑料，同时也是一种有机非金属材料，起黏结作用，占总质量的 65%～70%。GFRP 的增强体是玻璃纤维，起增强作用，是一种无机非金属的人造无机纤维，如玻璃纤维、碳纤维等，占总质量的 30%～35%。

GFRP 具有良好的电绝缘性能和黏结性能、较高的机械强度和耐热性、可塑性极强、成形收缩率小、施工方便的特点。GFRP 有很高的抗弯、抗拉、抗压强度。一般产品厚度为 5 mm，每平方米不超过 10 kg 的低质量意味着可以快速安装，减少结构成本和降低运输费用。由于 GFRP 耐盐水、化学物质，不受酸雨、盐及大部分化学物质的环境影响，所以又被称为玻璃钢。

GFRP 的抗拉强度与传统钢材基本相同，强于铝合金，而其质量仅仅比碳纤维材料略重，同时造价低得多，因此很好地平衡了性能与成本之间的关系。早些时候，奥迪汽车公司与福特汽车公司等也推出了 GFRP 制作的螺旋弹簧，将在未来应用在量产车上。玻璃纤维在汽车上的应用如图 6-10 所示。

图 6-10　玻璃纤维螺旋弹簧

2. 碳纤维增强塑料

碳纤维，又称碳化纤维，泛指一些以碳纤维编织或多层复合而成的材料，全称为碳纤维增强塑料（Carbon Fiber Reinforced Polymer/Plastic，CFRP）。因为其又轻又坚硬，所以用途很广泛。碳纤维在汽车领域的应用率先从赛车开始，近年来在民用汽车中得到了广泛的应用。

碳纤维是以有机纤维——聚丙烯腈（Polyacrylonitrile Powder，PAN）纤维或沥青纤维等的原丝经过预氧化、碳化、石墨化等高温固相反应工艺过程制备而成的，由择优取向的石墨微晶构成，因而具有很高的强度和弹性模量。碳纤维具有一般碳素材料的特性，如耐高温、耐摩擦、导电、导热及耐腐蚀等，但与一般碳素材料不同的是，其外形有显著的各向异性，柔软，可加工成各种织物，沿纤维轴向表现出很高的强度。碳纤维的比强度、比模量等性能，在现有结构材料中是最高的。在对硬度、刚度、质量、疲劳特性等有严格要求的领域以及在要求高温化学稳定性高的场合，碳纤维都颇具优势，应用广泛。

碳纤维是一种力学性能优异的新材料，其密度不到钢的 1/4，抗拉强度一般都在 3 500 MPa 以上，是钢的 7～9 倍；抗拉弹性模量为 23 000～43 000 MPa，也高于钢。但碳纤维也只是沿纤维轴方向表现出很高的强度，其耐冲击性却较差，容易损伤。因此，在制造结构组件时，往往利用其耐拉、质轻的优势，避免去做承受侧面冲击的部分。碳纤维编织材料如图 6-11 所示。

图 6-11　碳纤维编织材料

目前，全世界主要生产两种碳纤维：一种是 PAN 基碳纤维，以聚丙烯腈为原料；另一种是沥青基碳纤维，由煤、石油基沥青聚合成纤维。在强度上，PAN 基碳纤维优于沥青基碳纤维，因此在全世界的碳纤维生产中占有绝对优势。

碳纤维增强复合材料是汽车覆盖件最理想的非金属材料，在减轻车身质量的同时，也能保持防撞性能。图 6-12 所示为全碳车身的帕加尼 Zonda R 超级跑车。对于汽车生产商来说，碳纤维复合材料表现出许多优点，零部件的集成化、模块化、总装成本低、投资小，避免了传统车身的喷涂过程和相应的环保处理及成本。碳纤维材料不仅比钢材轻，而且难能可贵的是其具有很好的能量吸收性能。当然，碳纤维也非完美的材料，有承载各向异性的问题，即承载零部件在各个方向上的能力有所不同。

在模具中按纤维方向交错叠放碳纤维布，利用环氧树脂黏结剂将多层切割好的碳纤维布逐层粘在一起，这一过程需要用 5～10 层甚至更多层薄如蝉翼的碳纤维布，粘贴成加厚版碳纤维布。这时其柔韧性已经非常差，几乎跟刚性材料相同。其原理就如同将一页页纸完全粘贴成一叠厚厚的纸堆，纸堆就会变得坚固。

图 6-12　全碳车身的帕加尼 Zonda R 超级跑车

在民用汽车领域，奔驰汽车公司尝试将碳纤维材料用于溃缩区域，该技术首先在奔驰 SLR McLaren（图 6-13）上得到了应用。呈尖塔状的碳纤维溃缩柱由无数根粗壮的碳纤维经过编织而成，虽然结构依旧无比坚硬，但是在设计上使其能够在正面碰撞时破碎成无数细小的碎片，来吸收大量的能量，并且碎片不会对人造成伤害，这一点非常类似于汽车钢化玻璃的破碎原理。

图 6-13　奔驰 SLR McLaren

碳纤维材料在民用量产汽车，尤其是中档产品中应用十分广泛。很多厂商已经开始提供碳纤维材料的小组件，如后视镜壳、内饰门板、门把手、排挡杆、赛车座椅、空气套件等，同时，可以原装位安装到发动机舱的风箱、进气歧管（图 6-14）等碳纤维改装件也是品种繁多。

图 6-14　碳纤维进气歧管

目前碳纤维车身材料主要的弊端，首先是难以提供质量稳定，能够满足汽车部件力学强度需要的低成本碳纤维材料；其次，还需要研发能够批量制备复杂形状的高性能汽车部件的碳纤维复合材料成形技术；最后，碳纤维基本上不可降解，不可重复使用。碳纤维在生产过程中需要排放更多的二氧化碳，并产生大量的废气污水，同时碳纤维的生产过程极易对工人造成各种呼吸道和皮肤危害，所以该材料是否环保还有待论证。

二、摩擦材料的组成、性质要求及其应用

汽车用摩擦材料是汽车的消耗性材料之一，主要起到传递动力、制动减速、停车制动等作用，是汽车制动系统与行车系统的重要组成部分，对汽车的安全性、使用性能及操纵稳定性能起着十分重要的作用。

（一）摩擦材料的组成

摩擦材料是一种高分子三元复合材料，是由骨架材料（增强材料）、黏合剂和填充材料经一系列生产加工而成的制品。摩擦材料也是一种以摩擦为主要功能，兼有结构性能要求的复合材料。

1. 骨架材料（增强材料）

骨架材料多以石棉纤维为主，因而这种摩擦材料也被称为石棉摩擦材料，占摩擦材料总量的95%以上。

2. 黏合剂

摩擦材料用的黏合剂以酚醛树脂为主，也有相当一部分使用含橡胶、腰果油、聚乙烯醇或其他高分子材料成分的改性酚醛树脂。

3. 填充材料

填充材料多采用重晶石、硅灰石、氧化铝、铬铁矿粉、氧化铁、轮胎粉及铜、铅等粉末。

目前，摩擦材料的生产多采用模压法，即将各种组成材料经混合、热压、研磨后得到摩擦材料，也有的采用辊压法、一步成形法或其他加工方法。

（二）摩擦材料的性质要求

摩擦材料要具有以下性质：摩擦系数要大；摩擦系数的热稳定性要好，不发生衰减现象；由速度引起的摩擦系数的变化要小；不会因被水浸湿而导致摩擦系数降低；不会因夜间停车凝结露水而导致摩擦系数降低；制动时不发出声音；要有足够的强度；不易生锈；使用寿命长。

（三）摩擦材料的种类及用途

摩擦材料的特点是具有良好的摩擦系数和耐磨损性能，同时具有一定的耐热性和机械强度，能满足车辆或机械的传动与制动的性能要求。摩擦材料是用于诸多运动机械和装备中起传动、制动、减速、转向和驻车等作用的功能配件。摩擦材料被广泛应用在汽车、火车、飞机和石油钻机等各类工程机械设备上，也是民用品如自行车、洗衣机等作为动力传递或制动

减速用不可缺少的材料。

常用摩擦材料的品种有无石棉半金属摩阻材料、芳纶纤维复合摩阻材料、混杂纤维摩阻材料、粉末冶金摩阻材料、碳或者碳复合摩阻材料。汽车用摩擦材料主要用于制造制动摩擦片和离合器片。这些摩擦材料主要是石棉基摩擦材料，随着对环保和安全的要求越来越高，逐渐出现了半金属型摩擦材料、复合纤维摩擦材料和陶瓷纤维摩擦材料。由于摩擦材料在汽车上主要用于制造制动系统和传动系统的零件（图 6-15 和图 6-16），因此要求其有足够高而且稳定的摩擦系数和较好的耐磨性。

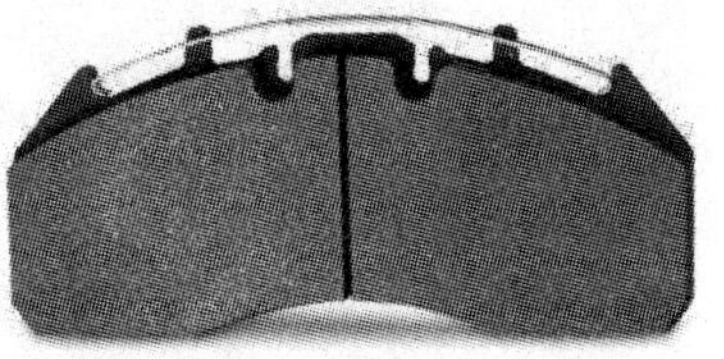

图 6-15　盘式制动片

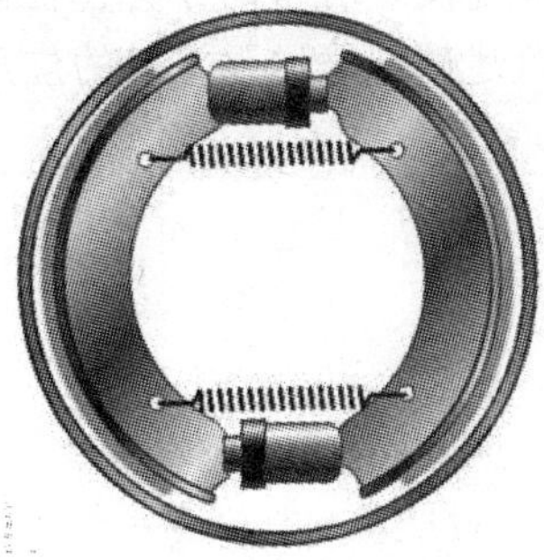

图 6-16　鼓式制动片

摩擦材料在汽车工业中属于关键的安全件，汽车的启动、制动和驻车都离不开摩擦材料，摩擦材料的好坏、优劣直接关系着驾驶人员的生命安全。

汽车材料衬片按软质摩擦衬片、特殊摩擦衬片、橡胶塑模、树脂塑模的顺序在不断改良。现在广泛使用的是树脂塑模。此外，以前作为基材使用的石棉，由于对人体有害，现在已不使用。

半金属摩擦材料的特点是摩擦系数的热稳定性好，耐磨耗性非常优异，制动时很少发出声音，水衰退小，常用来制作盘式制动器的摩擦块、大型车鼓式制动器的衬片等。

金属摩擦材料是用烧结合金制成的，以铜或铁粉为基材，再混合金属或非金属的粉末，在常温下压缩成形后烧结。金属摩擦材料的特点是即使在高温下，其特性变化也很小，对于苛刻的使用条件，磨耗也很少。此外，其水衰退小、热传导性好。

随着汽车技术水平的提高，对摩擦材料也提出了更为苛刻的技术要求。近年来开发了许多新型的摩擦材料，如钢纤维摩擦材料、玻璃纤维摩擦材料、陶瓷纤维摩擦材料、芳纶纤维摩擦材料和碳纤维摩擦材料等。并且，随着生产工艺的不断改进，目前已采用连续式回转自动生产盘式片的全自动生产线制造的摩擦材料制品。

习　题

1. 简述橡胶的结构和组成。
2. 简述橡胶在汽车中的应用。

3. 简述塑料的组成及分类。
4. 简述塑料在汽车中的应用。
5. 简述胶粘剂的组成和分类。
6. 简述胶粘剂在汽车中的应用。
7. 简述陶瓷的分类、组成及性能。
8. 简述陶瓷在汽车上的应用。
9. 简述玻璃的分类、性质和用途。
10. 简述复合材料的分类、性能及应用。
11. 简述碳纤维增强塑料的应用。

项目七　汽车车身美容材料

学习目标

1. 掌握车身清洗剂的组成和品种。
2. 掌握车蜡的组成、分类和使用。
3. 掌握车身漆面处理材料和内饰清洗护理材料的种类。
4. 掌握汽车喷涂的常见术语。
5. 掌握汽车车身喷涂的主要程序。
6. 掌握太阳膜的特性、分类和选用。
7. 掌握防锈防撞涂料的特性和分类。
8. 掌握真皮座椅的分类和使用。

任务一　清洗护理材料

一、车身清洗护理材料

（一）车用清洗剂

车用清洗剂（以下简称清洗剂）如图 7-1 所示。

1. 清洗剂除垢机理

清洗剂的除垢过程包括润湿、吸附、溶解、悬浮和去污。

（1）润湿。清洗剂对污垢物质有很强的润湿能力，当其与汽车表面的污垢物质接触后，不仅能润湿污垢物质表面，而且能渗入污垢聚集体的细小缝隙中，使污垢物质与被清洗表面结合力减弱。

（2）吸附。清洗剂中的电解质形成的无机离子吸附于污垢上，能改变清洗液对污垢的静电吸引力，并防止污垢再沉积。这种吸附既有赖于分子间相互吸引形成的物理吸附，也类似于化学键的相互吸引形成的化学吸附。

（3）溶解。污垢溶解在清洗剂溶液中。

（4）悬浮。清洗剂中含有的表面活性剂成分，其分子可以分成憎水

图 7-1　车用清洗剂

基和亲水基，憎水基由长的碳氢链组成，可溶解于油中而不溶于水；亲水基则相反，可溶解于水中而不溶于油。清洗剂中的活性物质分子与污垢接触后，其憎水的一端会吸附在污垢上，而亲水的一端与水结合在一起。这样，吸附在污垢周围定向排列的分子就将污垢与周围的水溶液牢固连接在一起，使憎水性污垢具有亲水性质，从被清洗表面脱落后，悬浮于清洗剂溶液中。

（5）去污。去污就是使用高压水枪将污垢冲洗掉的过程。

通过润湿、吸附、溶解、悬浮、去污五个过程的不断循环或综合作用，使被清洗表面的污垢被顺利清除。

2. 清洗剂的组成

（1）表面活性剂。表面活性剂又称界面活性剂或表面活性物质，它能显著降低液体表面张力，使污垢更易溶解于水中，是清洗剂中不可缺少的成分。汽车清洗剂的表面活性剂成分主要有软肥皂和合成清洗剂。

（2）硅酸钠。 硅酸钠俗称水玻璃，在清洗过程中它能够维持清洗剂的 pH 几乎不变。同时它还具有很好的悬浮能力，可以与表面活性剂配合使用，从而将污垢稳定悬浮于清洗剂中。

（3）磷酸盐。磷酸盐包括磷酸三钠、磷酸氢二钠和缩合磷酸钠等。其中，缩合磷酸钠在清洗剂配方中最为重要。它的主要作用是软化水，并能增强清洗剂的润湿能力，同时还有一定的乳化能力。

（4）碱性物质。碱性物质可与附着在被清洁表面的油脂发生反应，降低溶液表面张力，使油脂和清洗剂充分接触，从而使油脂被膨化、浸润，与被清洁面的附着力降低，最终分散于溶液中而被清除。碱性物质对汽车车身的漆面有腐蚀作用，故在汽车清洗剂中使用较少。

（5）溶剂。溶剂是清洗剂的主体，它与表面活性剂等一起与污垢发生化学反应，达到清除污垢的目的。溶剂主要分为水基和油基两类，水基溶剂的主要成分是水，油基溶剂的主要成分是煤油、汽油、松节油等。

（6）摩擦材料。摩擦材料可以通过摩擦作用增加清洗剂与污垢的接触，主要有硅藻土等。

3. 常用的清洗剂品种

（1）一般清洗剂。一般清洗剂是指家用洗衣粉、洗洁精等具有清洁功能的用品。一般清洗剂虽然也能达到清洗车身的目的，但它们容易把保护车身漆面的蜡层也清洗掉，而且通常呈碱性，对车身漆面和金属都具有强烈的腐蚀作用，会导致漆面失去光泽，车身金属生锈。因此，通常不采用此类清洗剂对车身进行清洗工作。

（2）水基清洗剂。水基清洗剂是一种业内广泛使用的专用清洗剂，其配方中包含多种不同的表面活性剂，具有较强的浸润和分散污渍的能力，能有效去除车身表面的尘埃、油污等脏物，保护车身不受有害物质侵蚀。同时，其配方中基本不含碱盐类成分，对车身漆面不会产生伤害，保持了漆面原有的光泽。

水基清洗剂是车身日常清洁的首选清洗剂。常用的水基清洗剂包括不脱蜡洗车液、脱蜡洗车液和天然洗车液等。

（3）多功能清洗剂。多功能清洗剂是一种集清洗、上蜡功能于一体的超浓缩清洗剂，能够产生丰富的泡沫，可以同时满足快速清洗兼打蜡的要求。多功能清洗剂包含多种表面活性剂和具有独特配方的水蜡等成分，在清洗作业中，能在漆面形成一层蜡膜，有效保护车漆，并使漆面光洁亮丽。

常用的多功能清洗剂包括汽车清洁上蜡香波和电脑洗车机用高级香波等。

（4）有机清洗剂。有机清洗剂主要用于去除车身表面油脂、石蜡、沥青等普通清洗剂难以清除的有机物质。使用这类清洗剂时，注意避免接触到塑料或橡胶零件，否则会使这些零件老化。

常用的有机清洗剂包括煤油、汽油、甲苯、二甲苯、三氯乙烯、四氯化碳、200 号溶剂汽油等。

（二）车蜡

1. 车蜡的作用

（1）上光作用。这是车蜡基本作用之一，车辆经过打蜡都能使车身漆面的光洁效果得到不同程度的改善，恢复车身光洁亮丽的本色。

（2）防水作用。车身上附着的水滴就像凸透镜一样，会对阳光产生聚集作用，从而侵蚀和破坏漆面。车蜡能使车身漆面上的水滴附着量减少 60%～90%，一些高档车蜡还可使残留水滴呈扁平状，更有效地抑制太阳光对漆面的伤害。

（3）延缓漆面老化作用。车蜡可以有效反射来自不同方向的入射光线，减少光、热作用导致的车身底色漆的老化，延长漆面的使用寿命。

（4）防静电作用。汽车在行驶过程中，空气及其中的尘埃与车身漆面不断摩擦，会产生车表静电。而打蜡后，漆面上形成的蜡层不仅可以有效阻止静电的产生，而且可大大减少带电尘埃对车身表面的附着。

（5）研磨抛光作用。当漆面出现划痕时，可选用研磨抛光型车蜡进行处理。如果划痕不严重，抛光和打蜡作业甚至可以一次完成。

2. 车蜡的组成

车蜡（图 7-2）的组成根据车蜡类别的不同而有若干差异，但其主要组分包括蜡脂、溶剂、硅（矽）油、染料、香料、研磨材料、表面活性剂、安定剂和增黏剂等。

（1）蜡脂。一般使用天然性蜡，可形成特有的保护膜，保护漆面并使漆面呈现光泽。

（2）溶剂。溶剂可以溶解蜡，并具有清除漆面油污的能力。

（3）硅（矽）油。适量加入硅（矽）油可增加打蜡作业过程中涂布车蜡的滑溜性、拨水性，并具有保持漆面光泽的能力。

（4）染料。染料可以改变车蜡的色调。

（5）香料。香料用以抑制溶剂的臭味。

（6）研磨材料。通过研磨可以除去污物或老化的蜡层，使得蜡膜能均匀涂布及擦拭作业易操作。多采用氧化硅或滑石粉作研磨材料。

图 7-2　车蜡

（7）表面活性剂。表面活性剂仅用于乳液型的车蜡，它可使得脂粉、溶剂和水均匀溶解，并使得污垢易溶于水而被除去。

（8）安定剂。安定剂可增加车蜡的安定性，保证其使用寿命。

（9）增黏剂。增黏剂可以适当调整车蜡的黏度，适用于乳化型车蜡。

3. 车蜡的分类

市场上的车蜡种类繁多，通常可以从以下几个角度对车蜡进行划分。

（1）按使用目的分类。依据使用目的不同，车蜡可分为抛光专用蜡和去污、抛光两用蜡。抛光专用蜡以抛光为主要目的，去污、抛光两用蜡可以同时满足去污和抛光的需求。

（2）按材质分类。依据材质的不同，车蜡可分为溶剂型蜡和乳化型蜡。溶剂型蜡的光泽保持性、拨水性更优秀，但不易清除漆面上的水性污物；乳化型蜡可除去漆面上的水性污物，但其光泽保持性、拨水性稍差。

（3）按蜡膜构成分类。依据蜡膜构成的不同，车蜡可分为封锁型蜡与标准型蜡。封锁型蜡在涂布后与空气中的氧和水分发生反应，蜡膜与漆面之间产生牢固的结合力，看起来浑然一体，能长时间保持拨水性与光泽性。标准型蜡则是涂布后，溶剂蒸发，蜡膜留在漆面上，其光泽性和拨水性稍差。

漆膜未经干燥时，如果使用封锁型蜡，容易导致漆面发生起泡、龟裂现象，使用时应当注意。

（4）按产品形态分类。依据产品形态的不同，车蜡可分为固体、膏状、乳液和液体。

4. 车蜡的选用

市场上的车蜡品种丰富（图 7-3），一般情况下应根据车辆的状况、车蜡的性能特点和车辆的工作环境等多种因素综合考虑，从而正确选用合适产品。

图 7-3　品种丰富的车蜡

（1）根据车辆的状况正确选用。对于新车或新喷涂的车辆，选用抛光蜡即可保持车身光泽和颜色；而对于旧车或漆面有漫射光痕的车辆，可先选用研磨蜡进行研磨处理。中高档轿车漆面较好，可选用高级车蜡，而其他一般车辆选用较低级别车蜡即可。深颜色车漆一般选用深色抛光蜡，浅颜色车漆则选用浅颜色抛光蜡，错误选用将严重影响美观。

（2）根据车蜡的性能特点正确选用。对于含硅成分的车蜡要慎重选用，因为汽车漆膜一旦黏上硅质，将难以修补。镜面处理蜡可以对漆面进行增光处理，获取更好的增光效果，但其保护功能则不如保护增光蜡。

（3）根据车辆工作环境正确选用。夏季一般光线较强，可选用防高温、防紫外线车蜡。经常在一些条件恶劣的道路上行驶的车辆，多选用保护作用较好的树脂蜡。

二、车身漆面处理材料

车身漆面提升了汽车美观度，使得车身金属耐腐蚀性大幅增强，让汽车更具有商品价值和使用价值。漆面处理是现代汽车美容的重要组成部分，包括漆面失光处理、漆面浅划痕处理、漆面深划痕处理和喷涂等内容。漆面失光处理是指在美容作业中采用特殊的处理工艺与方法，配合专用的护理用品，有效去除失光，再现漆面的光洁亮丽。对于因摩擦、碰撞而产生的各种划痕应区别对待：对于浅划痕，可采用研磨抛光的方法；深划痕则通常采用喷涂方法处理。因此，通常将车身漆面处理材料分为车身漆面护理材料和车身漆面修补材料两大类。其中，车身漆面修补材料见项目七任务二，车身漆面护理材料则主要有以下一些品种。

（一）研磨剂

研磨剂是利用坚固的摩擦材料，通过摩擦的工艺，去除车身漆面原有缺陷的一种材料，也是进行深度划痕（露出底漆）作业不可缺少的用品。常见的车用研磨剂如图 7-4 所示。研磨剂通常又分普通漆研磨剂和透明漆研磨剂两种。

图 7-4 车用研磨剂

透明漆研磨剂的摩擦材料与普通漆研磨剂相比有了很大的革新，它采用微晶体物、合成磨料或陶土取代浮岩颗粒。这种新型的摩擦材料在一定的热量下，可变小甚至消失，对漆层的保护较完善。这种新型研磨剂不仅适用于透明漆，同样也适用于普通漆。但是对于金属层、原子灰层和底漆层，透明漆研磨剂的研磨速度不如传统研磨剂。

常用的透明漆研磨剂产品包括透明漆微切研磨剂、透明漆中切研磨剂和透明漆深切研磨剂（不含硅氧烷）。

（二）抛光剂

抛光剂可以去除研磨工艺遗留的缺陷。通过抛光可以消除研磨造成的细微划痕，处理车漆的轻微损伤和污斑，为喷涂、打蜡等作业做好准备。这里指的抛光剂不包含上光成分。

常用的抛光剂又分为普通漆抛光剂、全能抛光剂和镜面釉抛光剂等。其中，镜面釉抛光剂含有高分子釉剂，能把各种车型的漆面做成釉质漆面的效果。这种特殊配方的抛光剂能去除抛光作业时留下的环划痕，使漆面特别光洁亮丽，同时还在汽车漆面上形成光滑、明亮、密封的釉质镜面保护膜，使汽车漆面具有较强的耐清洗、抗磨损能力，不怕水、油污和酸碱。

（三）增光剂

增光剂可实现最终的镜面效果。它与抛光剂的区别在于增光剂含蜡或其他上光成分。使用增光剂可以在进一步完善抛光效果的同时获得打蜡效果，缩短了作业时间。但使用抛光剂获得的打蜡效果保持时间有限，接触几次水后就会消失，若想长时间保持效果，还需再多加一层高质量的车蜡。

常用的增光剂品种有普通漆增光剂和增艳剂等。

（四）还原剂

还原剂主要用来去除抛光后漆面仍残留的一些发丝划痕、抛光盘旋转的印子花纹等，从而把打蜡前的车漆还原到漆色固有光泽的最高限度。使用还原剂进行还原处理是打蜡前的最后一道完善工序。

常用的还原剂品种有普通漆镜面还原剂和金属漆镜面还原剂等。其中，金属漆镜面还原剂是专为还原漆面光泽和色彩而设计的新产品，它可以有效去除氧化层和沥青污渍，在短时间内还原车漆本色，使漆面光洁如新，该产品同时也适用于普通烤漆的车身抛光翻新和漆面修补抛光作业。

（五）硅氧烷

大部分普通研磨剂、透明漆研磨剂、抛光剂和还原剂的产品包装上都注明“本产品不含硅油（烷）成分”，也就是说，人们通常都不选用含硅氧烷的产品。硅氧烷是一种硅化合成树脂，加入研磨材料里后，就产生了抗水、抗高温和增光的功效，进而可以防止车漆氧化。但是，如果硅氧烷没有被清洗干净，或者空气中含有的这类物质飘落到车身漆面，将造成喷漆作业中出现浮漆（漆不能黏在车壳上）的现象，也可能出现漆露（俗称鱼眼）的现象，影响美观，从而导致漆面修复失败。因此，应慎重对待此类研磨材料。

三、内饰清洗护理材料

随着人们对汽车舒适度的要求越来越高，汽车的内饰越来越豪华。这些内饰在长期使用后容易藏污纳垢，滋生细菌并产生异味，影响车内驾乘人员的健康。因此，采用专业清洗美容用品定期处理汽车内饰，不仅可以去污、除脏，保持车内清洁亮丽的环境，还能杀菌、除臭，保证车内驾乘人员的健康。通常将内饰清洗美容用品按照其使用对象的不同分为化纤类清洗护理剂、皮革类清洗护理剂、塑胶类清洗护理剂、电镀件清洗护理剂和玻璃清洗护理剂，常见的内饰清洗护理剂如图 7-5 所示。

（一）化纤类清洗护理剂

大多数汽车车内化纤编织物的覆盖面积所占比例较大，其广泛用于顶棚、地毯、座椅套、车门内饰板、行李箱等处。清洁此类化纤编织物时，不可采用洗衣粉、洗洁精等普通清洗用品，因为它们碱性较强，会使化纤编织物变黄，甚至产生腐蚀作用。

专业化纤类清洗护理用品应符合以下要求：能有效去除各种污垢和油脂；具有屏蔽污染物的功效，能有效防止被清洗物短时间内再次被污染；不含强酸、强碱类物质，呈中性，不会伤及被清洗材质；对人体无害，符合环保要求；含有杀菌活性成分，能有效杀菌并去除异味；使用简单，清洗过程中无须用水冲洗，只需将清洗护理剂喷于被清洗面，稍等片刻后用干净软布擦拭即可，对于一些顽固污渍，可借助刷子刷洗。

图 7-5　内饰清洗护理剂

常用的化纤类清洗护理剂有化纤清洁保护剂、丝绒清洁保护剂、地毯洗涤保护剂和化纤保护剂等。

（二）皮革类清洗护理剂

真皮类内饰的应用大大提高了汽车的档次。现今，高级轿车大多已采用真皮内饰，包括真皮座椅和真皮车门内饰板蒙皮等。但是这些真皮类内饰件在长期缺乏保养后容易出现松面、裂浆、露底和僵硬等现象。因此，应当根据真皮毛孔特性，选用合适的真皮护理产品，对真皮进行清洁、滋润，使其更加柔和、更富弹性，延长其使用寿命。

专业的皮革类清洗护理用品应符合以下要求：能有效去除皮革表面的各种污垢和油脂；含有的有效成分可以阻挡紫外线辐射，抗静电，防水，并能有效防止皮革老化、龟裂和失色；富含滋补营养成分，具有卓越的渗透和滋润能力，使皮革保持柔软的质感和自然的皮质光泽；含有杀菌防霉的活性成分，可防止真皮受潮后霉变；使用简单，清洗过程中无须用水冲洗，只需将清洗护理剂喷于被清洗面，稍等片刻后用干净软布擦拭即可。

目前，市场上不少皮革护理产品是普通树脂光亮剂，其仅能在皮革表层结有一层短暂而失真的光亮膜，并不能真正起到深层护理的作用。而且很多护理产品还含有有机溶剂，会加速皮革失色、老化，应慎重选用。

常用的皮革类清洗护理剂有水性真皮清洁柔顺剂和油性真皮上光保护剂等。

（三）塑胶类清洗护理剂

塑料、橡胶本身具备多种优异性能，因此被广泛用在汽车内饰中，如仪表台、转向盘和储物盒等。但是，这些内饰件在使用过程中易出现老化、失去光泽等缺陷。因此，应当定期采用专用的塑胶类清洗护理剂进行护理，消除这些缺陷。

专业塑胶类清洗护理剂应符合以下要求：能有效去除塑胶表面的各种污垢和油脂；含有的有效成分可以阻挡紫外线辐射，抗静电，防水，能有效阻止塑胶老化；不含有机溶剂，避免损伤塑胶材料；使用简单，清洗过程中无须用水冲洗，只需将清洗护理剂喷于被清洗面，稍等片刻后用干净软布擦拭即可。

常用的塑胶类清洗护理剂有塑胶护理上光剂、皮塑防护剂、仪表蜡和塑件橡胶润光剂等。

（四）电镀件清洗护理剂

为了提升汽车的装饰效果，现代汽车较多采用了镀铬饰件。而空气中的硫化气体和海滨地区空气中的盐分对镀铬件有很大的伤害，这些腐蚀性物质附在镀铬层表面会造成镀铬件失光，影响其装饰效果。因此，通常采用各种护理剂恢复镀铬表面的原有光泽，并延缓日后的腐蚀。

常用的电镀件清洗护理剂有电镀件除锈保护剂和汽车镀铬抛光剂等。

（五）玻璃清洗护理剂

保持车窗玻璃的光洁明亮，不仅使汽车更美观，更是行车安全的重要保证。

玻璃清洗护理剂可以有效去除风窗玻璃上的污斑、鸟粪等一般清洁剂难以清除的污垢，改善刮水器在玻璃上留下的擦痕，使玻璃更加晶莹透亮，同时还对已发乌的旧玻璃有很好的还原能力，适用于风窗玻璃、反光镜及车窗玻璃的清洁和上光。

常用的玻璃清洗护理剂有玻璃清洁防雾剂和玻璃抛光剂等。

任务二　汽车涂料

一、涂料的基本术语和常识

涂料是一种含颜料或不含颜料的有机分子胶体的混合物溶液或粉末。涂料涂装在物体的表面上，能结成较为牢固的膜层，通常被人们称为油漆。涂装有保护、美观和识别的作用。

（一）基本术语

（1）腐蚀。当金属和周围介质接触时，由发生化学作用或电化学作用而引起的材料性能的退化与破坏，称为金属的腐蚀。

（2）电镀。电镀是利用电解原理将一种金属或多种金属镀到另一种金属表面的过程。

（3）涂装。涂装是在金属的表面均匀喷涂上防腐材料和涂料的过程，有防腐和装饰作用。

（4）涂料（油漆）。涂料是一种流动状态或粉末状态的有机物质，将其涂布在物体表面上能干燥固化形成一层均匀地覆盖和良好地附着在物体表面的薄膜。

（二）涂料的组成

涂料的分类方法很多，按照用途可分为木器涂料、建筑涂料和工业涂料等；按照工序可分为底漆、原子灰、二道漆和面漆；按照涂料专用效果则可以分为绝缘漆和防腐漆等。涂料由四部分组成：树脂（成膜物质）、颜料、溶剂和添加剂。

1. 树脂

树脂是形成漆膜的主要物质成分，它决定了漆膜的主要性能。它在涂料储存期间内，性能稳定，不发生明显的物理或化学变化。在施工后，树脂和颜料一起形成固化漆膜。树脂一般分为天然油脂、天然树脂和合成树脂。

2. 颜料

颜料是涂料固化成膜的另一个主要成分，颜料呈现颜色，遮盖底层是它的基本功能。除此以外，在某些特定要求下，颜料具有防腐、防污、增强机械性能、提高耐久性等性能。

3. 溶剂

溶剂溶解成膜物质，并将涂料黏度降低，使其适合于施工操作。溶剂的性能可以通过溶解能力、挥发速率、折光指数、闪点和毒性几方面进行评价。

常用的溶剂有信纳水。

4. 添加剂

添加剂在涂料中的含量很少，但是它对改善涂料的性能、保证涂装品质起着重要的作用。它有以下几个品种：催干剂、防霉剂、固化剂、紫外线吸收剂、悬浮剂、流平剂、柔软剂和消光剂等。下面简单介绍催干剂、固化剂和流平剂。

（1）催干剂。催干剂是一种能够加速漆膜干燥的物质，对于干性油膜的吸氧、聚合作用起着类似催化的作用。

（2）固化剂。固化剂是在涂装修补中最常用的辅助材料，有的也可以作为成膜物质。它与涂料中的树脂混合后进行固化交联反应，或引发树脂进行固化反应。

（3）流平剂。流平剂一般为高沸点溶剂，在喷涂施工后，低沸点溶剂挥发，高沸点溶剂滞留于油漆涂膜内，延长漆膜润湿时间，促使漆膜舒展平整。

（三）涂料的命名

涂料的命名可用公式表示：涂料的命名=颜色或颜料的名称+成膜物质的名称+基本名称，如铁红醇酸底漆和白丙烯酸磁漆等。

（四）涂料的代号

随着越来越多的国际品牌汽车进入国内市场，汽车涂料的代号也发生了很多变化。很多厂家的相同涂料采用不同的代号，需要漆面修复人员在工作中针对不同车型来选用供应商提供的不用代号的涂料。

（五）涂层

涂层是将底漆、原子灰、面漆和罩光漆按照一定的比例和顺序喷涂在汽车金属表面的一系列工作。在汽车漆面修复作业中，不同车辆的涂层类别不一样，有着不同的分级标准和技术要求，一般可分为装饰性涂层和保护性涂层。

（六）底漆

底漆是油漆系统的第一层，喷涂在底材表面，可提高面漆的附着力。喷涂时要考虑底材的处理、耐水性和工具的施工性能等。

（七）原子灰（腻子）

原子灰是在成膜物质（树脂）中，加入适量的颜料、催干剂和溶剂调制而成的一种厚浆状物质，具有容易干燥、涂施方便、干后坚硬、能耐砂磨等特点。原子灰的主要作用是改善车身构件表面的平整度，使涂层表面光滑。合理使用原子灰是汽车涂装修复作业中一项重要的工作。

原子灰是中间涂层，要求其与底漆、面漆有很好的结合力和配套性，以及良好的干磨性能。漆面修复人员应按照供应商提供的汽车漆面修复资料的标准来选用原子灰。

原子灰与面漆之间的涂层称为中间层涂料，它主要包括二道底漆和封闭底漆，用于填补原子灰上的细小缺陷和道痕。

（八）面漆

面漆是汽车涂装工序中的最后一个工作，它的各项性能指标直接影响汽车涂层的使用寿命和汽车的自身价值。

二、汽车钣金漆面修复流程

为了对汽车钣金漆面修复作业的流程有一个系统的了解，可以用图 7-6 来表示漆面修复作业的步骤。

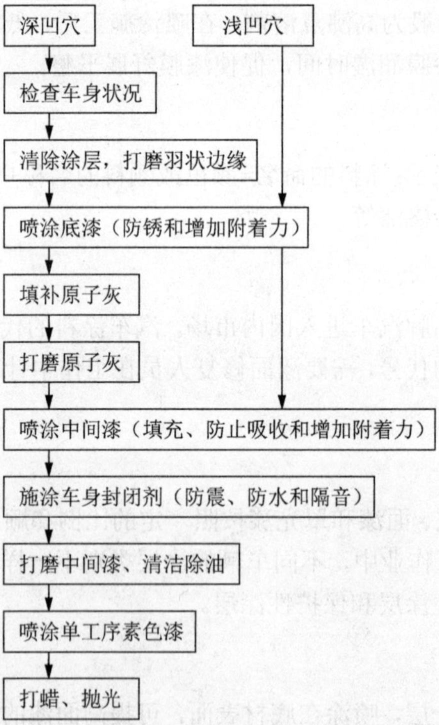

图 7-6　漆面修复作业的步骤

（1）清洁、除油（图 7-7）。使用压力枪和除硅清洁剂清除车身上的灰尘和油渍。

（2）清除旧漆层（图 7-8）。使用砂纸配合单向式打磨机清除受损位置的旧漆层。

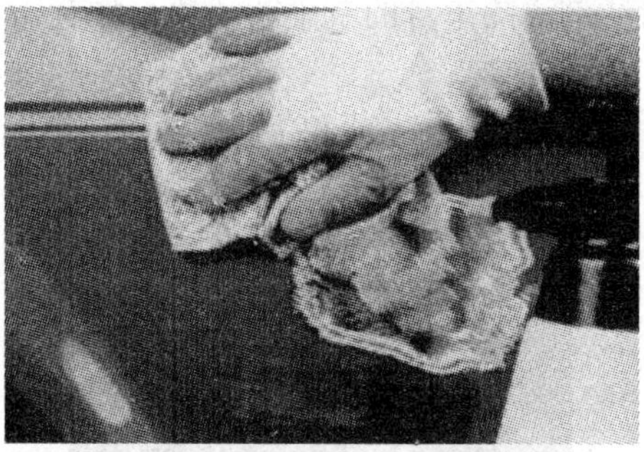

图 7-7　清洁、除油

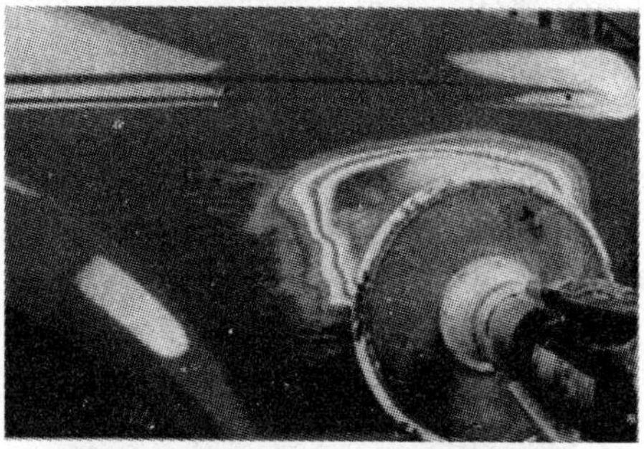

图 7-8　清除旧漆层

（3）打磨羽状边缘（图 7-9）。根据厂家规定，使用适当砂纸打磨羽状边缘。

（4）清洁、除油、遮蔽（图 7-10）。使用压力枪和除硅清洁剂清除车身上的灰尘和油渍，使用反向粘贴法遮蔽车身需喷涂底漆的位置。

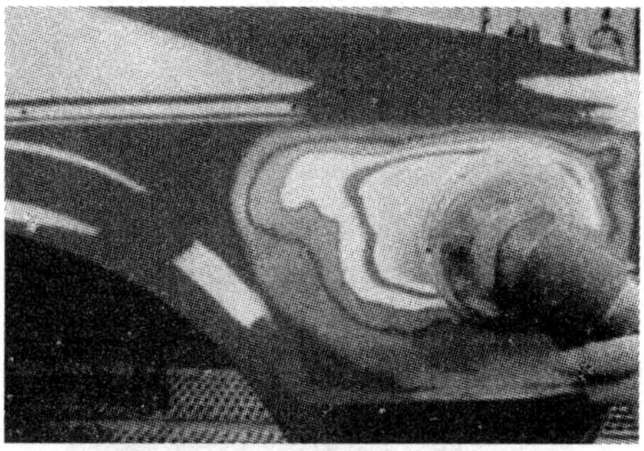

图 7-9　打磨羽状边缘

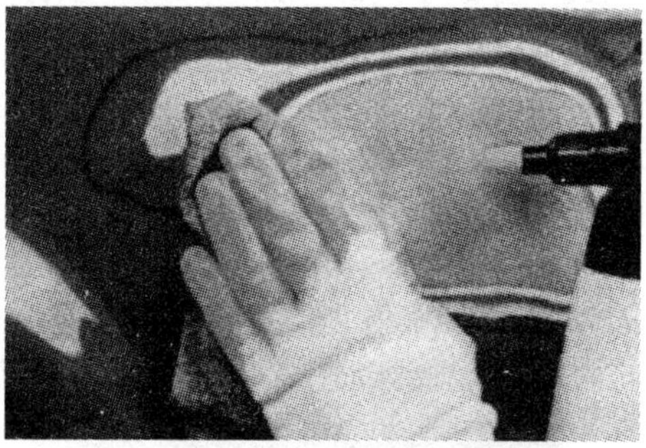

图 7-10　清洁、除油、遮蔽

（5）喷涂底漆（图 7-11）。混合底漆喷涂 1～2 层于打磨后露出的金属位置，然后烤干，干燥 30 min。喷涂底漆时必须佩戴防毒面罩，并在喷涂间内进行操作。

（6）填补原子灰（腻子）（图 7-12）。将混合原子灰填补于车身凹陷的位置，然后烤干或让其自干，干燥 30 min。

图 7-11　喷涂底漆

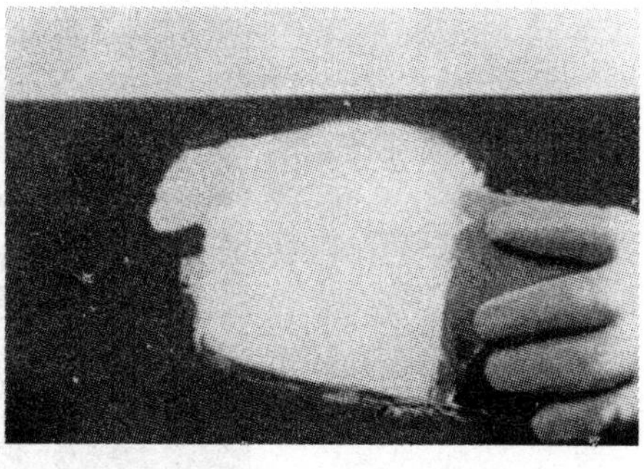

图 7-12　填补原子灰

（7）打磨原子灰（图 7-13）。使用干磨砂纸打磨干燥后的原子灰，如有需要，可使用填眼灰填补针孔、砂纸痕等。

（8）清洁、除尘、遮蔽。使用吹尘枪和除硅清洁剂清除车身的灰尘和油渍，如有需要，可使用反向粘贴法粘贴遮蔽纸（图 7-14）。

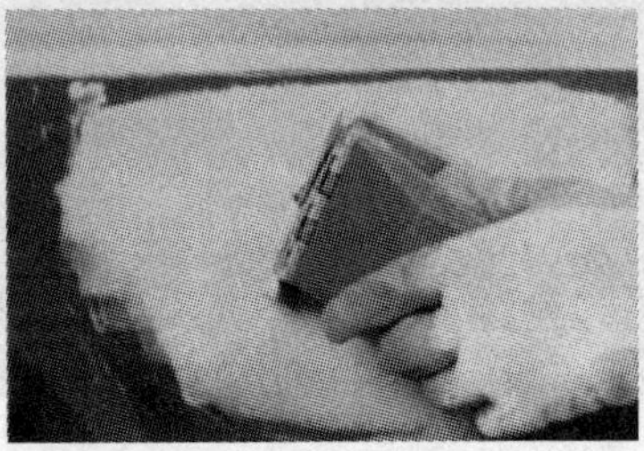

图 7-13　打磨原子灰

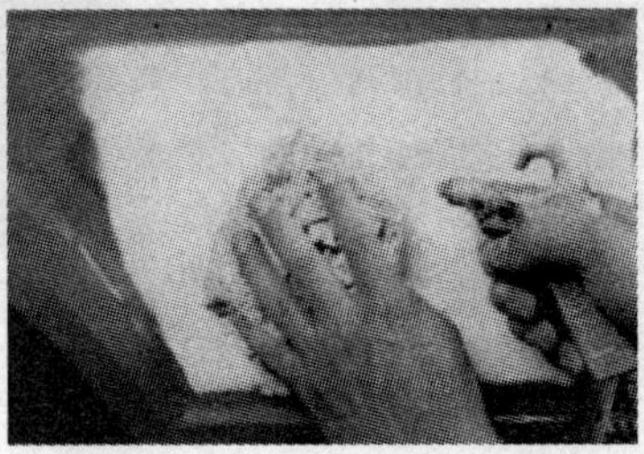

图 7-14　清洁、除尘、遮蔽

（9）喷涂中间漆（图 7-15）。喷涂比例为厂家给定值，混合中间漆（双组分环氧漆）喷涂 2～3 层，每层相隔 5～10 min，然后 60 ℃烤干 30 min 或者常温 20 ℃过夜干燥。

（10）打磨中间漆（图 7-16）。喷涂打磨指示层，使用干磨砂纸配合双向式打磨机打磨干燥后的中间漆。

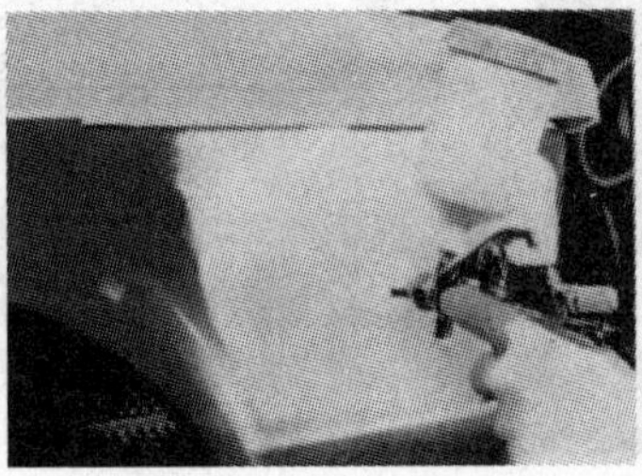

图 7-15　喷涂中间漆

图 7-16　打磨中间漆

（11）清洁、除尘、遮蔽。用除硅清洁剂清洁车身的汗渍和油渍，使用吹尘枪配合粘尘布清除车身上的灰尘和微粒，如有需要，则粘贴遮蔽纸。

（12）喷涂面漆（图 7-17）。单工序素色漆。混合面漆（比例配制按厂家规定值），60 ℃强制干燥 30 min 或者常温 20 ℃过夜干燥。

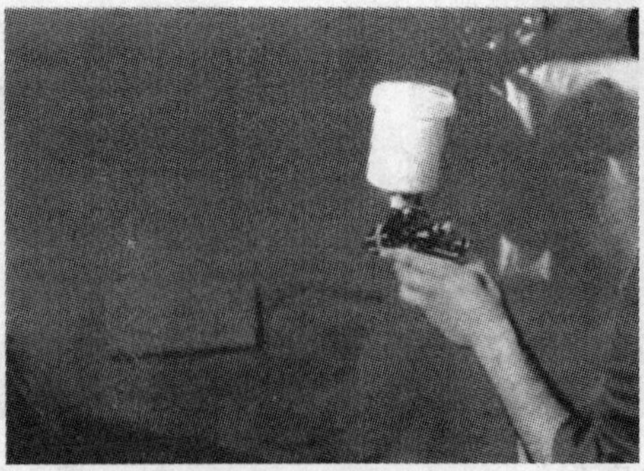

图 7-17　喷涂面漆

（13）打蜡、抛光（图 7-18）。油漆完全干燥后，检查车身效果，如果有需要，使用砂纸打磨小流挂或尘点，再用抛光蜡清除砂纸痕或重拾光泽。

本任务仅对单工序漆的喷涂做详细讲解，双工序漆的喷涂技术在此不做过多说明。

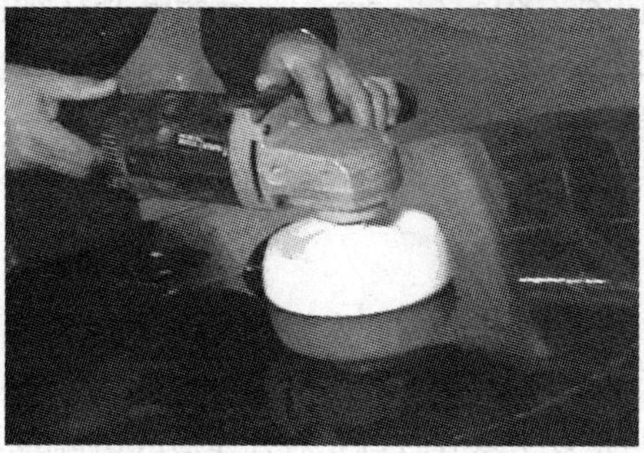

图 7-18　打蜡、抛光

任务三　装饰保护材料

一、太阳膜

玻璃贴膜的作业项目是将太阳膜贴于玻璃表面，有效减少光线照射强度，隔绝大部分热量的传递，保持车厢凉爽，提高空调的使用效率，节省燃油。太阳膜可阻挡绝大部分紫外线的穿透，避免车内驾乘人员遭受紫外线对皮肤的侵蚀。同时，大多数太阳膜还具有防爆功能，可在汽车发生意外时防止玻璃爆裂飞散，避免玻璃碎片对驾乘人员造成伤害，提高汽车的安全性。

此外，太阳膜的颜色可以改变原车玻璃的单一色调，增添美感。

（一）太阳膜的特性

1. 清晰性

因为清晰性能影响驾驶员的视线，直接关系到人身安全，所以清晰性是太阳膜最基本的性能。清晰性主要通过遮眩光率和透光率两个指标来反映。良好的遮眩光率能降低阳光等强光的刺激，消除刺目感，优质太阳膜的遮眩光率可达 80%左右。而良好的透光率即使在夜间都可以保证视野清晰度在 60 m 以上，某些用于前风窗玻璃的太阳膜透光率可达 85%左右。

2. 隔热性

隔热效果是很多车主选择太阳膜的重要参考因素，隔热效果主要通过隔热率来反映。一般来说，太阳膜的隔热率为 40%～60%即可满足一般隔热要求，因为配合冷气使用时这样的标准已经可以在短时间内使车内达到理想冷却效果，减少燃油消耗。这里应注意的是，不要将红外线隔绝率与隔热率混淆。

3. 紫外线隔阻率

我们知道，太阳光谱按波长的不同分为：可见光（Visible Light，VL），波长为 400～

760 nm；红外线（Infrarde Radiation，IR），波长大于 760 nm；紫外线（Ultraviolet，UV），波长小于 400 nm。其中，紫外线按照波长范围，可继续分为三种：UV-A，波长为 320～400 nm，能够到达地面，照射时间过长将导致真皮细胞变质，激活黑色素细胞，使皮肤老化，出现色斑现象；UV-B，波长为 280～320 nm，部分能够到达地面，损害人类皮肤细胞中的 DNA，是皮肤癌发病的主要原因之一；UV-C，波长为 190～280 nm，很少能到达地面，但危害最大，严重时可直接导致生物死亡。

目前市场上大多数产品的紫外线隔阻率通常可达 99%以上，基本隔绝紫外线对车内驾乘人员和内饰件的伤害。

4. 防爆性

汽车出现意外事故，行车中突如其来的飞石，甚至歹徒的恶意破坏，都会造成玻璃破碎飞散，而这些飞散的碎片通常是发生意外时首先对人体造成伤害的因素。具有防爆功能的太阳膜即使受强大外力的冲击，也仍能将玻璃紧紧地黏附于膜上，从而降低车内驾乘人员所受的伤害。

5. 耐磨性

太阳膜应具备较好的耐磨性，以防在使用过程中出现各种擦痕，影响视线。通常优质的太阳膜表面都有一层高质量的耐磨外层。

6. 收缩性

太阳膜的基片是由通过拉伸成形的长链高聚物复合而成的。在成形过程中，长链高分子会沿拉伸方向定向排列。一旦再次受热，长链高分子就会收缩回复到原来未拉伸的状态。有些汽车玻璃弧度较大，贴膜后为了让膜层与玻璃能紧密贴合，就会应用这个原理，使用电热风枪对膜层进行局部加热。

太阳膜的纵向也称为机器边方向，即膜的卷起方向，是主要的拉伸方向。而幅宽方向，就是机器边方向的垂直方向，基本不能拉伸。因此，一定要正确区分太阳膜的机器边方向和幅宽方向，如图 7-19 所示，正确铺放和裁切太阳膜，为贴膜后的加热成形做好准备。

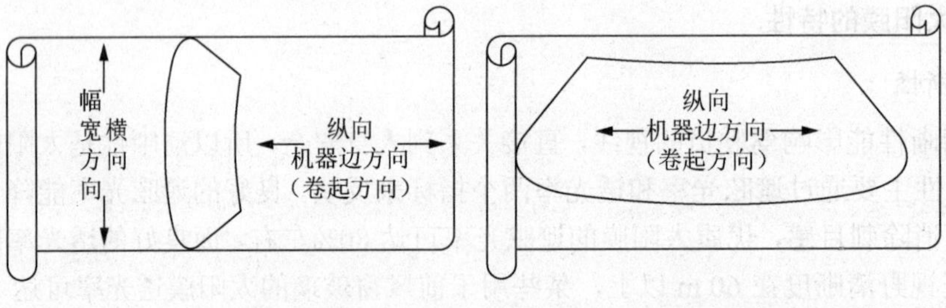

（a）错误　　（b）正确

图 7-19　贴膜时的方向

（二）太阳膜的组成与结构

不同品牌的太阳膜结构有些差异，本节以 3M 公司的 7 层膜为例对其组成与结构进行介绍。

该 7 层膜分别为耐磨外层、安全基层、隔热层、防紫外线层、感压式黏胶层、“易施工”胶膜层及透明基材，如图 7-20 所示。

图 7-20　3M 公司的 7 层膜结构示意图

耐磨外层的材料是透明的丙烯酸，非常坚韧，涂布在隔热膜外层，该层非常耐刮擦。即使经常清洗玻璃也不易产生刮痕，使玻璃看上去经久如新。

安全基层的材料是透明的聚氨酯，这种材料具有非常强的抗冲击能力，能长期有效地保护车内驾乘人员的安全。在发生意外，遭受外来冲击力影响时，该层能起到阻挡冲击、减少外来伤害的作用。同时该安全基层能够有效过滤阳光等强光，避免因眩目而影响行车安全。

隔热层是将铝、银等金属分子通过溅射的方式涂布在安全基层上而形成的金属层，该金属层可有选择地将阳光中的红外线反射回去，从而达到隔热的效果（红外线是主要的热量来源）。

防紫外线层是一种能将阳光中 99%的 UV-A 和 UV-B 隔阻的特殊涂层。该涂层可以保护车内驾乘人员和内饰免受紫外线的伤害。

感压式黏胶层是太阳膜隔热、防爆品质的重要保障。它不仅有非常强的黏结力，在发生一定外来冲击时，能够将破碎的玻璃黏附住，而且应当保证非常清晰，不影响驾驶人员视野。同时该涂层还应能抵御紫外线的侵蚀，不能变质、变色。

“易施工”胶膜层在施工过程中可将灰尘和水一起带走，有效防止灰尘附着，避免灰尘杂质黏附于玻璃上，影响太阳膜的粘贴效果。这层胶膜给贴膜作业带来很大便利，深受车主与施工人员的欢迎。

透明基材的材料是可以剥离的隔离层，主要保护隔热膜，在给汽车施工过程中会将该层剥离掉。

（三）太阳膜的分类

太阳膜按照其等级不同可分为普通膜、防晒膜和防爆隔热膜等。

普通膜俗称黑纸，是一种染色膜，不含金属成分，只能降低透光度，使车内空间具有一定的隐蔽性。其耐老化性很差，时间稍长就会慢慢褪色，耐磨性也差，容易留下划痕。

防晒膜是一种“半反光纸”，其隔热率为 25%～35%，这种膜多采用表面镀高反射蒸发铝的技术，使用期限短，1～2 年后表面便会发生氧化反应而变质。

防爆隔热膜具有较理想的隔热、防爆效果，表面耐磨，不易产生刮痕，是目前市场上的主流产品。

（四）太阳膜的选用

1. 选用原则

太阳膜的选用通常遵循以下几个原则。

（1）符合法律法规的要求。前风窗玻璃是驾乘人员与车外进行视觉交流的主要通道，其透光率直接影响行车安全。根据我国 2012 年实施的《机动车运行安全技术条件》（GB 7258—2012）规定：前风窗玻璃及风窗以外玻璃用于驾驶人视区部位的可见光透射比应大于或等于 70%。所有车窗玻璃不得张贴镜面反光遮阳膜。公路客车、旅游客车和校车所有车窗玻璃的可见光透射比均应大于或等于 50%，且不得张贴有不透明和带任何镜面反光材料的色纸或隔热纸。

（2）根据适用性的原则选择综合性能。根据光学原理，透光率越高，隔热率越低；反光率越高，隔热率越高。而车内高反光会给汽车驾乘安全带来极大隐患。因此，高透光、高隔热和低内反光三大要求是目前太阳膜技术的主要方向。在选择车膜时，一定要平衡比较，选择具有合适透光率、隔热率、内反光率、外反光率、紫外线隔阻率和防爆性等的太阳膜。

（3）颜色的选择。选择颜色时，可以首先考虑个人喜好；其次，可以考虑与车身颜色相匹配，如一些浅色系的汽车，最好选用色彩鲜明的太阳膜。这里需要注意的是，优质太阳膜的颜色对隔热效果影响不大，虽然有些太阳膜的透明度很高，但其隔热效果也绝不差。

2. 质量的简易鉴别

市场上太阳膜的品种繁多，质量差异很大，一般通过以下几方面对太阳膜质量进行鉴别。

（1）查看原厂质量保证文件。目前中国汽车太阳膜市场鱼龙混杂，许多贴牌膜也打着原厂膜的旗号，但是，只有生产厂商出示的质保卡才是原厂膜的真正标记。很多生产厂家为了树立自己的品牌形象，建立了多种验明正品的渠道。例如，3M 公司的产品除了能在网上查询获取数字证书外，车主还可将所贴膜样品寄回厂家，并能在短时间内收到样品真伪验证报告。

（2）观察色泽。劣质膜以染色工艺为主，因此这些颜料都吸附于薄膜表面，不仅颜色均匀性与稳定性差，而且色差严重。如果在地下稍微摩擦或使用清洗剂涂擦，则颜色很容易褪去。而优质膜采用磁控溅射工艺制造，通过强力磁场吸附金属原子，不仅色泽均匀，而且视觉清晰度高、通透性极佳。

（3）触摸感觉。劣质膜采用普通聚酯薄膜作为基材，表面未经过硬化处理，没有弹性、缺乏韧性，易起皱，很脆，易留下划痕。而优质膜手感厚实、平滑，结构致密，强度高。

（4）简单测试。例如，将碘钨灯放置于贴好太阳膜的玻璃外侧，用手伸到玻璃另一侧测试，如果立即有烫手感，则说明该太阳膜隔热性较差；用验假钞的紫外线灯隔着膜层照射人民币，如果仍可看到防伪标记，则说明该太阳膜紫外线隔阻率很低。

二、防锈防撞涂料

（一）防锈防撞涂料的特性

底盘装甲又称为底盘封塑，是一种常见的美容作业项目。它是将专业的防锈防撞涂料喷涂于汽车底盘表面，就像是为汽车底盘添加一层防护铠甲一样，起到防锈、防撞击和降低噪声的作用。市场上常见的防锈防撞涂料产品如图 7-21 所示。

图 7-21　防锈防撞涂料产品

1. 防锈性

面对砂石路上飞石的撞击、地表的烘烤和酸雨的侵袭，甚至是冬季雪道上除雪剂的腐蚀，即便是钢筋铁骨，也会被蹂躏得伤痕累累。因此，即使原车已作防锈处理，也不能长久有效。防锈防撞涂料最基本的特性就是能在底盘表面形成一层保护膜，防止底盘锈蚀的产生。

2. 耐冲击性

汽车行驶过程中，会溅起小砂石敲击底盘钢板，小砂石敲击钢板的力量与行驶车速成正比，据测试，10 g 的小砂石在时速达 80 km 时，冲击力可达到自身重力的 100 倍，足以击破 30 μm 以下的防护漆膜，锈蚀便从瑕疵高点开始并向钢板内部逐渐扩大。而喷涂防锈防撞涂料后，因其本身具有弹性和柔韧性，可以在很大程度上缓冲砂石的敲击，更好地保护底盘，并在一定程度上降低砂石敲击产生的噪声。

3. 附着性

防锈防撞涂料在喷涂成膜后应具有很好的附着性，而且应当能经受砂石敲击及其他硬物刮擦的考验。这是因为汽车工作环境复杂多变，有时会经受砂石敲击或频繁刮擦，如果涂料附着性差，将大幅缩短其使用寿命。

4. 稳定性

正如前面所提到的，汽车行驶环境复杂多变，防锈防撞涂层应经得起严寒酷暑的考验。酷热的夏天，膜层不可太软、太黏，否则，不仅可能失去防护能力，还可能黏附大量灰尘难以清洗；到严寒时节，膜层又不允许变得太硬、太脆，甚至本身被砂石敲击而造成破坏。同时该涂层还应具有适应底盘热胀冷缩的性能，提高环境适应性。

此外，防锈防撞涂层位于底盘部位，虽然几乎不受紫外线的侵蚀，但会承受底盘热传递、废气排放带来的热量侵袭，因此防锈防撞涂层还应具备一定的耐老化性能。

（二）防锈防撞涂料的分类

根据成膜材质的不同，可以将汽车底盘的防锈防撞涂料分为以下几类。

1. 沥青基涂料

沥青基产品是从沥青重防腐涂料衍生而来的，合格的沥青基涂料可以有效地抑制底盘锈蚀，而且具有一定的柔韧性，可以降低底盘噪声。但是沥青本身的特性决定了在严冬季节，其涂层将变硬、变脆，附着力减弱，难以抵御砂石敲击，甚至因其本身热胀冷缩系数与金属基材相差太大，而出现裂纹和脱落。到了酷暑季节，涂层则变软、变黏，甚至出现流淌现象。

目前市场上有些改性沥青产品可以在一定程度上克服以上缺点，但涂层的强度仍不理想。

2. 树脂基涂料

市场上的树脂基产品是由塑料涂料衍生而来的，基本克服了沥青基涂料冬硬夏黏的不足，也避免了沥青产品在生产、施工过程中对工作人员的致癌危险。但是这类树脂基涂料对金属的附着力较差，性能随温度变化也较大，应用受到一定限制。

3. 合成橡胶基涂料

合成橡胶基涂料是目前综合性能较为全面的汽车底盘防护涂料，它具有良好的附着性，优异的涂膜拉伸强度、剪切强度和耐擦伤性能，同时还兼备理想的柔韧性和弹性，以及稳定的高、低温性能。

4. 水基涂料

水基涂料是一种符合环保要求和社会发展趋势的产品。但这类涂料含有微量溶解氧和有腐蚀作用的微量电解质，使得涂料本身具有使金属基材生锈的能力。目前已有部分厂家较完美地解决了这个问题，但该技术仍在发展中，并未获得广泛应用。

此外，水基涂料干燥速度慢，对于有油膜金属基材的附着性能不理想，而且在仓储过程中，若遇冷热交替季节，则会发生凝固溶解现象。因此，水基涂料尚未成为市场主流产品。

（三）防锈防撞涂料的选用

目前，底盘防锈防撞涂料大多是外国品牌，其中又以美国的3M公司、德国的汉高公司和伍尔特公司的产品较为普及。

三、座椅真皮材料

（一）概述

随着人们生活水平的提高，不少车主选择更奢华的内饰用品，其中改装真皮座椅（俗称包真皮座椅）就是较受欢迎的美容项目之一。真皮座椅如图 7-22 所示。

1. 真皮座椅的特性

（1）可提高汽车配置档次。大多豪华车的座椅都是真皮蒙面，在很多人心目中，真皮座椅是所有汽车装饰用品中最能提高汽车档次的饰品。因为真皮座椅无论从视觉还是触觉上都能给人一种舒适、温馨的感觉，特别是一些高档真皮材质，能真正给人“冬暖夏凉”的感觉。

（2）容易清洁。真皮座椅与纯棉、纤维的织物相比，较不易藏污纳垢，即使不干净，也不会尽显表面，而且只需用湿布抹擦（须马上风干）或专用清洁剂喷擦即可。

（3）耐用性好。汽车真皮座套所用材料经过特殊处理，具有较好的耐磨性、韧性和耐高温性，即使用 200 ℃的烤枪吹烤，也只是轻微收缩变形。

当然，真皮座椅套也有一些不足之处，近年来饱受一些环保爱好者的抗议，如表皮容易被尖锐物刮伤，且难修复；长时间被汗水浸泡，容易变质等。

图 7-22 真皮座椅

2. 真皮的分类

真皮制品是由动物的皮革制作而成的。汽车真皮座椅中多采用黄牛皮、水牛皮或一些高档猪皮制作，这些动物皮革有其不同的特性与表面特征。

（1）黄牛皮。黄牛皮的毛孔细直、呈圆形、排列不规则，革面丰满光亮，纹路细腻，手感柔软而结实，富有弹性，是一种上好的皮革。黄牛皮以欧洲进口（尤其是意大利等国）的为较高档次，在真皮座椅中使用很普遍。

（2）水牛皮。水牛皮的毛孔较黄牛皮粗大，毛孔数量较少，且皮革弹性较差，易出现松弛现象，皮革表面手感较粗糙，但其相对黄牛皮更结实耐磨，透气性较好。泰国产的水牛皮水分充足，质地较柔软，也是一种较好的选择。

（3）猪皮。猪皮毛孔粗大，相距较远，一个毛孔伸出三根毛，呈三角排列，猪皮的皮革表面不平整，较粗糙，柔软性差，一般只有经过复杂工艺精加工后的猪皮才可用于制作汽车真皮座椅。

此外，还有马皮革、羊皮革等多种动物皮革，但很少用于制作汽车真皮座椅。

根据皮革的层次，皮革通常分为头层皮和二层皮。顾名思义，头层皮就是动物皮革的第一层皮，即最表皮；而除头层皮外，往内数的第二层皮、第三层皮和第四层皮都归为二层皮。

头层皮和二层皮在观感、质感、组织结构、理化性能和使用寿命上都有明显差别。黄牛皮的头层皮是市场上常见皮革中最好的材料，通常被称为 A 级皮；水牛皮的头层皮凭结实耐磨的特性紧跟在后，被称为 B 级皮；而 C 级皮通常指黄牛与水牛的二层皮。目前市场上出现的一种复合皮，就是在二层皮的表面附上一层胶膜，非常精致，使其看上去像头层皮。

（二）真皮座椅套的选用

选购真皮座套时应选择实力雄厚的商家，这样不仅能有较多皮质、颜色等的选择，而且其服务专业，拆座套、制板、裁皮、贴海绵、缝合、包座套、修整、装车整套流程流水作业，作业速度快、质量好。

在选择皮质时多考虑质感和价格，目前国内一些大厂加工的皮革也已达到不错的质量水准，而且价格比较划算。

汽车专用皮革的颜色不是很多，主要根据车主的喜好及整车风格选用。

目前市场上很多以次充好的汽车座椅用真皮，尤其是以表层贴胶膜的二层皮冒充头层皮。通常辨别座椅真皮优劣的方法有以下五种。

1. 按压法辨别

对于已经完工的座椅，用按压法辨别最简单有效。即伸出食指，按压在座椅表面不松开，若是真皮，将会看到很多细微的皮纹向手指按压处伸去；而若是人造皮革（或贴膜的二层皮），则通常看不到细微的皮纹。

2. 观察法鉴别

真皮材料的背部有自然纤维存在，纤维细绒不易拉出；而人造皮革可能很光滑，甚或粘贴有一层编织布。真皮材料的断面表层结构紧密，可见毛孔；而人造皮革的断面较光滑，无毛孔。

3. 剖切法鉴别

从商家那里找一小块样品，用小刀在皮中央划个X形（注意不可将皮划穿），然后用左手手指顶起交叉处，右手则用镊子将 X 形交叉处的皮革上层夹紧往上掀。若是掀起发现有分层或膜状物，则说明该样品为人造皮革或贴膜的二层皮。如果没有样品可供剖切检验，可以在装好的座套的隐蔽处（如头枕下部或背袋内侧面），用一根针轻缓挑起皮革的表层进行检验。

4. 拉伸法鉴别

从商家那里找一小块样品，用力拉伸边角，若为真皮，其延展性较差，难回弹。

5. 燃烧法鉴别

真皮材料难以燃烧，而人造皮革主要由高分子材料制成，易着火燃烧，而且燃烧后有股塑料的焦煳味。

习　题

1. 车身清洗剂的主要成分有几种？分别是什么？
2. 车蜡的作用有哪些？车蜡的主要组成成分是什么？
3. 如何选用车蜡？
4. 内饰清洗护理材料的种类有哪些？
5. 请对涂料的几个基础术语做出解释：电镀、涂料（油漆）、颜料、固化剂、涂层、底漆、原子灰（腻子）、面漆。
6. 用流程图的形式写出车身喷涂的主要程序。
7. 简述太阳膜的特性、分类和选用方法。
8. 简述防锈防撞涂料的作用和分类。
9. 如何区分黄牛皮内饰和猪皮内饰？
10. 简述辨别座椅真皮优劣的主要方法。

参 考 文 献

[1] 李明惠，汽车应用材料[M]．2 版．北京：机械工业出版社，2008．

[2] 凌永成．汽车运行材料[M]．2 版．北京：北京大学出版社，2013．

[3] 傅高升．汽车材料[M]．济南：山东大学出版社，2011．

[4] 陈纪钦．汽车工程材料[M]．重庆：重庆大学出版社，2010．

[5] 胡海玲，张丽彩．汽车运行材料[M]．北京：中国铁道出版社，2011．

[6] 王扬，于天宝．汽车使用与保养[M]．北京：北京理工大学出版社，2010．

[7] 姜立标．现代汽车新技术[M]．北京：北京大学出版社，2012．